Sabine Herold
DIE SCHATZTRUHE UNSERES LEBENS

SABINE HEROLD

Die Schatztruhe unseres Lebens

Vom Wert des Schönen zum Schweren

francke

Über die Autorin:
Sabine Herold ist verheiratet, hat drei Kinder und wohnt im Kanton Solothurn in der Schweiz. Sie ist reformierte Pfarrerin und referiert bei verschiedenen Anlässen, u.a. bei Frauenfrühstückstreffen.

Sofern nicht anders angegeben, werden die Bibelverse zitiert nach der Übersetzung „Hoffnung für alle", Brunnen-Verlag, Basel.

Bibliografische Information Der Deutschen Bibliothek
Die Deutsche Bibliothek verzeichnet diese Publikation in der Deutschen Nationalbibliografie; detaillierte bibliografische Daten sind im Internet über http://dnb.ddb.de abrufbar.

ISBN 978-3-86827-499-8
Alle Rechte vorbehalten
© 2015 by Verlag der Francke-Buchhandlung GmbH
35037 Marburg an der Lahn
Umschlagbild: © iStockphoto.com / ivanmateev
Umschlaggestaltung: Verlag der Francke-Buchhandlung GmbH/
Sven Gerhardt
Satz: Verlag der Francke-Buchhandlung GmbH
Printed in Czech Republic

www.francke-buch.de

Inhalt

Vorwort: Ein Blick in die Schatztruhe unseres Lebens 7
Eröffnung... 10
1. Willkommen – Mein Werden und Gewollt-Sein 12
Exkurs: Namen in der Bibel 34
2. Erinnerungen an die eigene Kindheit 47
3. Jugendjahre 83
4. Endlich erwachsen!? 120
5. Mittelalter 141
Exkurs: Lebenskrisen und Umgang mit Krisen 170
6. Reifezeit 204
7. Alt und lebenssatt... 222
8. A-Dieu – Abschiedlich leben 239

Vorwort

Ein Blick in die Schatztruhe unseres Lebens

Unser Leben ist wie eine gefüllte Schatztruhe, in der sich eine Fülle an Kostbarkeiten, Werten, einzigartigen Lebenserfahrungen und Erinnerungen befinden. Wir sind eingeladen, diese Schatztruhe von Zeit zu Zeit zu öffnen und darüber zu staunen, wie reich wir beschenkt sind.

Natürlich zeugt unser Leben nicht nur von Sonnenseiten, von Höhenflügen und Erfolgserlebnissen, sondern es gibt auch Enttäuschungen, Verluste, Tiefen, Krisen, Herausforderungen, Trauriges, Schwieriges. Doch wenn wir auf unser Leben zurückblicken, dann wird uns möglicherweise auch bewusst, wie uns Schwierigkeiten und Krisen haben reifen lassen, wie wir uns dadurch veränderten, an Tiefgang gewannen und heute stärker, stabiler und vielleicht sogar ein wenig weiser sind.

Dieses Buch *Die Schatztruhe unseres Lebens* soll dazu einladen, das eigene Leben aus der heutigen Sicht zu betrACHTEN und wertschätzend zurückzublicken. Es erinnert daran, dass Gott, der Schöpfer, jeden Menschen wollte, will und unendlich liebt; dass kein Mensch ein Zufall oder Unfall, sondern ein einzigartiger Gedanke Gottes ist; dass Gott mit jedem und jeder den Weg bis heute gegangen ist und in den Tiefen und Dunkelheiten des Lebens da war, auch wenn manches unverständlich geblieben ist und viele Fragen noch offen sind. Gott will mit uns Lebensgeschichte schreiben – mit jedem Menschen eine einmalige. Wo wir Gott an unserer Biografie mitschreiben und mitwirken lassen, kann Veränderung geschehen, sodass sich Schwieriges und Schmerzhaftes in Segen verwandelt.

Dieses Buch will einladen zu einem wertschätzenden Blick zurück und zu einem neuen Blick für das, was über die Jahre zum Guten wachsen und werden durfte.

Aufbau des Buches

Das Buch enthält acht Kapitel, die jeweils einen Lebensabschnitt beschreiben und dazu einladen, sich zu erinnern, näher hinzuschauen und Gottes Spuren und Geschenke in unserem Leben zu entdecken.

In jedem Kapitel kommen Menschen zu Wort, die selbst dankbar auf ihr Leben zurückblicken können, weil sie Gottes Hilfe, sein Eingreifen, Wirken und Verändern erfahren durften – trotz schwieriger Kindheit, trotz Krankheit, Behinderung, Schmerzen, Verzicht, Armut, Ehelosigkeit, Trennung, Verlusten, Leid. Die Berichte zeigen, dass nicht alles glatt verläuft oder gut wird, sondern dass auch Fragen offen bleiben und nicht alles gelöst wird.

Jeder Lebensabschnitt wird auch von der Bibel her beleuchtet. Was sagt Gottes Wort zum werdenden Leben, zur Geburt, zur Kindheit oder Jugend? Was sagt die Bibel über alte Menschen? Welche Menschen werden in der Bibel erwähnt, die in einer bestimmten Lebensphase Gottes Wirken und Veränderung erfahren durften?

Jedes Kapitel beinhaltet die „Schatztruhen-Zeit", eine Reihe von Fragen, die helfen sollen, sich zu erinnern, und die dazu einladen, selbst auf Entdeckungsreise zu gehen, das eigene Leben zu betrACHTEN, wertschätzend zurückzublicken und Leben zu schreiben (= Biografie). Es ist durchaus sinnvoll, die eigenen Erinnerungen an die Lebensphasen für sich selbst aufzuschreiben und so anhand der Fragen schwarz auf weiß zu reflektieren.

Kommen Sie mit und lassen Sie sich ein auf die Schatztruhe Ihres Lebens!

Gottes Segen beim Lesen wünscht Ihnen
Sabine Herold

Nachbemerkung

Diese „Biografie-Arbeit" erhebt weder den Anspruch auf Vollständigkeit noch auf Wissenschaftlichkeit. Für die Einteilung der verschiedenen Lebensphasen gibt es auch andere Möglichkeiten als die hier dargestellten. Diese „Biografie-Arbeit" gründet auf biblischen Aussagen über die jeweilige Lebensphase und stellt den Bezug zu heute her. Sie lädt dazu ein, in der Gegenwart und unter dem liebenden Blick von Gott mit der eigenen Lebensgeschichte unterwegs zu sein und sie zu schreiben.

Als Autorin stelle ich in keiner Weise den Anspruch, selbst weise und reif wie eine Person zu sein, die alt, erfüllt und lebenssatt ist. Ich bin unterwegs, gehe Jahr für Jahr auf das „Mittelalter" zu und bin mir bewusst, dass ich noch viel zu lernen und zu erfahren habe. Da bin ich all den Menschen dankbar, die auf ein erfülltes Leben zurückblicken können und mir an ihrer Lebensweisheit Anteil gaben und geben.

Die Personen, die ihre Geschichte erzählen, sind der Autorin bekannt. Zum Schutz wurden jedoch meistens Namen, Orte und zum Teil Inhalte verfremdet. An dieser Stelle gehört allen, die bereit waren, ihre Lebensschatztruhe zu öffnen und daraus etwas mitzuteilen, ein großes Dankeschön!

Eröffnung

Vor mir steht eine große alte Truhe. Sie ist aus wertvollem Holz, stabil gebaut und sorgfältig verschlossen. Ich schaue sie mir genauer an. Ihr Holz muss schon ziemlich alt sein. Die Zeit, ihr Unterwegssein, Schläge, Holzwürmer, Risse und Kratzer haben ihre Spuren hinterlassen. Was sie wohl alles zu erzählen hätte, wenn sie sprechen könnte? Ist es vielleicht sogar eine gefüllte Schatztruhe?

Mich interessiert, was sich in der Truhe befindet. Ich versuche sie zu öffnen. Sie ist fest verschlossen. Doch so schnell gebe ich nicht auf und sehe mir die geheimnisvolle Kiste von allen Seiten an. Auf der Rückseite hängt ein Schlüssel an einem Nagel. Ich nehme ihn und versuche es noch einmal. Der Schlüssel passt.

Die Truhe öffnet sich, doch der Deckel ist schwer und ich muss alle Kraft aufwenden, um ihn ein wenig zu heben.

Etwas enttäuscht bin ich, dass der Glanz in der Truhe nicht aus Goldstücken, Diamanten oder sonstigen Edelsteinen oder Schmuckstücken besteht, sondern von einem Spiegel kommt, der mir aus der Truhe entgegenleuchtet. Doch schnell wird meine Aufmerksamkeit auf etwas anderes gelenkt. In der Truhe läuft ein Film. Die Bilder im Spiegel, die ich sehe, kommen mir bekannt vor. Ich sehe Bilder aus meiner Kindheit, aus der Jugend und als Erwachsene. Ich erkenne Orte, Menschen und Situationen wieder. Viele Erinnerungen an früher werden geweckt.

Soll ich den Deckel schnell wieder fallen lassen und mich aus dem Staub machen?

Oder bleibe ich stehen und stelle mich dem, was ich sehe, wahrnehme, erkenne?

Ich bleibe und lasse mich darauf ein. Bild für Bild zieht an meinem Auge vorüber.

INNEHALTEN

Gott, du stehst am Anfang, sprichst das erste Wort:
Hell soll es nun werden, Licht an jedem Ort.

Du, Herr, bist mein Schöpfer. Du sagst JA zu mir.
Du liebst mich ins Dasein. Sehr gut ist es bei dir!

Du, Herr, bist mein Töpfer. Du gabst mir Gestalt.
Füll die Lebensschale. Sei du, Herr, mein Halt.

Du, Herr, bist der Weber, wirkst uns kreativ.
Wunderbarer Künstler, Herr, dein Tun wirkt tief.

Du, Gott, bist die Quelle, Leben strömt von dir.
Bei dir ist die Fülle, Herr, hab Dank dafür.

Du, Gott, stehst am Ende. Du erwartest mich.
Herr, nimm meine Hände. Dir vertraue ich.

Sabine Herold

1. Willkommen – Mein Werden und Gewollt-Sein

INNEHALTEN

… und der sagte JA

Ich wurde nicht gefragt
bei meiner zeugung
und die mich zeugten
wurden auch nicht gefragt
bei ihrer zeugung
niemand wurde gefragt
außer dem EINEN

und der sagte
ja

Ich wurde nicht gefragt
bei meiner geburt
und die mich gebar
wurde auch nicht gefragt
bei ihrer geburt
niemand wurde gefragt
außer dem EINEN

und der sagte
ja

Kurt Marti [1]

---

1 Aus: Carsten Peter Thiede (Hrsg.): Wie Segel über dem Meer. Christliche

Zeugung, Schwangerschaft, Geburt – Das Wunder des Lebens

Dass ein Mensch entsteht und lebend zur Welt kommt, ist ein Wunder. So viele Paare sind und bleiben ungewollt kinderlos und leiden sehr darunter. So viele Frauen werden nicht schwanger, obwohl sie es sehnlichst wünschen. So viele Kinder sterben schon früh im Mutterleib – oft, bevor die Mutter überhaupt bemerken konnte, dass sie schwanger ist.

Und wenn dann doch ein Kind entsteht, wenn es wächst, sich entwickelt und lebend auf die Welt kommt, dann ist das ein großes Geschenk und nicht selbstverständlich.

Gott ist ein Gott des Lebens und der Schöpfer von jedem Leben. So wird er in der Bibel vorgestellt: als ein Schöpfer, der das Leben will, der den Menschen ins Leben ruft, der Ja zu ihm sagt, der ihm seinen Odem, den Lebensatem, einhaucht. Ein Schöpfer, der über dem Menschen sein „Sehr gut" ausspricht (vgl. 1. Mose 1).

Gott ist derjenige, der den Mutterleib verschließen und öffnen kann (z. B. 1. Mose 29,31; 30,22; 1. Samuel 1,5.6) und der eine Schwangerschaft und Geburt schenkt (z. B. Rut 4,13).

Gott erbarmt sich in der Bibel wiederholt über unfruchtbare, kinderlose Frauen, sodass sie doch schwanger werden und ein Kind zur Welt bringen. Gott besucht auch einzelne Frauen, und nach dem Besuch Gottes sind sie fruchtbar, werden schwanger, so Sara in 1. Mose 21,1 sowie Hanna in 1. Samuel 2,21.

Schwangerschaft ist also nicht selbstverständlich, sondern ein Geschenk von Gott.

Eine Geschichte aus der Schatztruhe des Lebens

Marion und Paul hatten schon alles versucht, um Kinder zu bekommen. Jahrelang wurde Marion nicht schwanger, und als sie nach Jahren doch in Erwartung war, dann erlebte sie nach wenigen Wo-

---

Lyrik des 20. Jahrhunderts. R. Brockhaus Taschenbuch 402. Wuppertal (R. Brockhaus) 1986, S. 93. Abdruck mit freundlicher Genehmigung des Autors.

chen eine Fehlgeburt – dann noch einmal und noch ein drittes Mal. Verzweifelt hatten sie schließlich ihren Wunsch begraben und sich auf ein Leben ohne Kinder eingestellt. Als Marion dann nach Jahren noch einmal schwanger wurde, war das Paar erst einmal überfordert. Sofort meldeten sich die alten Wunden und Ängste. Doch diesmal durfte Marion das Kind austragen und gesund auf die Welt bringen. Die Freude war überwältigend und immer war ihnen bewusst, dass ihre kleine Tochter ein riesiges Geschenk von Gott für sie war und dass dieses Kind an ein Wunder grenzte.

Mit unerfüllten Wünschen leben

Und doch zeigt die Realität, dass Gott nicht jedem Paar den Kinderwunsch erfüllt, dass auch nach vielen Versuchen, Gebeten, Hoffnungen, Fehlgeburten, Totgeburten … dennoch kein eigenes Kind lebend zur Welt kommt. Was dann? Es gibt für diesen Verlust keinen Ersatz, auf all die Fragen nicht *die* befriedigende Antwort; es gibt menschlich gesehen nichts, was diese Lücke füllt.[2]

Die Bibel erzählt im Alten Testament von einer Frau, die kinderlos blieb; Michal, die erste Frau Davids, hatte kein Kind bis an den Tag ihres Todes (2. Samuel 6,23). Doch sie wird uns nicht als Vorbild vor Augen geführt, da sie ihren Mann verachtete. Natürlich berichtet die Bibel von verschiedenen Paaren, die jahrzehntelang auf Kinder warteten und denen Gott noch in hohem Alter – als es aus biologischer Sicht schon längst nicht mehr möglich war – ein Kind schenkte: Abraham und Sara (1. Mose 12-21), die Eltern Simsons (Richter 13) oder Zacharias und Elisabeth (Lukas 1).

Das Neue Testament erwähnt in wenigen Versen die hochbetagte Prophetin Hanna, die sieben Jahre verheiratet und seitdem

---

2 Mit der Thematik von fehl- und totgeborenen Kindern befasst sich Sabine Herold ausführlich in ihrem Buch „Bin kaum da, muss schon fort – Eltern fehl- und totgeborener Kinder berichten von ihren Erfahrungen". Brendow-Verlag, 2. überarbeitete Auflage, Moers 2011, ISBN 978-3-86506-343-4.

verwitwet war (Lukas 2,36-38). Von Kindern lesen wir nichts, und da sie als Frau im Tempel diente, kann es durchaus sein, dass weder Kinder für sie sorgten noch dass sie familiäre Aufgaben hatte. Möglicherweise war sie also kinderlos. Wir wissen es nicht genau. Wir wissen aber, dass in allen Zeiten Menschen durch schwierige Lebenssituationen gehen mussten, auch Menschen, die ihre Zuversicht auf Gott, den Herrn, setzten. Entscheidend ist, wie wir mit unseren traurigen und schwierigen Situationen umgehen, ob wir daran zerbrechen und verzweifeln oder einen anderen Weg beschreiten. Da können uns die Personen aus den biblischen Berichten ein Vorbild sein, die sich in ihrer Sehnsucht und Not an Gott wandten und an ihm festhielten. So gilt auch uns zuerst: weiter hoffen, beten, dranbleiben und – wenn Gott kein Kind schenkt – dennoch in Gottes Nähe bleiben und ihm dienen, wie es die alte Hanna im Tempel tat. Gott beschenkte sie damit, dass sie dem neugeborenen Jesus begegnen durfte.

Schon vor der Geburt geliebt

In der Bibel wird beschrieben, was im Mutterleib geschieht, so z. B. in Psalm 139,13-16 (Revidierte Elberfelder Bibel):

Denn du bildetest meine Nieren. Du wobst mich in meiner Mutter Leib. Ich preise dich darüber, dass ich auf eine erstaunliche, ausgezeichnete Weise gemacht bin. Wunderbar sind deine Werke, und meine Seele erkennt es sehr wohl. Nicht verborgen war mein Gebein vor dir, als ich gemacht wurde im Verborgenen, gewoben in den Tiefen der Erde. Meine Urform (mein Ungeformtes) sahen deine Augen. Und in dein Buch waren sie alle eingeschrieben, die Tage, die gebildet wurden, als noch keiner von ihnen da war.

Gott zählt die Tage von jedem Ungeborenen – bevor es da ist, bevor es das Licht der Welt erblickt. Jeder einzelne Tag, jede Stunde von jedem Kind ist gezählt.

Hiob bekennt von Gott: *Deine Hände haben mich gebildet und geformt ... Bedenke doch, dass du mich wie Ton gestaltet hast! ... Dir verdanke ich mein Leben: dass mein Vater mich zeugte und ich im Mutterleib Gestalt annahm. Mit Knochen und Sehnen hast du mich durchwoben, mit Muskeln und Haut mich bekleidet. Ja, du hast mir das Leben geschenkt und mir deine Güte erwiesen; deine Fürsorge hat mich stets bewahrt.* (Hiob 10,8-12)

Ebenso stellt Hiob fest: *Denn er, der mich im Mutterleib gebildet hat, er hat auch meinen Knecht geschaffen. Wir beide verdanken unser Leben ihm!* (Hiob 31,15)

Auch aus Gottes Perspektive ist davon die Rede, dass er uns gemacht und uns vom Mutterleib an gebildet hat:

Ich habe dich geschaffen wie ein Kind im Mutterleib. Von Anfang an habe ich dir geholfen. (Jesaja 44,2)

Von Anfang an habe ich euch getragen, seit eurer Geburt sorge ich für euch. (Jesaja 46,3)

Gott gibt manchen sogar schon vom Mutterleib an einen Auftrag, eine Berufung – nicht erst im „ausgereiften" Alter! – so beispielsweise den Propheten Jesaja und Jeremia:

Ich habe dich schon gekannt, ehe ich dich im Mutterleib bildete, und ehe du geboren wurdest, habe ich dich erwählt. Du sollst ein Prophet sein, der den Völkern meine Botschaften verkündet. (Jeremia 1,5; vgl. Jesaja 49,1)

Auch der Richter Simson war von Gott auserwählt (Richter 13,5.7). Johannes der Täufer war vom Mutterleib an mit dem Heiligen Geist erfüllt (Lukas 1,15). Natürlich auch Jesus, dessen Auftrag die Rettung und Erlösung der Menschheit war und der uns Gott nahebringen sollte (*Immanuel – Gott mit uns*). Und diese beiden, Johannes und Jesus, begegneten einander zum ersten Mal, als sie noch beide im Leib ihrer Mütter waren. Johannes begann bei dieser Begegnung im Bauch von Elisabeth zu hüpfen! (Lukas 1,41-45)

Dies zeigt, dass Gottes Wirken an einem Menschen schon lange vor der Geburt beginnt. Ebenso hat auch Gottes Wirken an mir schon vor meiner Geburt begonnen.

Und selbst bei der Geburt ist Gott beteiligt, auch bei meiner eigenen Geburt war er gegenwärtig:

Herr, du hast mich aus dem Leib meiner Mutter gezogen. Schon an ihrer Brust hast du mir Geborgenheit geschenkt. Du bist mein Gott, seitdem mein Leben im Mutterleib begann. Seit der Stunde meiner Geburt bin ich auf dich angewiesen. (Psalm 22,10.11)

Auf dich habe ich mich gestützt vom Mutterschoße an, vom Mutterleib hast du mich entbunden, dir gilt stets mein Lobgesang. (Psalm 71,6; Revidierte Elberfelder Bibel)

Doch was ist, wenn ein Kind unerwünscht ist, wenn die Eltern es sogar loswerden und abtreiben wollen? Was, wenn da ein Nein über dem Leben steht und bis heute tief sitzt? Manche Menschen wünschen sich, nie geboren worden zu sein. Sie leiden am Leben, an ihrem Dasein, an sich selbst. Sie glauben, sie hätten keine Existenzberechtigung.

 Eine Geschichte aus der Schatztruhe des Lebens

Tina war kein Wunschkind. Immer wieder hörte sie von ihren Eltern, dass sie ein „Unfall" gewesen sei und dass ihre Eltern wegen ihr hatten heiraten müssen. Hin und wieder kam es sogar vor, dass ihr Vater zu ihr sagte: „Deine Mutter wollte dich gar nicht." Diese Botschaft bohrte sich tief in Tinas Herz. Sie war schüchtern, unsicher, fühlte sich wertlos und unfähig. Als sie als Jugendliche hörte, dass Gott sie wollte und sie unendlich liebte, konnte sie dies nicht glauben. Es dauerte noch Jahre, bis sie Gottes Wahrheit in ihr Innerstes ließ und Gottes Liebe annahm.

Vom Nein zum Ja

Manche Menschen lehnen sich selbst und ihr Leben ab. Sie wollen lieber tot sein. Das scheint einfacher zu sein, als das Leben weiter zu ertragen. Für die einen sind es äußere Gründe und unermessliches Elend, die sie in ihrem Leben erfahren mussten. Für andere liegen die Gründe tiefer und hängen manchmal sogar mit ihrer Zeugung und Geburt zusammen.

Hiob wünscht sich in seinem schweren Leid, tot zu sein, nie geboren zu sein, ja, er verwünscht den Tag seiner Geburt:

Warum starb ich nicht von Mutterleib an, verschied ich nicht, als ich aus dem Schoß hervorkam? ... Denn dann läge ich jetzt da und wäre still. Ich schliefe. Oder wie eine verscharrte Fehlgeburt wäre ich nicht da, wie Kinder, die das Licht nie erblickt haben ... (Hiob 3,11-19; Revidierte Elberfelder Bibel)

Warum hast du mich aus dem Mutterleib hervorgezogen? Wäre ich doch umgekommen, so hätte mich kein Auge gesehen! Als wenn ich nie gewesen, so wäre ich dann; vom Mutterschoß wäre ich zu Grabe geleitet worden! (Hiob 10,18, Revidierte Elberfelder Bibel)

Ebenso ergeht es dem Propheten Jeremia in einer schwierigen Zeit, als er klagt:

Warum nur bin ich geboren? (Jeremia 20,18)

Wenn von Menschen ein Nein über einem Leben steht – sei es von ihren Eltern, durch andere Menschen oder sogar in ihnen selbst – so ist das eine tiefe Verletzung und Wunde, die nicht automatisch heilt. Möglicherweise hat sich über Jahre hinweg die tiefe Überzeugung eingegraben, keine Existenzberechtigung zu haben.

Doch es gibt einen Größeren als wir Menschen, der Ja sagte und sagt, ein Ja zu jedem Menschen, der jeden Menschen wollte und will und unendlich liebt.

Gott sagt Ja zu dir und mir, und dieses Ja ist das beste, zuverlässigste Fundament für unser Leben.

Eine Geschichte aus der Schatztruhe des Lebens

Christina war noch mitten in ihrer Ausbildung, als sie schwanger wurde. Sie hatte größte Mühe, diese Schwangerschaft anzunehmen. Abtreibung kam für sie nicht infrage. Nach Wochen, als die Übelkeit und die lähmende Müdigkeit nachließen, fand sie endlich ein Ja zu dem werdenden Leben und zu dieser Schwangerschaft. Sie begann für das Kind zu beten und es zu segnen. Mit der Zeit wurde aus dem scheinbaren „Hindernis" in ihrem Leben ein „Geschenk Gottes". Und diesen Namen gab sie ihrem Kind: Jonathan!

Gottes Ja zu uns – in Jesus sichtbar
Dieses Ja Gottes zu den Menschen hat Jesus mit seinem Leben und Wirken bestätigt. Auch ihm waren die Kinder wichtig. Eindrücklich schildert Lukas den Bericht über die Segnung der Kinder durch Jesus (Lukas 18,15-17). Doch er gebraucht als Einziger der Evangelisten im Urtext statt des Wortes *Kleinkind* das Wort *brebis*, das vor allem *Ungeborenes, Neugeborenes* heißt. Jesus, ein Gott, der auch Ungeborenen und Neugeborenen seinen Segen verheißt und zuspricht – schon im Mutterleib.

Gott selbst vergleicht sich mit einer Mutter – als Mutter von seinem Kind, dem Volk Israel. Und er steht treu zu seinen Kindern, selbst wenn sie ihn vergessen.

Ihr habt den Felsen verlassen, der euch stützt und trägt. Ihr habt den Gott vergessen, der euch zur Welt gebracht hat. (5. Mose 32,18)

Ich will euch trösten wie eine Mutter ihr Kind. (Jesaja 66,13)

Kann eine Mutter ihren Säugling vergessen? Bringt sie es übers Herz, das Neugeborene seinem Schicksal zu überlassen? Und selbst wenn sie es vergessen würde – ich vergesse dich niemals! Unauslöschlich habe ich deinen Namen auf meine Handflächen geschrieben. (Jesaja 49,15.16a)

Aus einem menschlichen Nein kann ein Ja werden, aus einem menschlichen Ja auch wieder ein Nein. Nur Gottes Ja ist verlässlich.

Gottes Ja heißt Ja, und er sagt Ja zu jedem Menschen.

Du bist von Gott gewollt und von ihm ins Dasein geliebt.

Und Gottes Wort, die Bibel, bestätigt diese Liebe Gottes zu uns. Sie ist wie ein Liebesbrief Gottes an seine Kinder, an jeden einzelnen Menschen, und ist zugleich die Einladung, sich mit allem, was war und ist, mit seinem ganzen Leben und Sein diesem Gott anzuvertrauen und ganz bewusst Gottes Kind zu werden – sozusagen noch einmal geboren zu werden (vgl. Johannes 1,13; 3,3.7; 1. Johannes 3,9; 4,7; 5,1).

Innehalten

Mein liebes Kind,

ich kenne dich.
Dein ganzes Leben – dein Werden und Wachsen –
alles ist mir vertraut. Am Morgen, wenn du
aufstehst, und am Abend, wenn du ins Bett gehst, weiß ich,
wie es dir geht. Ich sehe alle deine Wege und begleite dich mit
meinen Augen Schritt für Schritt. (Psalm 139,1-3; Psalm 32,8)

Du wurdest von mir ins Dasein geliebt und nach meinem Bild
geschaffen. (1. Mose 1,27) Meine Liebe gilt dir Tag für Tag.
(Jeremia 31,3) Ich kenne dich mit Namen. Du gehörst zu mir.
Du brauchst keine Angst zu haben, denn du bist in meinen
Augen kostbar und wertgeachtet, und ich habe dich lieb!
(Jesaja 43,1.4)

Ich weiß um alle Tage deines Lebens – alle vergangenen und alle
kommenden. Ich habe meine Ewigkeit in dein Herz gepflanzt.
(Prediger 3,11) Und für jetzt gilt: Ich bin immer bei dir!
(2. Mose 3,14; Matthäus 28,20)

Meine Gedanken über dir und meine Pläne für dich sind gut.
Gerne denke ich an dich, und ich freue mich über dich.
(Jeremia 29,11; Zefanja 3,17)

Ich bin bei dir, wenn du traurig bist.
Ich bin da, wenn du keine Hoffnung mehr hast.
Ich bin für dich, wenn alle gegen dich sind.
Ich bin dir nah, wenn dein Herz zerbrochen ist.
Ich will dich trösten, wie eine Mutter ihr Kind tröstet.
Ich will dir helfen, wenn du nicht mehr weiterweißt.
(Psalm 34,19; Jesaja 66,13)

Eines Tages werde ich für immer bei dir sein und mit dir wohnen. Ich werde jede Träne von deinen Augen abwischen und dich trösten. Es wird dann keinen Tod mehr geben, kein Leid und keine Schmerzen. Ich will dich heilen. (Offenbarung 21,3-4) Meine ganze Liebe gilt dir und kann durch nichts und niemanden erschüttert, vermindert oder gar ausgelöscht werden!
(Hoheslied 2,4; Römer 8,38-39)

Willst du für immer zu mir gehören? (Johannes 1,12-13; 3,3.7)
Gib mir, mein Kind, dein Herz, denn bei mir bist du am besten aufgehoben! (Sprüche 23,26; Psalm 31,6)
Was willst du? (Markus 10,36.51)

In Liebe,
dein himmlischer Vater, allmächtiger Gott[3]

Geborgen in der Liebe Gottes
Das Wort *Erbarmen* hängt im Hebräischen eng mit der Bezeichnung für *Mutterleib* bzw. *Gebärmutter* zusammen (*rae-*

---
[3] Zusammengestellt von Sabine Herold nach einer Idee von: http://gottkennen.at.jesus.net/?/1/der-liebesbrief-des-vaters.html/&txt=1

chaem/rachamah). Wenn Gott sich erbarmt, dann wird er im Innersten (im Mutterleib) berührt und innerlich bewegt.

Ich stelle mir vor, dass ich von Gottes Liebe, Wertschätzung und Annahme umgeben bin, geborgen wie ein Kind im Leib seiner Mutter. In dieser Liebe darf ich baden, wie ein Kind im warmen Fruchtwasser schwimmt.

Gott versorgt mich und gibt mir, was ich – auch innerlich – brauche. In ihm und mit ihm darf ich werden, wachsen, mich entwickeln und reifen.

Durch ihn allein leben und handeln wir, ja, ihm verdanken wir alles, was wir sind. (Apostelgeschichte 17,28)

 Eine Geschichte aus der Schatztruhe des Lebens

Wenn es um den „Mutterleib" Gottes geht, kommt mir immer eine Sternstunde mit meinem ältesten Sohn in den Sinn, als er etwa vier Jahre alt war: Mein Sohn fragte mich vor dem Schlafengehen: „Mama, wo war ich, bevor ich in deinem Bauch war?" Während ich noch auf der verzweifelten Suche nach einer passenden, gut formulierten und theologischen Antwort war, fragte er schon weiter: „War ich da im Bauch von Gott?" Über diese tiefe Antwort konnte ich nur staunen und sagen: „Ja, da warst du im Bauch von Gott – eingehüllt in Gottes Liebe und Geborgenheit!" – Kinderweisheit!

Mein Name

Jeder Mensch hat einen Namen, jedes Kind bekommt nach der Geburt einen Namen.

Die Namen in der Bibel hatten in der Regel eine ganz besondere Bedeutung und einen persönlichen Bezug zu dem Menschen, der diesen Namen trug. Der Name drückte oft das Wesen und den Charakter aus. Auch Gottes Name zeigt sein Wesen und sein Nahe-Sein. Er ist der Gott, der bei uns ist, für uns und für uns da. JHWH ist sein Name!

Gott hat zum Teil die Namen einzelner Menschen geändert, z. B. wurde aus Jakob (der Betrüger) Israel (der Gottesstreiter). Israel änderte den Namen seines jüngsten Sohnes von Ben-Onin (Sohn meines Unglücks) zu Ben-Jamin (Sohn meines Glücks) (1. Mose 35,18). Namen haben in der Bibel oft eine Geschichte. Ausführlicher gehe ich in dem sich diesem Kapitel anschließenden Exkurs auf dieses Thema ein. Darin zeige ich die verschiedenen Namen Gottes sowie Namen und Bedeutung von Menschen, von denen die Bibel erzählt.

Nur ein Beispiel möchte ich an dieser Stelle erwähnen: Eine besondere Geschichte ist die von Jabez, dessen Name bedeutet: *Ich habe ihn in Schmerzen geboren.* Seine Mutter drückte wohl ihr Geburtstrauma im Namen ihres Sohnes aus. Sein Leben lang trug er die Geschichte seiner Geburt wie ein Aushängeschild. Und dennoch wurde sein Name nicht Programm, denn Jabez war derjenige, der Gott konkret um Segen für sein Leben, also um Gottes Programm über seinem Leben, bat:

„Bitte segne mich, und lass mein Gebiet größer werden! Beschütze mich, und bewahre mich vor Unglück! Möge kein Leid mich treffen!" Gott erhörte sein Gebet. (1. Chronik 4,10)

 Eine Geschichte aus der Schatztruhe des Lebens

Eine berührende Erfahrung war die Namensgebung von unserem zweiten Sohn. Der Kleine kam in einer Nacht einige Wochen zu früh auf die Welt – zumindest so früh, dass wir noch keinen definitiven Namen für ihn hatten. Auf unserer Liste standen vier Jungennamen. Wir hatten uns noch nicht entschieden.

Auch als ich nach der Geburt das Kind in den Armen hielt, fehlte der Name. So lernte ich den kleinen namenlosen Erdenbürger auf ganz andere Art kennen und wusste nach und nach, dass weder Philipp noch Cédric noch ein anderer Name auf der Liste zu ihm passte – außer Micha. Micha (Bedeutung: „Wer ist wie Gott?") drückt für uns das Staunen über Gott aus, über einen Gott, der einen einzigar-

tigen, persönlichen Weg mit Micha gegangen ist, geht und weitergehen wird. Und auch unser Micha ist zum Staunen!

Gekannt, erkannt und geliebt

Gott kennt uns mit Namen – aber noch mehr: Er kennt uns bis in die tiefsten Tiefen unserer Persönlichkeit. (2. Mose 33,12) Er kennt und sieht uns (Jeremia 12,3); er kannte uns, ehe es uns gab (Jeremia 1,5). Gott kennt die Seinen (2. Timotheus 2,19). Und er sagt:

Fürchte dich nicht, denn ich habe dich erlöst; ich habe dich bei deinem Namen gerufen; du bist mein! (Jesaja 43,1; Luther 1984)

Dies darf ich ganz persönlich für mich in Anspruch nehmen!

INNEHALTEN

Brief einer Schwangeren an ihr wenige Wochen altes Kind:

Mein Kind, du bist geliebt!

Kleines Wesen – wer liebt dich?
Werde ich dir die Liebe geben können, die du brauchst,
dich einhüllen in den wärmenden Mantel der Liebe,
dich mit Herz, Gefühl, Willen, Verstand,
Händen und Füßen lieben?
Noch ist diese Liebe klein, unscheinbar und zerbrechlich,
zart und empfindlich wie eine junge Pflanze.
Doch ich weiß, dass diese Liebe wachsen wird –
wie ein Baum, himmelwärts.
Ich vertraue Gott,
dass er mir diese Liebe für dich schenken wird –
für dich, kleines Wesen, in meinem Leib.

Und dieser Gott liebt dich, seitdem es dich gibt,
mit einer wärmenden und überströmenden Liebe.
Du bist geliebt, kleines Wesen in mir!

Kleines Geschöpf – wer wird für dich sorgen?
Dein Vater und deine Mutter wissen nicht,
ob sie dir eine sichere Zukunft bieten können.
Die Welt ist unsicher und bedrohlich.
Ich möchte dir geben, was ich habe – doch wird es genügen?
Ich weiß: Der dir das Leben geschenkt hat,
der wollte und will, dass es dich gibt;
der wird auch für dich sorgen,
dich am Leben erhalten und dir geben,
was du nötig hast – und noch viel mehr dazu!
Er weiß es am besten!
Du wirst versorgt werden, kleines Geschöpf in mir!

Kleines Kindlein – wie wird dein Lebensweg verlaufen?
Oft habe ich Angst vor dieser Ungewissheit.
Wirst du Gott und deine Eltern lieben?
Oder erwarten uns Rebellion, Kämpfe und Verletzungen?
Ich weiß es nicht,
doch in und mit diesen Fragen und Sorgen
überlasse ich dich Gottes Händen und Gottes Herzen.
Er ist da. Er wird auch da sein, wenn es schwierig wird.
Er wird dich auf deinem Lebensweg begleiten,
kleines Kindlein in mir!

Mein lieber Schatz, du darfst wissen:
Du wirst immer geliebt, bestens versorgt und immer wird
jemand bei dir sein:
Hab keine Angst!
Du bist sicher in Gottes Händen, mein lieber Schatz in mir!

Sabine Herold

Schatztruhen-Zeit

Persönliche Fragen zum Nachdenken / Impulse zum Vertiefen

- ⇨ Hatten meine Eltern Probleme, Kinder zu bekommen? Sind ein Kind oder sogar mehrere Kinder im Leib meiner Mutter oder während der Geburt gestorben?
- ⇨ Was weiß ich über die Zeit, als meine Mutter mit mir schwanger war? Wie hat meine Mutter die Schwangerschaft mit mir erlebt?
- ⇨ Wie war meine Geburt? Wie waren die Umstände meiner Geburt? Ging alles gut oder gab es Komplikationen?
- ⇨ In welche äußeren Umstände wurde ich hineingeboren? Wenn meine Eltern noch leben, suche ich das Gespräch mit ihnen. Vielleicht gibt es auch eine andere Person, die mir erzählen kann.
- ⇨ War ich erwünscht und „geplant" – ein Wunschkind?
- ⇨ War es eine Freude für meine Eltern, als ich unterwegs war? Oder war es zunächst schwierig für meine Eltern, dass sie mich erwarteten?
- ⇨ Mussten meine Eltern „wegen mir" heiraten? Ist mir die Aussage vertraut, dass ich ein „Unfall" oder „unerwünscht" war? Wie gehe ich damit um?
- ⇨ Von welchen Menschen habe ich mich angenommen, geliebt, willkommen gefühlt? Wer war für mich da? Wer kümmerte sich um mich?
- ⇨ Kann ich meine Eltern aus meiner heutigen Sicht besser verstehen? Inwiefern ja, inwiefern nein?
- ⇨ Welcher Bibelvers spricht mich aus diesem Kapitel persönlich an? Warum?
- ⇨ Gott wollte und will mich. Ich bin sein Wunschkind. Er hat mich geschaffen, geformt, gebildet im Leib meiner Mutter – was lösen diese Worte in mir aus?

Zwei Geschichten aus der Schatztruhe des Lebens

Frieda berichtet:
Gedankenverloren betrachte ich ein kunstvoll gewobenes Spinnennetz mit seinen graziös anmutenden Tautropfen. Welche Perfektion! Welche Schönheit! Ganz unbewusst greift meine Hand nach den vermeintlichen Perlen. Zurück bleibt eine Hand voller Tränen …

Bereits im vierten Schwangerschaftsmonat musste meine Mutter wegen Komplikationen ins Krankenhaus. Es sollte keine Ruhe einkehren. Sie verbrachte als gestandene Bäuerin die volle Zeit, den Rest der Schwangerschaft, in der Klinik. Meine ersten Lebenstage verbrachte ich in einem anderen Krankenhaus, fern jeder vertrauten Zuwendung. Hier wurde eine der ersten großen Lebenslügen geboren: Mir wurde später immer gesagt, dass ich bei der Geburt Schaden genommen hätte, dass ich dumm und unzurechnungsfähig sei. Dies entpuppte sich Jahre später als Lebenslüge: Ich war auf einer Auffangstation für überforderte Mütter gelandet!

Neben aller Ablehnung kam dazu, dass ich zu Hause meine Flasche nie austrinken konnte, was meine Mutter gänzlich zur Verzweiflung brachte. Immer wieder hätte ich geweint, bis ich vor Erschöpfung eingeschlafen sei, erzählte sie mir, um nach relativ kurzer Zeit erneut mit Hunger nach meiner Mutter zu schreien. Erst weit mehr als 20 Jahre später stellte man die Diagnose einer kompletten Laktose-Intoleranz, die vermutlich seit Geburt besteht.

Wie wenn die Situation nicht schon komplex genug gewesen wäre, traf mich im Alter von erst vier Jahren wortwörtlich fast der Blitz. Ich muss dort einen fürchterlichen Schock erlitten haben. Mein ebenfalls arg überfordertes Umfeld reagierte mit „Einschließen" und „Abdunkeln". In der Folge entwickelte sich ein unsäglicher Kreislauf von fürchterlichem Schreien in der Nacht und ruhelosen Nächten für den Rest der Familie. Dies wiederum führte dazu, dass ich – sowieso schon als „schwieriges Kind" verschrien – weitere Ablehnung und Spott ertragen musste, ja dass ich schließlich aus dem Tiefschlaf aus dem Bett gezerrt und mit dem Teppichklopfer verprügelt wurde. Eine „Erziehungsmaß-

nahme", wie sie es nannten. Als ich voller Panik über das, was gerade geschah, in die Hose machte, zog dies eine zusätzliche Tracht Prügel nach sich und ich musste nass ins Bett. Die nächtlichen Schreie im und aus dem Schlaf blieben, ich konnte sie nicht beeinflussen ...

Jahre später, ich dürfte so ungefähr im achten Lebensjahr gewesen sein, geschah ein weiteres Ereignis, das mir schwer zu schaffen machte. Meine Schwester verunglückte mit den Skiern schwer, nur rund 100 bis 150 m von mir entfernt. Aus völlig unverständlichen Gründen wurde mir verunsichertem heranwachsenden Kind die Verantwortung dafür angelastet. Es folgte eine unermessliche Zeit voller Schimpf und Schande für diesen grotesken Unfall. Ungefähr zu dieser Zeit muss es gewesen sein, dass meine Mutter einmal zu mir sagte: „Ich weiß nicht, was ich verbrochen habe, dass Gott mir eine solche Strafe wie dich zumutet." Eine Strafe Gottes?!

Wenn alle ihre Anfeindungen wie Nadelstiche gleich einer Tätowierung langsam meinen ganzen Körper überzogen, so war dies der Hammerschlag, der mich zu zerteilen drohte! Ein Teil in mir glaubte, ein Teil bäumte sich auf. Aber mein Selbstwertgefühl war so im Keller, dass ich im besagten achten Lebensjahr meinen ersten Suizidversuch unternahm. Es sollte nicht der letzte sein. Nach außen schien die Welt in Ordnung, wir hatten eine blitzblank glänzende Vorzeigefassade! Aber die Beschimpfungen wegen des Unfalls ebbten bis ins 18. Lebensjahr nicht ab. Zehn volle Jahre! Mit über 25 Jahren habe ich schließlich erfahren, dass ich keinerlei Schuld an dem Unfall meiner Schwester trug.

Trotz allen negativen Vorzeichen stürzte ich mich – sobald ich mich von der Familie lösen konnte – in eine Ausbildung und machte die Fahrprüfung. Doch mein Körper und meine Seele waren nicht im Gleichschritt unterwegs. Es folgte der erste lange Klinikaufenthalt. All die zugesprochenen Wertschätzungen von anderen Personen schienen mir nichts zu bedeuten. Verbissen hielt ich an der These fest, dass mein Leben erst in Ordnung kommen würde, wenn meine Eltern mich anerkannten. Gott hat diese Gnade bis heute nicht geschenkt. Aber ich erkenne langsam, mit welch unendlicher Geduld er Perlmuttschicht um Perlmuttschicht aufgetragen hat und immer noch aufträgt.

So fand ich eine Frau, die mir wie eine Pflegemutter über viele Jahre zur Seite stand. Immer wieder schenkte Gott mir den Kontakt zu christlichen Ärzten und Therapeuten, welche meinen zerbrechlichen Glauben nicht zerstörten. Zudem wurden mir Freundschaften geschenkt, zwei davon haben die Zehn-Jahres-Hürde bereits überschritten. Und dies sei ein zarter Hinweis, dass Perlengeschichten nicht in wenigen Monaten entstehen! Wenn ich einmal in die Ewigkeit einziehen darf ohne Verbitterung, dann ist wirklich eine Perle geboren. Zwanzig Jahre „Trauma" sind nicht in zwanzig Jahren Therapie bewältigt – das ist leider eine Realität, der ich mich zu stellen hatte. Aber alle Therapie der Welt schafft nicht das, was Gott im persönlichen Dialog an Genesung schenkt.

Als Gnade Gottes sehe ich heute auch meine angeborene Kreativität und eine fast unglaublich anmutende Portion Frohsinn. Das sind Momente, in denen ich ganz still werde. Ich bin gewollt. Egal, wie die Umstände waren und wurden: Gott hat mich gewollt.

Wenn ich heute das Spinnennetz mit seinen unzähligen Tautropfen sehe, so weiß ich, dass ich nicht alles fassen und „(be)greifen" kann und muss. Und in der Tiefe des Ozeans schlummern vermutlich noch ungezählte heranreifende Perlen, wenn Gott einmal sichtbar mit seinem Frieden über aller Wut und Entgleisung des Menschen steht.

„äs darf si"[4].
So wie ich bin.
Zerbrechliches Gefäß „Ursprungsfamilie" ...
Zerbrechliches Gefäß „Körper und Seelenzustand" ...

„äs darf si".
Trotzdem so wie ich bin: Tempel sein!
Tempel des Heiligen Geistes. Tempel Gottes, dem Alleinigen.

„äs darf si".
So wie ich bin.

---

4 „äs darf si": Schweizerdeutsch, übersetzt: Es darf sein

Zerbrechliches Gefäß „Beziehungen":
Leiden, Freude, Schmerzen, Tränen ...

„äs darf si".
So wie ich bin.
Unterwegs! Zerbrechlich. Verletzlich ...
Ich werde getragen – ich lasse mich tragen.

„äs darf si" – Ja, es darf sein. Es soll sein.
So wie ich bin.

Ich möchte noch etwas anfügen: sich selbst anzuerkennen, sich selbst achten zu lernen steht am Anfang häufig im Gegensatz zu den eigenen Gefühlen. Durch zwei Freundinnen wurde mir das Geschenk zuteil, mein Leben reflektieren zu dürfen und mit ihren Worten im Ohr mein Leben achten zu lernen und damit mich selbst. Allen Widerwärtigkeiten zum Trotz!

* * *

Luzia erzählt:
Im Alter von weit über vierzig Jahren blieb meine Periode aus. Ich wusste sofort, dass dies nicht die Wechseljahre waren, sondern eine Schwangerschaft. Als ich zur Gynäkologin ging und einen Test machen wollte, meinte sie zuerst, dass dies doch der Beginn der Wechseljahre sei, doch der Test bestätigte das Gegenteil. Ich war schon etwa in der 10. Woche. Die Frauenärztin sagte: „Sie haben recht, aber das Kind darf nie auf die Welt kommen. Ihr Mann und Sie haben beide Blutgruppen, bei denen es Probleme geben würde. Das Kind ist vermutlich nicht normal und Ihr Körper macht das nicht mehr mit. Sie dürfen das nicht wagen, denn wahrscheinlich landen Sie im Rollstuhl."

Im Alter von über vierzig Jahren handele es sich um eine Risikoschwangerschaft, das Kind habe höchstwahrscheinlich das Down-Syndrom. Die Ärztin ergänzte, dass die Krankenkasse die Untersuchungen und die Abtreibung bezahlen würde.

Für mich war das alles ein großer Schock. Im Grund genommen wollte ich gar kein Kind mehr von meinem Mann, da wir eine schwierige Ehe hatten. Und nun waren noch diese Hiobsbotschaften dazugekommen.

Als ich heimkam, sagte ich meinem Mann: „Ich bin in Erwartung, aber wir müssen abtreiben." Mein Mann sagte mir aber klipp und klar: „Wir nehmen das Kind – ob es gesund ist oder behindert!"

Dies teilte ich der Gynäkologin mit. Da wurde diese wütend: „Wer von Ihnen muss denn das Kind bekommen? Sie oder Ihr Mann? Es geht um Sie, und Sie müssen sich bewusst sein, dass Sie mit Ihrem gesundheitlichen Zustand und mit Ihren Rückenproblemen im Rollstuhl landen."

Ich hatte keine gute Schwangerschaft und musste in den letzten drei Monaten ständig liegen, da ich Blutungen hatte. So lag ich viel im Bett und habe die Zeit für die Stille genutzt: zum Bibellesen und Beten.

Das Kind trat mir viel gegen die Rippen, was äußerst schmerzhaft war. Einmal las ich die biblische Geschichte von Hanna und Samuel (1. Samuel 1-2).

Ich betete: „Herr, dieses Kind will ich dir schon jetzt weihen, so wie Hanna den Samuel geweiht hat." Ich war überzeugt, dass es ein Mädchen war, und weihte es für die Mission. Ich bat ihn aber auch, dass das Kind gesund sein würde, dass es in der Schule gut sein würde, um später Krankenschwester zu lernen und dann Gott dienen zu können.

Der Geburtstermin wäre an Karfreitag gewesen, aber am Tag zuvor kamen schon schlimme Wehen, sodass ich dachte, es würde losgehen. Mein Mann war unterwegs. Ich betete und schrie zu Gott, dass mein Mann heimkommen würde. Endlich kam er heim, aber in dem Moment hörten die Wehen auf.

Das Kind wartete sogar noch bis nach Ostern. Dann ging es los. Aber die Geburt ging nicht richtig vorwärts, da das Kind stecken blieb. Für einen Kaiserschnitt war es zu spät. Ich konnte nicht mehr, war die ganze Zeit am Erbrechen, hatte höllische Schmerzen in den Beinen, im Rücken, überall.

Schließlich wurde das Kind mit der Glocke herausgezogen. Blau und still.

Als ich hörte, dass es ein Junge war, ging für mich erst einmal die Welt unter. Niemals hatte ich einen Sohn gewollt, denn in mir schlummerte die tiefe Angst, dass er so werden könnte wie mein Mann. Dieser legte in dem Moment seinen Kopf über mich und begann zu weinen wie ein Kind, denn er dachte, das Baby sei tot, weil es so blau und leblos war. Mir wäre es in diesem Moment sogar recht gewesen.

Dies klingt jetzt sehr hart und herzlos, aber meine Ehe war für mich so furchtbar geworden, dass ich eigentlich kein weiteres Kind mehr haben wollte. Es war für mich sehr schwierig, das Kind anzunehmen und Freude zu empfinden.

Das Pflegepersonal war damit beschäftigt, sich um das blau angelaufene Kind zu kümmern, ihm auf den Rücken zu klopfen, bis es anfing zu schreien. Trotz der Prognosen meiner Ärztin war das Kind kerngesund, hatte keine Behinderung, hatte keine Folgeschäden von der Geburt und entwickelte sich prächtig.

Mein Ja zu unserem Sohn kam mit seiner Einsegnung. Der Pfarrer hatte dazu den Vers aus Psalm 91,11 ausgewählt: Gott hat seinen Engeln befohlen, dass sie dich behüten auf allen deinen Wegen, dass sie dich auf Händen tragen und du deinen Fuß nicht gegen einen Stein stoßest.

Damit hatte ich die Antwort für mich und mein Kind.

Die Sonntagsschullehrerin hatte für unseren Sohn die Waffenrüstung nach Epheser 6 vorbereitet. So bekam er an seiner Einsegnung einen Gurt, einen gebastelten Brustpanzer, kleine Schühchen, einen Schild, einen Helm in Form einer Kappe, ein Schwert in Form eines Bibelleseplanes vom Bibellesebund ...

Von diesem Tag an legte ich dem Kind Tag für Tag im Gebet die Waffenrüstung an. Dies tue ich heute noch.

Unser Sohn war sehr gut in der Schule, ging später aufs Gymnasium, war vor allem im musikalischen Bereich sehr begabt und absolvierte das Abitur. Eigentlich wollte er Musik studieren, entschied sich dann aber für Theologie. Heute dient er Gott sowohl im kirchlichen als auch im musikalischen Bereich und kombiniert beides – so ganz anders, als ich mir das vorgestellt hatte.

Während der ganzen Jahre wurde mir zutiefst bewusst, dass Gottes Gnade viel größer ist als meine Schuld. Darüber staune ich heute noch.

Exkurs:
Namen in der Bibel

Die Namen Gottes

Gott hat verschiedene Namen. Diese Namen zeigen Wesenszüge von Gott und bergen doch ein Geheimnis in sich, lassen sich nicht ganz fassen. Der Name Gottes, mit dem sich Gott persönlich vorstellt, ist JHWH, was kurz und knapp übersetzt der „Ich-bin-da" bedeutet. Diesen Namen *JHWH* wagten die Menschen im Laufe der Zeit nicht mehr auszusprechen.

Um das Gebot *Du sollst meinen Namen nicht missbrauchen, denn ich bin der Herr, dein Gott!* (2. Mose 20,7) unter keinen Umständen zu brechen, hat es sich im Judentum eingebürgert, den Namen Gottes überhaupt nicht mehr auszusprechen. Stattdessen wurden und werden „Ersatz-Worte" verwendet, die entweder eine der *Eigenschaften Gottes* beschreiben („Der Ewige", „der Barmherzige", „der Herr" [Adonaj]) oder aber z. B. bei Zitaten einfach angeben, dass an dieser Stelle des Satzes „*der Name*" (*HaShem*) Gottes steht. Doch was bedeutet „Name" in der Bibel überhaupt?

Biblische Namen

Wenn wir unserem Kind einen Namen geben, dann wählen wir einen, der uns gefällt. Schön soll es klingen, zum Nachnamen passen. In der Zeit des Alten Testamentes war das anders. Damals sagte der Name etwas aus über die Person, über ihren Charakter, ihre Geschichte usw. Deshalb gab es auch Namensänderungen. Denken wir z. B. an Abraham: Anfangs hieß er Abram. Gott änderte diesen Namen um, weil dadurch klarer wurde, wer Abraham eigentlich war. (*Abram: erhabener Vater*, 1. Mose 11,26;

Abraham: Vater der Menge.) Der Name eines Mannes oder einer Frau sagte damals also aus, wer und wie die Person war.

Wie heißt **du** eigentlich? Wie ist dein Name? Wie wirst du genannt? Wie nennst du dich? Wie heißt du? Und: Hat dein Name eine Bedeutung? Wenn ja, welche?

Hat diese Bedeutung sogar etwas mit dir, mit deinem Charakter, mit deinem Wesen zu tun?

Entmutigt dich dein Name oder **er**mutigt er dich?

 Eine Geschichte aus der Schatztruhe des Lebens

Mein erster Name hat keine besondere Bedeutung: Sabine ... die aus dem Stamm der Sabiner. Na ja, ich könnte mir eine schönere Bedeutung vorstellen. Als ich zum ersten Mal die Bedeutung meines Namens erfuhr, war ich einfach nur enttäuscht. Ich hätte jetzt über die Bedeutungslosigkeit meines Namens frustriert sein können oder noch schlimmer: diese Bedeutungslosigkeit auf mich selbst beziehen können. Dies tat ich Gott sei Dank nicht, sondern fand meinen Namen weiterhin schön.

Irgendwie war mir klar: Gott weiß, was mein Name bedeutet. Er kennt mein Wesen, mich selbst bis in die tiefsten Tiefen. Und das genügt.

Eine tiefere Bedeutung

Das hebräische Wort שם (*schem*) bedeutet Name. Es kommt von *nennen, genannt werden, markieren, kennzeichnen*.

Es wird aber nicht nur für den Namen einer Person gebraucht, sondern beinhaltet auch die Begriffe: *Ruf, Ruhm, guter Name, guter Ruf, Nachruhm, Andenken*, aber auch *warnendes Beispiel. Shem* wird für JHWHs Name eingesetzt, sozusagen als Ersatz oder Synonym. שם (*schem*) meint also auch Gott selbst, vor allem verbunden mit dem Artikel *ha* השם **DER** NAME.

Im Hebräischen sind Begriffe nicht einfach nur Begriffe,

sondern haben in der Regel noch eine tiefere Bedeutung, eine Bedeutung hinter dem Offensichtlichen. Wenn man einmal anfängt, in der Schatzkiste der biblischen Sprache zu graben, dann entdeckt man Kostbarkeit um Kostbarkeit.

Der Name gehörte im biblischen Umfeld unlöslich zur Person. Und so ist ein Name nicht nur der Rufname einer Person, sondern bezeichnet damit auch die Würde und das Wesen, es ist ein Ehrentitel. Ein Name kann sogar ein Bekenntnis, eine Zusage oder ein Versprechen beinhalten.

Eine Geschichte aus der Schatztruhe des Lebens

Zurück zu meinem Namen Sabine. Das Wissen darum, dass mein Name, Wesen und Innerstes Gott bekannt ist, hat mich getröstet. Auch dass er mich beim Namen kennt und mir eines Tages einen neuen Namen geben wird, der ganz meinem Wesen und Gottes Sicht von mir entspricht.

Doch meine Eltern haben mir noch einen zweiten Namen gegeben – Ermutigung pur: Christine! Das bedeutet: zu Christus gehörig, die zu Jesus Christus gehört. Amen dazu. Ich gehöre zu ihm! Im Laufe meines Lebens wurde mir dieser Zweitname immer wichtiger und ich bin sehr dankbar dafür.

Gott kennt uns mit Namen

Ob unser Name nun eine schöne, schwierige, ermutigende, traurige, ernüchternde oder gar keine Bedeutung hat: Gott kennt uns mit Namen – jede und jeden Einzelnen von uns. Er kennt unser Wesen. Er kennt und versteht uns. Er sagt:

Ich habe dich bei deinem Namen gerufen, du gehörst zu mir.
(Jesaja 43,1)

Gott offenbart sich durch seine Namen
Und: Auch Gott hat einen Namen, mehrere Namen, Namen, die er uns mitteilt; oder Wesenszüge, die Menschen benennen und in Worte fassen, weil sie Gottes Wesen erfahren haben.

Im Folgenden ein paar Beispiele:

Überall in der Schrift wird *Elohim* – d. h. *Gott* – mit anderen Namen und Begriffen zusammen verwendet, um bestimmte Wesenszüge Gottes zu beschreiben. Einige Beispiele: *Elohim Kedem* – Gott des Anfangs (5. Mose 33,26); *Elohim Mishpat* – Gott des Rechts (Jesaja 30,18); *Elohim Selichot* – Gott der Vergebung (Nehemia 9,17); *Elohim Mikarov* – Gott aus der Nähe (Jeremia 23,23); *Elohim Mauzi* – Gott meiner Zuflucht (Psalm 43,2); *Elohim Tehilati* – Gott meines Lobes (Psalm 109,1); *Elohim Kedoshim* – Heiliger Gott (3. Mose 19,2; Josua 24,19); *Elohim Chaiyim* – lebendiger Gott (Jeremia 10,10).

El ist die Kurzform von *Elohim* und wird auch häufig zusammen mit anderen Wörtern gebraucht, um Gott zu beschreiben und gewisse Eigenschaften hervorzuheben. So z. B.: *El HaNe'eman* – der treue Gott (5. Mose 7,9); *El HaGadol* – der große Gott (5. Mose 10,17); *El HaKadosh* – der heilige Gott (Jesaja 5,16); *El Yisrael* – der Gott Israels (Psalm 68,35); *El HaShamayim* – der Gott der Himmel (Psalm 136,26); *El De'ot* – der Gott des Wissens (1. Samuel 2,3); *El Emet* – der Gott der Wahrheit (Psalm 31,6); *El Yeshuati* – der Gott meines Heils (Jesaja 12,2); *El Elyon* – der höchste Gott (1. Mose 14,18); *Immanu El* – Gott mit uns (Jesaja 7,14); *El Olam* – der ewige Gott / der Gott der Ewigkeit (1. Mose 21,33); *El Echad* – der eine Gott (Maleachi 2,10).

Auch mit JHWH gibt es etliche Verbindungen, die uns Gottes Wesen näherbringen:

JHWH Elohim – Herr Gott (1. Mose 2,4); *JHWH M'kadesh* – der Herr, der heiligt (Hesekiel 37,28); *JHWH Yireh* – der Herr sieht / sieht vor (1. Mose 22,14); *JHWH Nissi* – der Herr ist mein Banner (2. Mose 17,15); *JHWH Shalom* – der Herr des

Friedens (Richter 6,24); *JHWH Tzidkeynu* – der Herr, unsere Gerechtigkeit (Jeremia 33,16); *JHWH O'saynu* – der Herr, der uns gemacht hat (Psalm 95,6).

Gott wohnt unter seinen Menschen

Doch Gott hat noch viel mehr Namen und Wesenszüge, und mit seinem Namen will er sich seinem Volk offenbaren und unter seinen Menschen wohnen. So spricht die Bibel von Salomos Tempel in Jerusalem als dem Ort, wo Gottes Name wohnen und gegenwärtig sein soll – als dem Ort, wo sein Volk beten und erhört werden wird (1. Könige 8,28-29).

Salomo war sich in seinen jungen Jahren bewusst, wie wichtig Gottes Gegenwart, ja der Schutz und die Vollmacht seines Namens waren. So wünschte er sich von Herzen, dass Gott in dem Tempel, den er ihm baute, wohnen würde – mit seiner Gegenwart, mit seinem Namen „Ich bin da!" Gott ging auf diesen Wunsch Salomos ein:

Und der Herr sprach zu ihm: „Ich habe dein Gebet und Flehen gehört, das du vor mich gebracht hast, und habe dies Haus geheiligt, das du gebaut hast, dass ich meinen Namen dort wohnen lasse ewiglich, und meine Augen und mein Herz sollen da sein allezeit." (1. Könige 9,3; Luther 1984)

Im Neuen Testament erinnert Paulus die Korinther und auch uns daran: *Vergesst nicht: Wir selbst sind der Tempel des lebendigen Gottes. So hat Gott gesagt: „Ich will mitten unter ihnen leben. Ich will ihr Gott sein, und sie sollen mein Volk sein."* (2. Korinther 6,16)

Gott will auch *in uns* gegenwärtig sein – mit seiner Gegenwart, mit seinem Namen JHWH „Ich bin da!". Ihm und seinem Namen dürfen wir vertrauen; ihm und seinem Namen uns anvertrauen!

In Gottes Namen gesegnet sein
Gott hatte Mose die Anweisung gegeben, dass der Hohepriester Aaron und seine Söhne die Israeliten segnen sollten. Am Ende dieses Segens sagt JHWH:
Ihr sollt meinen Namen auf die Israeliten legen, dass ich sie segne.
(4. Mose 6,27; Luther 1984)

Segnen heißt also, den Namen Gottes, den Namen JWHW auf einen anderen Menschen legen, der uns zusichert: „Ich bin für dich da!" Was kann uns Besseres geschehen, was können wir einander Größeres schenken, als dass wir den Namen JHWHs auf unser Gegenüber legen?

JHWH, der Herr, segne dich und behüte dich;
JHWH, der Herr, lasse sein Angesicht leuchten über dir und sei dir gnädig;
JHWH, der Herr, hebe sein Angesicht über dich und gebe dir Frieden.
(4. Mose 6,24-26; Luther 1984)

Die Namen biblischer Personen: Der Name ist Programm – oder?!
In der Bibel kommen viele verschiedene und einzigartige Namen vor. Es lohnt sich, den Hintergrund einiger Namen genauer zu betrachten und sich von der Bedeutung dieser Namen in Bezug auf das eigene Werden und auf die eigene Lebensgeschichte ansprechen zu lassen.

Von vielen dieser Personen können wir lernen, wie sie mit schwierigen Erfahrungen umgegangen sind – und dies mithilfe ihrer Namen, denn oft verrät uns dieser etwas über ihre Vergangenheit. Manchmal kennzeichnet ein Namenswechsel einen Wendepunkt in ihrem Leben. Oft hat ein Name sogar gegensätzlich Bedeutungen: eine negative und eine positive.

Jakob ist der Überlister/Betrüger – und dennoch hat Gott Großes mit ihm vor. Nach der Begegnung mit Gott ändert sich sein

Name (1. Mose 32,23-33). Von nun an heißt er **Israel**, d. h. *Kämpfer Gottes*: *Du hast schon mit Gott und den Menschen gekämpft und immer gesiegt* (Vers 29).

Persönliche Fragen zum Nachdenken / Impulse zum Vertiefen
- ⇨ Wo gibt es auch in unserer Familie Betrügereien, Tricks, Lügen …? Inwiefern bin ich beteiligt?
- ⇨ Kenne ich Ausreden, Lügen, Halbwahrheiten? Wie halte ich es mit der Wahrheit?
- ⇨ Welche Wende braucht es, um vom Kampf um den eigenen Vorteil zum Ringen mit Gott zu kommen / mich neu auf Gott auszurichten?

Lea: d. h. *die Arbeitsame, die Müde* (1. Mose 29,17)

Sie ist die Frau Jakobs neben ihrer Schwester Rahel (deren Namen übersetzt „Mutterschaf" bedeutet) und steht in ständiger Konkurrenz mit ihr um die Liebe ihres Mannes. Dieser Kampf zeigt sich in der Namensgebung ihrer Kinder (1. Mose 29,31-35; 30,1-24).

Persönliche Fragen zum Nachdenken / Impulse zum Vertiefen
- ⇨ Wo / mit wem stehe ich im Konkurrenzkampf? Habe ich eine Schwester als Rivalin erlebt? Inwiefern? Wer oder was hilft?
- ⇨ Wie ist meine Position in der Familie? Bin ich Einzelkind, ältestes/mittleres/jüngstes Kind?
- ⇨ Welches Verhältnis habe ich als Erwachsene zu meinen Geschwistern?

Ben-Oni: So will Rahel im Sterben ihren neu geborenen Sohn nennen: *Sohn meines Unglücks / Sohn meiner Totenklage*. Doch Jakob, der Vater, ändert sogleich seinen Namen ab in **Ben-Jamin** – *Sohn meines Glücks / Sohn der Rechten* (1. Mose 35,18).

Persönliche Fragen zum Nachdenken / Impulse zum Vertiefen
- Hat mir jemand gesagt, ich sei ein Unfall gewesen, ein Unglücksrabe, Dummkopf …?
- Wer hat Gutes über meinem Leben ausgesprochen?
- Welche Kosenamen habe ich bekommen?

Noomi: Der Name bedeutet *meine Wonne, meine Lieblichkeit* (Rut 1,2). Ihre Schwiegertochter heißt Rut (*Gefährtin, Freundin*). Nach dem Tod ihres Mannes und ihrer Söhne kehrt Noomi in ihre alte Heimat zurück und sagt zu ihren Bekannten: *Nennt mich nicht Noomi, sondern Mara (Noomi bedeutet „lieblich", Mara „bitter"), denn der Allmächtige hat mir viel Bitteres angetan.* (Rut 1,20)

Persönliche Fragen zum Nachdenken / Impulse zum Vertiefen
- Was sagt mein Name über mich selbst aus? Würde ein anderer Name besser zu mir passen aufgrund von Leid und Schicksalsschlägen, die ich erlebt habe?
- Was will mir mein jetziger Name sagen?
- Welche Möglichkeit habe ich, meinen Weg von der Bitterkeit zur Lieblichkeit zu gehen?
- Welche „Freundin / Gefährtin" könnte mich auf diesem Weg begleiten? Habe ich überhaupt eine Freundin wie Rut, die mich ermutigt auf meinem Weg?
- Wem bin ich Freundin und Ermutigerin?

Hanna (Anna): *die Gebeugte / auch: die Begnadigte*
Hanna erlebt eine Wende von der Gebeugten (durch die Kränkungen durch die andere Ehefrau ihres Mannes) zur Begnadigten: Gott macht die Unfruchtbare fruchtbar, er schenkt ihr Samuel und noch weitere Kinder (1. Samuel 1-2).

Persönliche Fragen zum Nachdenken / Impulse zum Vertiefen
- ⇨ Wo in meinem Leben sehe ich mich als Gebeugte? Wo wurde ich gedemütigt, welchen Verlust musste ich durchmachen?
- ⇨ Wo stehe ich in Rivalität zu anderen Menschen, z. B. um Freundschaft, Zuneigung?
- ⇨ Was blieb mir im Leben verwehrt?
- ⇨ Wo bin ich Begnadigte? Was hat Gott mir geschenkt? Was durfte ich erfahren?

Abigail: *des Vaters Freude* (1. Samuel 25)

Abigail ist mit Nabal verheiratet (dessen Name die Bedeutung *Tor, Narr* hat). Nabal ist geizig und boshaft. Abigail dagegen übt Gastfreundschaft an David und wird später sogar seine Frau.

Persönliche Fragen zum Nachdenken / Impulse zum Vertiefen
- ⇨ Wo entdecke ich Ähnlichkeiten zwischen Abigail und mir?
- ⇨ Wo bereite ich meinem himmlischen Vater Freude und bin ihm mehr gehorsam als Menschen (sogar mehr als der eigenen Familie)?

Mefi-Boschet, d. h. *der das Schandbild Verachtende* (2. Samuel 4,4)

Mefi-Boschet ist ein gehbehinderter Sohn von Jonatan, Davids Freund. Auf der Flucht hatte ihn die Amme fallen gelassen, sodass er seitdem nicht mehr laufen kann. David nimmt sich seiner an und lässt ihn sogar an seinem Tisch sitzen.

Persönliche Fragen zum Nachdenken / Impulse zum Vertiefen
- ⇨ Wo habe ich einen Schicksalsschlag erlebt, für den ich nichts konnte und der mein Leben verändert / erschwert hat?
- ⇨ Wo wurde ich dennoch beschenkt? Durch wen?

Jabez (1. Chronik 4,9-10) – Seine Mutter sagt über ihn: „Ich habe ihn mit Kummer geboren." Daher der Name: Jabez bedeutet *der Schmerzen macht*.

Doch trotz dieser negativen Bedeutung gelingt es Jabez, sein Leben positiv zu gestalten. Seine Bitte an Gott lautet: *„Bitte segne mich, und lass mein Gebiet größer werden! Beschütze mich, und bewahre mich vor Unglück! Möge kein Leid mich treffen!"* Gott erhörte sein Gebet.

Die Bibel berichtet sogar: *Jabez war angesehener als seine Brüder.*

Persönliche Fragen zum Nachdenken / Impulse zum Vertiefen
- ➪ War meine Geburt ein schweres Erlebnis für meine Mutter? (unerwünscht? Umstände?, fast gestorben? Schwerstgeburt? ... Frühgeburt? ...)
- ➪ Was wurde mir als Kind vermittelt? Wie bin ich damit umgegangen?
- ➪ Welche Bitten habe ich an Gott?

Jachasiël: *Gott schaut (auf ihn)* (2. Chronik 20,14-17)

Auf Jachasiël kommt der Geist des Herrn, sodass er prophetisch und ermutigend zur Gemeinde reden kann und ihnen im Namen Gottes den Sieg über die Ammoniter, ihre Feinde, vorhersagt.

Persönliche Fragen zum Nachdenken / Impulse zum Vertiefen
- ➪ Wo in meinem Leben habe ich erfahren, dass Gott auf mich schaut? Wo erlebte ich Wunder?
- ➪ Gott kämpft für mich! Gott rettet! Inwiefern kann ich dies bejahen?
- ➪ Gott schaut und sieht! Gott gebraucht Menschen, um andere zu ermutigen. Wo wurde ich ermutigt? Wie kann ich selbst zur Ermutigung für andere werden?

Jedida: (übersetzt *Geliebte*) ist verheiratet mit König Amon, der so lebte, wie es Gott verabscheute. Ihr Sohn, **Josia**, wird im Alter von acht Jahren zum König ernannt. Josia wiederum bedeutet *JHWH heilt, ist Heiler.* (2. Könige 21-22)

Josia lebte mit Gott. Unter ihm wurde der Tempel renoviert, das Gesetzbuch wiedergefunden, der Bund mit Gott erneuert, Reformen eingeführt, der Götzendienst abgeschafft, das Passah wieder gefeiert.

Persönliche Fragen zum Nachdenken / Impulse zum Vertiefen
- ⇨ Wer hat mich in meinem Leben mehr geprägt – Vater oder Mutter? Wem bin ich von meiner Art her ähnlich?
- ⇨ Hat mich auch eine „fromme" Person geprägt? „Geliebte" und „Gott heilt" – inwiefern haben diese Namen in meinem Leben Bedeutung? Kann ich von mir sagen: Ich lebe mit Gott? Warum? Warum nicht? (Wie komme ich dahin?)

Jeremia: d. h. *JHWH erhöht / legt den Grund*

Gott ist es, der Jeremia erhöht, der sein Lebensfundament, Grund und Halt ist. Unter Menschen hat Jeremia sehr viel zu leiden, wird verhaftet, misshandelt, verachtet und geschmäht.

Persönliche Fragen zum Nachdenken / Impulse zum Vertiefen
- ⇨ Was erlitt/erleide ich in meinem Leben? Wo leide ich unter anderen Menschen?
- ⇨ Kann auch ich sagen: Gott erhöht? Er gibt mir Wert, Wertschätzung, Ansehen, auch wenn Menschen mich verachten?
- ⇨ Wer/was ist mein Grund, mein Fundament, mein Halt?

Phanuël: d. h. *Angesicht Gottes / Betrachter Gottes*

Er war der Vater der Prophetin **Hanna** (*die Gebeugte/auch: die Begnadigte*), die Tag und Nacht im Tempel war, bis sie dort Jesus begegnet (Lukas 2,36-38).

Persönliche Fragen zum Nachdenken / Impulse zum Vertiefen
- ➪ Welche Vorfahren (Elternteile/Großeltern …) haben mich im Leben oder im Glauben geprägt?
- ➪ Wer hat möglicherweise für mich gebetet?
- ➪ Welche Vorfahren haben Gott gesucht und mit Gott gelebt?

Lydia, d. h. *die aus Lydien stammt* bzw. *das Schmerzenskind*

Sie ist eine Purpurhändlerin und erfolgreiche Kauffrau. Lydia bekehrt sich aufgrund der Predigt von Paulus zu Jesus und wird die erste Christin in Kleinasien. Sie öffnet ihr Herz und Haus für die Apostel (Apostelgeschichte 16,14-15).

Persönliche Fragen zum Nachdenken / Impulse zum Vertiefen
- ➪ War oder bin ich ein Schmerzenskind? Inwiefern? Was tut weh? Was macht Schmerzen?
- ➪ Welchen Platz hat Jesus Christus und der Glaube an ihn? Ist mein Herz und Haus offen für ihn? Wie kann ich ihm dienen – trotz Schmerzen?

 Schatztruhen-Zeit

Persönliche Fragen zum Nachdenken / Impulse zum Vertiefen
- ➪ Welche(n) Name(n) haben mir meine Eltern gegeben? Wie kamen sie dazu? Was gefällt mir daran? Was nicht?
- ➪ Was bedeutet mein Name? Kommt dieser Name in der Bibel vor? Welche Geschichte ist damit verbunden? Gibt es Parallelen zu meinem Leben?
- ➪ Welche Person und ihre Lebenssituation, welcher Name spricht mich an? Warum?
- ➪ Wo finde ich mich selbst wieder?
- ➪ Was brachte bei der Person die Wende? Wer oder was half?

⇨ Gab es, wie bei Jakob, einen Namenswechsel? Warum? Mit welchen Auswirkungen?
⇨ Was kann ich von dieser Person lernen? Was könnte mir selbst helfen?

2. Erinnerungen an die eigene Kindheit

Vom Baby zum Erwachsenen

Kinder sind Persönlichkeiten in einer ständigen, sichtbaren Entwicklung. Sie sind zu Beginn hilflos, abhängig, unwissend, unreif und lernen im Lauf der Wochen, Monate und Jahre stetig dazu. Sie entwickeln sich zu selbständigen, mündigen Persönlichkeiten mit eigenem Charakter. Die Kindheit ist somit eine wichtige Zeit, in der Lebensgrundlagen gelegt werden. Entscheidendes wird gelernt oder versäumt.

Vom ersten Lebenstag an ist das Kind am Lernen und entwickelt sich vom Baby zum Kleinkind (2 bis 3 Jahre), dann zum Kind (4 bis ca. 12 Jahre), zum Teenager/Jugendlichen (ca. 13 bis 19 Jahre) und schließlich zum Erwachsenen.

Baby-Zeit

In den ersten Lebenstagen und Lebenswochen schläft das Neugeborene sehr viel. Schlafen, Trinken, Schreien, Schlafen, Trinken, Schreien … – die einen Babys mehr, die anderen weniger! In der frühen Kindheit wächst und entwickelt sich das Urvertrauen – oder es fehlt bzw. wird erschüttert. Ein Baby kann sehen, riechen, hören. Es spürt Berührungen und Schmerz. Erst lächelt es unbewusst wie aus einem Reflex heraus, dann scheint es bewusst zu lächeln, wenn es z. B. die Mutter erkennt oder sich freut. Nach einigen Monaten tritt auch das Fremdeln auf, eine Angstreaktion auf die Begegnung mit einer fremden, nicht vertrauten Person.

Bis etwa zum siebten Lebensmonat entwickelt ein Baby eine enge Beziehung zu seiner Bezugsperson, meist der Mutter. Kinder brauchen Bezugspersonen, vor allem die Eltern, aber auch andere wie Geschwister, Großeltern und Freunde.

Eine Geschichte aus der Schatztruhe des Lebens

Kevin fühlte sich bei seinen Großeltern am wohlsten. Dies lag nicht am Essen, das die Oma immer so fein kochte, oder an den Gummibärchen, die jederzeit verfügbar waren. Es hing damit zusammen, dass er sich willkommen fühlte. Sein Großvater freute sich jedes Mal sehr, wenn sein Enkel kam. Und Kevin freute sich jedes Mal riesig, wenn seine Großeltern Geschichten von früher erzählten. Er hätte stundenlang, ja sogar jahrelang zuhören können – immer wieder die gleichen spannenden Geschichten. Von seinen Großeltern hörte er auch vieles von der Bibel, sodass ihm Gott immer wichtiger wurde. Er fühlte sich bei den Großeltern daheim, weil sie immer Zeit und ein offenes Ohr für ihn hatten, Verständnis zeigten, ihn ermutigten und ihm Freiraum ließen.

Der Tod seiner Großeltern war für ihn, wie wenn ihm ein Stück aus seinem Herzen gerissen würde.

Kinder-Zeit

Zu Beginn erforscht ein Baby alle möglichen neuen Gegenstände mit dem Mund, z. T. auch den eigenen Daumen bzw. die ganze Hand.

Mit der Zeit erlernt ein Kleinkind die Sprache seiner Eltern bzw. Bezugspersonen, die sogenannte Muttersprache.

Kinder lernen spielend und gestaltend. Sie spielen und gestalten das Leben und ihre Alltagssituationen, lösen im Spiel bzw. Rollenspiel auch Probleme, beantworten Fragen, ahmen die Erwachsenen nach – also ist Spielen für sie eine ernste Angelegenheit. Beim Spiel lenkt und kontrolliert das Kind seine Umwelt. Es entscheidet, was *was* ist und macht (z. B. wird ein Holzklotz zu einem Traktor, ein anderes Kind zur Mutter oder zum Arzt). Beim Spielen werden Gegenstände auseinandergebaut oder kaputt gemacht, Neues wird gebaut, mit Puppen, Figuren oder Gegenständen werden Situationen nachgestellt.

Kinder können anderen Menschen Freude bereiten, indem sie

helfen, anderen etwas vorlesen, vorsingen, sich Geschichten erzählen lassen …

Doch genauso gut können Kinder mit ihrer Fantasie auch auf die verrücktesten Ideen kommen, die allerdings nicht immer gut oder im Frieden enden! Leider geschehen auch Unfälle, wenn Kinder die Situationen falsch einschätzen, oder andere Menschen kommen zu Schaden, werden vielleicht ausgelacht, verprügelt, gemobbt oder bestohlen oder zu einer Dummheit angestiftet.

 Eine Geschichte aus der Schatztruhe des Lebens

Claudia hatte manchmal Blitzideen und sagte oder tat aus heiterem Himmel Dinge, die sie später bereute. Einmal war sie mit ihren Freundinnen unterwegs. Sie gingen in einen Laden, um sich von ihrem Taschengeld Süßigkeiten zu kaufen. Als sie vor den Lutschern standen, sagte Claudia plötzlich zur jüngeren Nina: „Komm, Nina, klau doch einen Lutscher. Lass ihn einfach in der Jacke verschwinden; das wird schon niemand merken." Und Nina nahm tatsächlich einen aus dem Regal und ließ ihn heimlich verschwinden … Sie wurde nicht erwischt! Die Mädchen kauften weitere Süßigkeiten, als ob nichts gewesen wäre, und verließen den Laden.

Auf dem Heimweg hatten sowohl Claudia als auch Nina zunehmend Gewissensbisse. Die beiden begannen zu streiten, wer nun schuld an allem sei. In der Nacht konnte Claudia nicht schlafen und ging am nächsten Tag zu ihrer Patin, der sie vertraute. Ihre Patin hörte ihr zu, schimpfte nicht mit ihr, sondern ermutigte Claudia, sowohl zu Nina als auch in den Laden zu gehen, sich zu entschuldigen und die Sache wieder in Ordnung zu bringen. Das tat Claudia auch und erlebte eine große Erleichterung. Für Nina kaufte sie dann noch offiziell einen Lutscher, den diese nun mit gutem Gewissen genießen konnte.

Grenzen, Regeln, Rituale

In der Kindheit entwickelt sich die Identität. Fantasie, Selbständigkeit und Denken bilden sich aus. Ein Kind identifiziert sich mit dem eigenen Geschlecht, sagt bewusst *ICH*, vergleicht sich mit anderen. Der Wille prägt sich aus. Ein Kind lernt, „ich will" oder „ich will nicht" zu sagen und damit auch Grenzen zu ziehen. Wo ein Nein keinen Raum hat oder sogar immer wieder bestraft wird, wird mit der Zeit der Wille des Kindes gebrochen. Es kann nicht Nein sagen und nur schwer Grenzen setzen.

In der Kindheit sind die gemeinsamen Mahlzeiten am Tisch wichtig. Auch in der Bibel sind die Essenszeiten mit anderen Menschen (Familie, Gästen) ein bedeutender Moment. Hier ereignet sich Entscheidendes, und auch Kinder spielen eine wichtige Rolle.

Es wird erzählt, erinnert, miteinander gefeiert und gelacht. Die Essenszeiten können aber zu einem Problem werden, wenn diese Zeiten als gemeinsam verbrachte Zeit fehlen, wenn sie eine Zeit sind, in der überwiegend gestritten und negativ geredet oder jemand am Tisch beschimpft wird.

 Zwei Geschichten aus der Schatztruhe des Lebens

Martin hasste die gemeinsamen Essenszeiten zunehmend. Er konnte sie kaum noch ertragen. Ständig wurde gestritten und gezankt, aggressiv diskutiert oder einfach rechthaberisch über alles und jeden etwas behauptet. Sein Vater war jederzeit bereit zum Streiten. Es galten im Grunde genommen nur zwei Regeln: Erstens: Vater hat recht. Zweitens: Sollte er nicht recht haben, siehe erstens.

Dies ließ Martin fast verzweifeln. Schon lange beteiligte er sich nicht mehr an den „Gesprächen" bei Tisch, weil seine Meinung sowieso nicht gefragt war. Vor einigen Monaten hatte er sich noch getraut etwas zu fragen, ja sogar die Frechheit besessen, seinem Vater zu widersprechen. Eine unvergessliche Ohrfeige hatte ihm diese „Frechheiten" ausgetrieben. Nun saß er entweder schweigend bei Tisch oder nickte mit dem Kopf. Insgeheim wartete er sehnsüchtig auf den Tag, an dem er endlich ausziehen und sein eigenes Reich haben würde ...

* * *

Noëlle hatte, wie ihr Name schon sagt, an Weihnachten Geburtstag, doch an einen Geburtstag bzw. an ein Fest für sie allein konnte sie sich nicht erinnern. Ihre Mutter hatte ihr in den ersten Jahren zuerst noch Hoffnung gemacht, indem sie sagte: „Wir holen deine Geburtstagsfeier dann nach, wenn die Festtage erst einmal vorüber sind." Doch dies geschah nie. Jedes Jahr wurde Noëlle aufs Neue enttäuscht. Ein größeres Geschenk oder mehr Geschenke gab es auch nicht. Mit der Zeit begann sie, ihren Geburtstag und ebenso auch Weihnachten zu hassen, weil sie sich abgelehnt und wertlos fühlte. Noch als Erwachsene hatte sie ein ungutes Gefühl, wenn Weihnachten und somit auch ihr Geburtstag näher rückten. Es brauchte Jahre sowie die Hilfe ihrer eigenen Familie und von Freunden, bis sie von Herzen mitfeiern konnte.

Die eigene Rolle in der Familie finden

Auch die Geschwisterkonstellation spielt keine unwesentliche Rolle in der Entwicklung eines Kindes. Es macht einen Unterschied, ob jemand als Einzelkind, als ältestes, mittleres oder jüngstes Kind oder als eines von vielen aufwächst. Natürlich ist es auch prägend, wenn jemand über Jahre in einer anderen Familie groß wird, als Pflegekind ständig oder zeitweise an einem anderen Ort wohnt oder in früheren Zeiten sogar als Verdingkind[5] groß wurde.

---

5 Bis in die 60er-Jahre des 20. Jahrhunderts wurden in der Schweiz „Verdingkinder" – meist Scheidungs- oder Waisenkinder – von den Behörden aufgegriffen und in sog. Pflegefamilien gegeben, wo die Kinder, z. B. auf Bauernhöfen, allerdings eher wie Leibeigene gesehen wurden: misshandelt, ausgebeutet und erniedrigt. Das Thema wurde lange totgeschwiegen, erst im Jahr 2013 erfolgte eine offizielle Entschuldigung der Schweizer Regierung. Bis heute leben ehemalige Verdingkinder in der Schweiz, die häufig unter psychischen Problemen leiden. (Quelle: www.wikipedia.de)

Eine Geschichte aus der Schatztruhe des Lebens

Sandra hatte keine gute Beziehung zu ihrem Bruder Frank. Frank war oft krank und musste viel ins Krankenhaus. Die Eltern waren ständig mit ihm beschäftigt und hatten deshalb nur wenig Zeit für Sandra. Sie fühlte sich abgelehnt, vernachlässigt und überflüssig. Jahrelang hatte sie ein schwieriges Verhältnis sowohl zu ihrem Bruder als auch zu ihren Eltern. Erst später, als sie selbst Mutter war, konnte sie ihre Eltern verstehen und die schwierige Zeit richtig einordnen. Sie suchte das Gespräch mit ihren Eltern und mit ihrem Bruder, in dem vieles geklärt werden konnte.

Beziehungen wachsen

Die Kindheit ist vom Lernen ausgefüllt. Vor allem zwischen dem 4. bis 12. Lebensjahr haben Kinder eine Menge Aufgaben und Neues zu bewältigen. Auf ein etwa dreijähriges Kind wartet der Kindergarten, dann kommt mit etwa dem 6. oder 7. Lebensjahr der Eintritt in die Schule. Hier lernt das Kind das gesprochene Wort nun auch zu schreiben. In der Gruppe mit Gleichaltrigen eignet es sich soziale Fähigkeiten an, vergleicht sich mit anderen und entwickelt einen Sinn für Gerechtigkeit.

In der Kindergarten- und Schulzeit bilden sich auch erste Freundschaften. Kinder spielen miteinander, sind befreundet oder für eine Zeit lang im Streit. Es können aber auch schon feste Freundschaften entstehen, die sogar ein Leben lang halten.

 Eine Geschichte aus der Schatztruhe des Lebens

Lore erzählt:

Als Kind hatte ich eine enge Freundin. Diese war fast wie eine Schwester für mich, weil ich mit ihr im gleichen Haus aufwuchs. Wir spielten jeden Tag zusammen, wir stritten und versöhnten uns wieder. Wir kletterten, rannten, fuhren Fahrrad, wir zerrten uns an den Haaren, prügelten und bissen uns wie junge Raubtiere. Diese Freundschaft war für mich sehr wertvoll. Leider zog diese Familie nach einigen Jahren weg.

Eines Tages war ich mit dieser und noch einer anderen Freundin mit unseren kleinen Kinderfahrrädern unterwegs. Eine von uns hatte die Idee, über Feldwege zu fahren, was wir voller Freude taten. Doch da es tagelang vorher geregnet hatte, waren die Feldwege ziemlich aufgeweicht und zum Teil mit großen Pfützen bedeckt. Das Resultat waren drei kleine braune, verschmierte Fahrräder, die von allen Seiten mit Matsch und Schlamm verziert waren. Wie begossene (und verschmierte) Pudel schoben wir mühsam unsere Drahtesel oder besser gesagt „Schlammesel" nach Hause, voller Angst, welches Donnerwetter uns daheim erwarten würde …

Doch oh Wunder: Meine Mutter schimpfte ausnahmsweise nicht mit mir, sondern half mir beim Putzen, bis das Fahrrad wieder sauber war. Dafür bin ich ihr bis heute dankbar. Diese Erfahrung hat sich mir tief eingeprägt.

Jesus – ein besonderer Kinderfreund

Die Baby-, Kleinkinder- und Kinderzeit ist also eine ganz besondere und wichtige Zeit. Auch in der Bibel werden einige Neugeborene und Kleinkinder bzw. Kinder erwähnt, und Jesus schenkte den Kleinsten seine besondere Aufmerksamkeit. Er sagte selbst: *„Lasst die Kinder zu mir kommen und haltet sie nicht zurück, denn für Menschen wie sie ist Gottes neue Welt bestimmt." Er legte ihnen die Hände auf und segnete sie.* (Matthäus 19,14.15)

Jesus räumte den Kindern einen besonderen Platz ein. In Matthäus 18,1-5 wird berichtet, wie er auf die Frage, wer der Größte im Himmelreich sei, ein Kind in die Mitte stellte und es zum Vorbild für die Erwachsenen machte. Er sagte: *„Wenn ihr euch nicht ändert und so werdet wie die Kinder, kommt ihr nie in Gottes neue Welt. Wer aber so klein und demütig sein kann wie ein Kind, der ist der Größte in Gottes neuer Welt."* Jesus warnte davor, die Kleinen zu verachten oder zu verführen (Matthäus 18,6.10).

Mit ihrem kindlichen Vertrauen, ihrem vertieften Spielen, ihrer Lebensfreude, Offenheit und kindlichen Begeisterungsfähigkeit werden uns Kinder zum Vorbild – und wir können als Erwachsene viel von ihnen lernen, vor allem auch von den eigenen Kindern.

Schon Säuglinge und Kinder können Gott loben und von Gott erzählen:

Kinder rufen Jesus im Tempel zu, ja sie schreien es sogar: *„Gelobt sei der Sohn Davids!"* (Matthäus 21,15) Und Psalm 8 bekennt: *Schon Säuglingen und kleinen Kindern hast du dein Lob in den Mund gelegt, damit sie deine Macht bezeugen.* (Vers 3 nach der Neuen Genfer Übersetzung)

 Eine Geschichte aus der Schatztruhe des Lebens

In der Grundschule liebte ich es, der Klasse Lieder vorzusingen – Lieder von Jesus. So ging ich manchmal zur Lehrerin und fragte sie, ob ich etwas vorsingen dürfte, was ich dann voller Freude tat. Wenn ich heute daran denke, so staune ich über mich selbst, dass ich den Mut zu so etwas hatte. Ich kann mich auch nicht daran erinnern, dass ich ausgelacht wurde.

Manchmal spielte ich auch „Kinderstunde" bei mir zu Hause und lud die Kinder aus unserer Straße dazu ein. Ich erzählte ihnen Geschichten aus der Bibel, malte, bastelte und sang die Lieder, die ich in der Kinderstunde gelernt hatte, die ich selbst besuchte.

Kinder in der Bibel

Kinder gelten, wie schon gesagt, als Geschenk Gottes, sind Grund zur Freude und zum Glück. Zu biblischen Zeiten wurde ein Kind häufig 2 bis 3 Jahre lang gestillt und erst dann entwöhnt. So stillt Moses Mutter ihr Kind und bringt es danach, als Mose „groß" ist, zur Tochter des Pharao (2. Mose 2,9-10). Hanna stillt ihren kleinen Samuel und bringt ihn nach dieser Zeit zu Eli in den Tempel, weil sie ihn Gott geweiht hatte (1. Samuel 1,23-24).

In den ersten Lebensjahren standen die Kinder – sowohl Jungen als auch Mädchen – unter der Obhut der Mutter. Später übernahm der Vater die Erziehung der Söhne und erzählte ihnen vom Reden und Wirken Gottes.

Während des Passahmahls sollte der Vater den Kindern von Gottes Handeln mit seinem Volk in Form der Befreiung aus Ägypten erzählen (2. Mose 12). Von klein auf und immer wieder hörten die Kinder die Geschichte Gottes mit seinem Volk und prägten sich diese tief ein, um sie später ihren eigenen Kindern weiterzuerzählen.

Schon immer erzählten Eltern und Großeltern ihren Kindern von früher, vor allem aber vom Wirken Gottes in ihrem Leben und in der Geschichte ihres Volkes.

Die Bibel berichtet von verschiedenen Kindern, aber auch von Geschwistern sowie von schwierigen Familiensituationen.

Isaak ist der lang ersehnte Sohn von Abraham und Sara. Er ist ein wahres Gottesgeschenk und gibt seinen Eltern Grund zu Freude und Lachen (Isaak bedeutet *Lachen*). Als kleiner Junge wird Isaak von seinem Halbbruder Ismael geärgert und gequält, bis seine Mutter dem Treiben sehr strikt und hart ein Ende setzt. Ismael und seine Mutter Hagar müssen die Sippe verlassen (1. Mose 21).

Jakob und **Esau** sind sehr ungleiche und gegensätzliche Zwillinge. Schon im Mutterleib kämpfen sie. So geht es auch weiter, als sie auf der Welt sind. Ihre Eltern tragen allerdings auch nicht gerade zum Familienfrieden bei, denn Isaak wählt sich den Erstgeborenen Esau zum Liebling und Rebekka den häuslichen Jakob (1. Mose 25,19-28).

Josef und **Benjamin** sind Jakobs Lieblingssöhne, da sie die Söhne seiner Lieblingsfrau Rahel sind. So bevorzugt er zuerst Josef und bewirkt damit Neid und Rachegedanken bei seinen anderen Söhnen. Später nimmt er Benjamin schützend unter seine Fittiche (1. Mose 35,18; 37,3; 42,36).

Mose wird als Baby von seiner Mutter in einem Schilfrohrkörbchen versteckt, im Nil ausgesetzt und so vor den Todessoldaten des Pharao geschützt. Die Tochter des Pharao findet das Kind und nimmt es als ihren eigenen Sohn an. Mirjam, die große Schwester von Mose, gibt der Tochter des Pharao den Tipp für eine Amme und so wird Mose zu Beginn im Auftrag der Prinzessin von seiner Mutter gestillt und großgezogen, später wächst er aber am Hof des Pharao auf (2. Mose 2,1-10).

Samuel ist eine Gebetserhörung seiner Mutter Hanna (Samuel bedeutet *Gott hört*). Hanna bleibt jahrelang kinderlos und bittet Gott um ein Kind. Als Dank weiht sie ihren Sohn Gott und bringt ihn nach der Stillzeit zum Priester Eli zur Stiftshütte, wo er dem Priester bei seinem Dienst hilft. Jedes Jahr näht Hanna ihrem Sohn ein neues Gewand, ein „kleines Oberkleid". Noch als Kind wird Samuel von Gott zum Dienst berufen und bleibt ein Priester und Prophet, der mit Gott lebt und ihm gehorcht (1. Samuel 1-3).

David hütet schon früh die Schafe seines Vaters und eignet sich so viele Fähigkeiten an, die ihm in seinem Leben und späteren Amt als König zugutekommen. David ist ein hochbegabtes Kind mit musikalischen und dichterischen Fähigkeiten. Bei seiner Berufung und Salbung sagt Gott: *„Ein Mensch sieht, was vor Augen ist; der Herr aber sieht das Herz an."* (1. Samuel 16,7 nach Luther 1984) Gott ist mit David und hilft ihm, wo auch immer er ist. Gott hatte sich in David einen Mann nach seinem Herzen gesucht (1. Samuel 13,14; 16).

Salomo wird als Sohn von König David und Batseba geboren. Von ihm steht geschrieben: *Der Herr liebte das Kind, darum gab er dem Propheten Nathan den Auftrag, hinzugehen und dem Jungen einen zweiten Namen zu geben: Jedidja („Liebling des Herrn").* (2. Samuel 12,24.25)

In 2. Könige 4 wird berichtet, wie der Prophet Elisa einer kinderlosen Frau in Schunem einen Sohn verheißt. Dieser wird tatsächlich geboren. Als das Kind älter wird, besucht es seinen Vater auf dem Feld. Doch er bekommt starke Kopfschmerzen und sagt zu seinem Vater: „O mein Kopf, mein Kopf!" Der Vater ordnet an, dass ein Knecht das Kind nach Hause zu seiner Mutter bringt. Die Mutter nimmt es auf den Schoß, doch das Kind stirbt. Da lässt die Frau Elisa rufen. Elisa kommt und betet zu Gott und erweckt es auf seltsame Art und Weise zum Leben. Der Junge muss siebenmal niesen, öffnet seine Augen und Elisa gibt der Mutter den Sohn zurück: *„Hier ist dein Sohn."* So wird Gottes heilendes Wirken an Kindern schon zur Zeit der Propheten sichtbar.

Ein Kapitel später wird ein israelitisches Mädchen, das als Sklavin nach Aram verschleppt wurde, zur Retterin für ihren Herrn. Naaman ist der Feldhauptmann des Königs von Aram, doch er ist aussätzig. Das Mädchen sagt zu Naamans Frau: *„Wenn mein Herr doch einmal zu dem Propheten gehen würde, der in Samaria lebt! Der könnte ihn von seiner Krankheit heilen."* Und dieser Satz bewirkt, dass Naaman tatsächlich zu Elisa reist und durch siebenmaliges Untertauchen im Jordan geheilt wird (2. Könige 5).

Doch gerade im Alten bzw. Ersten Testament zur Zeit der Richter, Propheten und Könige werden auch furchtbare Ereignisse berichtet, die wir heute als Tragödie bezeichnen würden. So werden 42 Kinder von zwei Bären zerrissen, nachdem sie den Propheten Elisa verspottet haben. (2. Könige 2,23-24) Hiob wird sogar von den Kindern verachtet (Hiob 19,18). Jeftah bringt nach einem Gelübde Gott seine einzige Tochter als Brandopfer dar (Richter

11,30-40). Allerdings hat Gott nie Menschenopfer verlangt bzw. es nie so weit kommen lassen (vgl. Abraham und Isaak), außer dass wir uns selbst Gott hingeben und unser Leben ihm zur Verfügung stellen sollen (Römer 12,1-2). Dass auch so schreckliche Berichte in der Bibel stehen, zeigt, dass die Bibel nichts beschönigt, sondern auch von den dunklen und unbegreiflichen Seiten des Lebens berichtet. Dies spricht für ihre Zuverlässigkeit.

Der kleine Prinz **Joasch** überlebt wie durch ein Wunder die Mordlust seiner Großmutter am Königshof. Er wird mit seiner Amme in der Bettenkammer versteckt, sodass seine Großmutter ihn nicht findet, denn diese will alle Thronfolger töten. Im Alter von sieben Jahren wird Joasch König über Juda und tut in seinen ersten Regierungsjahren, was Gott gefällt, solange ihn der Priester Jojada lehrt. Er lässt den Tempel ausbessern. Später wendet er sich jedoch von Gott ab (2. Könige 11.12; 2. Chronik 24).

Josia wird im Alter von acht Jahren König. Sein Großvater Manasse und auch sein Vater Amon waren gottlose Könige; Josia hingegen tut, was dem Herrn wohlgefällt, wandelt ganz in den Wegen Davids und weicht nicht davon ab. Unter ihm wird das Gesetzbuch aufgefunden, Josia erneuert den Bund mit Gott und schafft den Götzendienst ab (vgl. 2. Könige 22.23; 2. Chronik 34).

Auch im Neuen Testament werden Geschichten von Kindern erzählt:
Johannes der Täufer wird seinen Eltern im hohen Alter geschenkt. Seine Namensgebung ist eine besondere, denn der Engel des Herrn hatte Zacharias, seinem Vater, geboten, ihn Johannes zu nennen (d. h. *Gnadengeschenk Gottes*). Als Johannes heranwächst, heißt es in Lukas 1,80: *Johannes wuchs heran und wurde zu einem verständigen und klugen Mann.*

Schön ist, dass uns auch einiges von der Kindheit von **Jesus** selbst überliefert ist: die Umstände seiner Geburt, die Besucher, die zu ihm kommen (Hirten und Weise aus dem Morgenland). Er wird in den Tempel gebracht, wo die Prophetin Hanna und Simeon über das Baby weissagen. Als Kind erlebt Jesus mit seinen Eltern die Flucht nach Ägypten, weil König Herodes ihn töten will. Und auch von Jesus heißt es: *Das Kind wuchs heran, erfüllt mit göttlicher Weisheit, und Gottes Segen ruhte auf ihm.* (Lukas 2,40) Der zwölfjährige Jesus macht seinen Eltern beim Passahfest klar, dass er zu Gott gehört und dieser sein Vater ist. (Lukas 2,41-52) Auch diese Geschichte endet mit den Worten: *So wuchs Jesus heran. Sein Wissen und sein Verständnis nahmen zu, und er war geliebt von Gott und den Menschen.*

Bei der Speisung der Fünftausend berichtet das Johannesevangelium von einem Kind, auf das Jesus von dem Jünger Andreas aufmerksam gemacht wird: „*Hier ist ein Junge, der hat fünf Gerstenbrote und zwei Fische mitgebracht. Aber was ist das schon für so viele Menschen?*"
 Dieses Kind erlebt, dass sein Verzicht von Jesus dazu gebraucht wird, eine ganze Menschenmenge zu sättigen und dabei selbst nicht leer auszugehen. Am Schluss bleibt noch mehr übrig, als das Kind Jesus gegeben hat (Johannes 6,1-13).

Jesus heilt auch Kinder, so die Tochter des Jairus (Lukas 8,40-56), einen mondsüchtigen Jungen (Matthäus 17,14-18), und er weckt den Jüngling zu Nain auf, der zu Grabe getragen wird (Lukas 7,11.17).

Von **Timotheus** erwähnt Paulus, dass er von klein auf in der Heiligen Schrift unterwiesen wurde. Dabei solle er bleiben (2. Timotheus 3,14-15).

Auch **Adoption** gehört als Thema in die Kindheit. Oft nehmen kinderlose Eltern eines oder mehrere Kinder als eigene Kinder an. Auch in der Bibel werden Adoptionen erwähnt:
 So adoptiert die Tochter des Pharao den kleinen Mose, den

sie aus dem Wasser gezogen hat (2. Mose 2,10). Und Esther, die spätere Königin von Persien, wird von ihrem Verwandten Mordechai als Pflegekind großgezogen. Er nimmt sie als Tochter an (Esther 2,5-7).

Jesus ermutigt dazu, Kinder aufzunehmen, indem er sagt: *„Und wer solch ein Kind mir zuliebe aufnimmt, der nimmt mich auf."* (Matthäus 18,5)

Die Eltern ehren?!

Den Kindern wird in der Bibel mehrfach geboten, die eigenen Eltern zu ehren (2. Mose 20,12; 3. Mose 19,3; 5. Mose 5,16; Sprüche 1,8f.; 13,1). Da in biblischer Zeit Kinder die Altersversorgung ihrer Eltern waren, war es unbedingt notwendig, dass die Kinder für ihre Eltern da waren und ihnen so Ehre erwiesen. Doch was bedeutet es, die Eltern zu ehren?

Je nach Kindheits- oder Jugenderfahrungen kann dies ein schwieriges Thema sein oder werden. Wie soll ein Mensch Vater oder Mutter ehren, wenn diese ihr eigenes Kind abgelehnt, misshandelt, missbraucht, weggegeben ... haben?

Ehren hängt vom Hebräischen her mit *schwer, gewichtig, angesehen, wert geachtet* zusammen. In Gottes Augen sind wir wichtig, angesehen, wert geachtet. So wie wir dies von Gott erleben, sollen wir diese Achtung auch unseren Eltern und ebenso anderen Menschen entgegenbringen.

Normalerweise geben uns unsere Eltern das, was sie nach ihren Möglichkeiten geben können. Was sie nicht haben oder selbst bekamen und gelernt haben, können sie allerdings von sich aus auch nicht weitergeben. Wenn sie selbst schon von ihren eigenen Eltern abgelehnt oder geschlagen wurden, kann es durchaus sein, dass sie dieses Verhalten auch ihren eigenen Kindern gegenüber zeigen. Auch unsere eigenen Eltern haben ihre Geschichte, die ihre Auswirkungen hat, wenn sie nicht geheilt wurde.

Doch ich darf mir bewusst machen: Ohne meine Eltern gäbe

es mich nicht! Und schon allein diese Tatsache ist Wertschätzung den Eltern gegenüber wert.

Einander respektieren und akzeptieren

Die Eltern zu ehren beinhaltet aber auch, den Lebensstil, den sie für sich gewählt haben, zu respektieren und zu akzeptieren (was nicht heißt, dass wir es unbedingt gutheißen müssen). Dies beinhaltet auch, die Eltern in dem von ihnen Gewählten zu lassen und loszulassen. Es ist nicht unsere Aufgabe, sich in das Leben unserer Eltern einzumischen, ihr Leben zu bestimmen oder sie zu beherrschen (bewusst oder unbewusst, mit Worten oder ohne). Wir können unseren Eltern die eigene Meinung mitteilen oder ihnen einen Hinweis geben, aber wir haben nicht das Recht, über sie zu herrschen oder ihnen Vorschriften zu machen. Eine Ausnahmesituation liegt natürlich vor, wenn die Eltern verwirrt oder dement sind und vor sich selbst und schädigenden Entscheidungen geschützt werden müssen.

Aber dies gilt auch umgekehrt: Als Eltern habe ich nicht das Recht, das Leben meiner erwachsenen Kinder zu beherrschen oder zu bestimmen. Sobald ein Mensch mündig wird, ist es ein gesunder Schritt, dass er sein Elternhaus bzw. Vater und Mutter verlässt. Dies ist mehr als eine geografische Distanz. Diese Loslösung findet auch innerlich statt. Erst wo sich ein Mensch von den Eltern und vom Elternhaus gelöst hat, kann er ihnen in Freiheit, losgelöst von alten, ungesunden Mustern, begegnen und gegebenenfalls helfen und sie versorgen. Wo immer noch Abhängigkeiten bestehen, ist die Beziehung nicht frei und unbelastet. So kann eine Tochter oder ein Sohn sogar dann noch völlig abhängig von den Eltern oder einem Elternteil sein, wenn er oder sie auf einen anderen Kontinent ausgewandert ist.

INNEHALTEN

Gedanken eines Kindes

Wie die Motten das Licht
umschwärmen euch die Leute.
Ich steh' daneben und schau zu.
Wen stört's, dass ich mich fühle
wie ein paar Kilo Übergewicht:
unwillkommen, unerwünscht.

Ich sollte wirklich Verständnis
für euch haben. Ihr steht mitten
im Beruf, seid Gott und
der Gemeinde stets zu Diensten.
Und euer Rat ist sehr begehrt.

Eure offenen Ohren,
Herzen, Hände sind stets gefüllt,
zum Überfluss – von anderen.
Wie könnte ich denn da noch
eure Aufmerksamkeit fordern?

Ihr tut mir leid, und ich mir auch –
bei meinen Kindern will ich's
einmal besser machen.
Dass mir in meinem Alter an eurer
Anerkennung noch so viel liegt …

Als meine Mutter damals sagte:
„Wir spielen später dann
zusammen, jetzt hab' ich keine

Zeit für dich, jetzt muss ich
diesem Menschen helfen", war
meine Kindheit irgendwie vorbei.

Wir haben jenes Spiel nie
mehr gespielt.
Ich frage mich, ob meine Eltern
schon bemerkten, dass ich
erwachsen worden bin.

Nur in der dunklen Ecke meines Ichs
steht dieses Kind in mir
und weint.

Doris Reinthaler[6]

Gott als unser liebender Vater

Wir dürfen Kinder Gottes sein und zu ihm gehören. Was auch immer ich in meinem Elternhaus und mit meinen Eltern erlebt habe: Gott ist der Vater aller Vaterschaft, *der* himmlische Vater, der sich um die Seinen väterlich und mütterlich sorgt. Wir dürfen sogar „Papa" (Abba, lieber Vater) zu ihm sagen (Römer 8,15)!

Gott ist unser himmlischer Vater – Abba, ein liebender Vater, ein liebendes Gegenüber. Doch was ist, wenn Menschen mit Gott als Vater und überhaupt mit dem Vaterbild von Grund auf Mühe haben? Vielleicht haben sie nie einen liebenden, fürsorglichen, versorgenden Vater gehabt, vielleicht war ihr Vater gar nicht da – abwesend oder unbekannt. Vielleicht haben sie durch ihren Vater nichts als Gewalt, Strafen, Härte, Schmerzen und Demütigungen – vielleicht sogar Missbrauch – oder Ablehnung erlitten. Oder aber weil ihr Vater so charakterschwach und un-

---

6 Aus: Ethos Nr. 10, Oktober 1990. Abdruck mit freundlicher Genehmigung der Autorin.

terdrückt war, dass sie für diesen Elternteil nichts als Verachtung übrig hatten ... Wie sollen diese Menschen an Gott als einen liebenden Vater glauben?

Es ist nur allzu verständlich, wenn eine solche Person Mühe mit einem männlichen, ja sogar väterlichen Gottesbild hat. Wenn wir von Gott als Vater hören oder lesen, dann ziehen wir unbewusst die Verbindung zu unserem eigenen Vater. Je nachdem, welche Erfahrungen wir schon mit diesem als Kind gemacht haben, beeinflusst dies auch unser Gottesbild.

Und spätestens wenn wir selbst Eltern sind, lernen wir auch die andere Perspektive kennen und merken, wie schwierig es oft ist, ein guter Vater bzw. eine gute Mutter zu sein. Als Eltern machen wir Fehler und verletzen unsere Kinder durch unser Verhalten, durch unsere Worte oder Unterlassungen.

Vielleicht hilft es uns, wenn wir uns bewusst machen, dass Gottes Vater-Sein in einer echten und guten Vaterschaft besteht. In der Bibel wird Gott als guter Vater beschrieben, der seine Kinder liebt, mit guten Gaben versorgt, der sie erzieht, schützt, führt und trägt. Gott ist kein autoritärer, bindender, klammernder Vater, der seine Kinder zurückhält und unfrei macht. Er hat sich entschieden, zuerst und vor allem ein Vater zu sein, der will, dass seine Kinder frei sind: frei zu lieben, frei, sich für oder gegen ihn zu entscheiden. Er bietet seine wahre, echte, tiefe Liebe an, die jedoch nur frei(willig) angenommen werden kann. Er zwingt sie nicht. Die einzige Autorität, die Gott als Vater für sich in Anspruch nimmt, ist die Autorität des Erbarmens.

Gottes Liebe zu uns: väterlich und mütterlich

Ich persönlich bin dankbar, dass uns die Bibel Gott nicht nur als Vater bzw. Mann vorstellt, sondern auch durch und durch weibliche bzw. mütterliche Bilder für Gott gebraucht.

Im ersten Schöpfungsbericht in 1. Mose 1 wird von Gott gesagt, dass er den Menschen als sein Ebenbild schuf, und zwar

„männlich und weiblich". Wenn nun der Mensch in seinem Sein als Mann und Frau auf Gott hinweist, dann zeigt uns dies, dass auch Gott selbst männlich *und* weiblich ist und auch solche Eigenschaften – eben *männliche und weibliche, väterliche und mütterliche* – in sich trägt.

Nach und nach offenbart Gott Bilder und Wesenszüge von sich, die zutiefst mütterlich bzw. weiblich sind – auch wenn er weder Mann noch Frau ist. Und alle menschlichen Bilder über Gott verweisen letztlich darüber hinaus und zeigen, dass er Gott ist und eben nicht wie unsere Väter oder Mütter.

In Hosea 11,9 macht er klar: *Ich bin Gott und nicht ein Mann!* Die meisten Bibelübersetzungen wählen hier die Formulierung: *Ich bin Gott und kein Mensch.* Im Hebräischen steht an dieser Stelle das Wort *'isch*, das eindeutig auf eine männliche Form hindeutet und in seinen ersten Bedeutungen mit „Ehemann, Mann" übersetzt wird, aber auch „Mensch" bedeuten kann. Die entsprechende weibliche Wortendung lautet *'ischschah*. Aus diesem Kontext wird also deutlich, dass es sich hierbei um eine männliche Form des Wortes handelt. Und an anderer Stelle bezeichnet Gott sich als mütterlicher Tröster: *Ich will euch trösten wie eine Mutter ihr Kind.* (Jesaja 66,13)

König David beschreibt die Geborgenheit, die er bei Gott erlebt, wie die eines Kindes bei seiner Mutter: *Wie ein Kind in den Armen seiner Mutter, so ruhig und geborgen bin ich bei dir!* (Psalm 131,2)

David hat Gott auch als den kennengelernt, der sich erbarmt: *Wie sich ein Vater über Kinder erbarmt, so erbarmt sich der Herr über die, die ihn fürchten.* (Psalm 103,13)

In diesem Erbarmen – obwohl es an dieser Stelle für den Vater gebraucht wird – steckt ein durch und durch mütterliches Bild, denn die hebräische Wurzel für das Wort Erbarmen bedeutet *Innerstes* und *Mutterleib/Gebärmutter*. Hier ist von einem Gott die Rede, der sich zutiefst mütterlich – im Mutterleib – bewegen lässt.

Die Bibel macht aber auch klar, dass Gott mehr ist als menschliche Väter und Mütter. Wo Vater und Mutter versagen oder aufgeben, ist Gott noch da. *Wenn Vater und Mutter mich verstoßen, nimmst du, Herr, mich doch auf.* (Psalm 27,10)

Gott ist der Herr, und dieses „Herr" meint eigentlich den geheimnisvollen Namen *JHWH*. JHWH heißt: *Ich bin, der ich bin; Ich werde sein, der ich da sein werde; Ich bin da,* oder persönlich ausgedrückt: „Ich bin immer für dich und für dich da: väterlich, mütterlich, versorgend, tröstend, ermutigend, nährend, heilend, schützend, segnend ..., der *Abba, der liebe Vater in, mit und bei dir!"*

Wenn ich als Kind sogar das Schlimmste durch meine Eltern erlebt habe, so gilt ganz besonders Psalm 27,10 für mich: *Wenn Vater und Mutter mich verstoßen, nimmst du, Herr, mich doch auf.* Bei und von Gott sind wir angenommen und aufgenommen. Bei ihm dürfen wir daheim sein. Dieses „Elternhaus" brauchen wir niemals zu verlassen!

Innehalten

DU, mein Gott!

DU hast mich nach deinem Bild geschaffen
und ins Dasein geliebt
– durch dich wurde und bin ich,
DU Schöpfergott!
DU hast mir dein Wesen ins Herz geschrieben
und Spuren deiner Liebe hinterlassen
– durch dich darf ich mich und andere lieben,
DU liebender Gott!
DU hast mich an-gesehen. Du gibst mir Würde und Ansehen
– durch dich bin ich wert-geachtet,

DU Gott, der mich sieht!
DU hast immer treu zu mir gehalten
und hältst noch immer zu mir.
Meine Untreue und Schuld hast du mir immer wieder vergeben
– durch dich werde ich frei,
DU treuer, vergebender Gott!
DU bist die Quelle meines Lebens.
Dich sucht meine Sehnsucht.
Deine Liebe zieht mich zu dir hin.
DU, mein Gott!

Sabine Herold

 Schatztruhen-Zeit

Persönliche Fragen zum Nachdenken / Impulse zum Vertiefen
➪ Was haben mir meine Eltern oder andere Personen über meine Babyzeit erzählt? War ich ein schwieriges oder pflegeleichtes Kind? War ich gesund oder krank? Wer hat sich um mich gekümmert? Wurde ich auch von Menschen betreut, die nicht zu meiner Familie gehören?
➪ Welches sind meine frühesten Erinnerungen? Wie denke ich heute darüber?
➪ Was weiß ich von meinen Eltern, Geschwistern, Großeltern, Verwandten? Welche Erinnerungen habe ich an den Wohnort meiner Kindheit, an die Nachbarn und unsere damalige Umgebung?
➪ Wie behandelten meine Eltern ihre Kinder? Wurde ein Kind besonders bevorzugt oder benachteiligt? War ich auf einen Bruder oder auf eine Schwester eifersüchtig? Warum? Fühlte ich mich gut behandelt oder vernachlässigt?
➪ Hatten meine Eltern oder ein Elternteil bei mir lieber einen Jungen oder ein Mädchen gewünscht? Wie bin ich damit umgegangen? Konnte ich mein Geschlecht annehmen oder

versuchte ich, dem anderen Wunsch der Eltern zu entsprechen?
- ⇨ Welche Bezugspersonen hatte ich? Wer stand mir besonders nah?
- ⇨ An welche Spiele oder Spielsachen erinnere ich mich noch? Was habe ich besonders gerne gespielt? Mit wem habe ich gespielt?
- ⇨ Welche Spiele endeten schlimm? Welche Art von Spielen gefiel mir nicht?
- ⇨ Habe ich anderen Menschen Freude bereitet? Konnte ich anderen Menschen helfen?
- ⇨ „Ich will aber!" „Ich will aber nicht!" – kann ich mich erinnern, dass ich den einen oder anderen Satz gesagt habe? Was kommt mir dazu in den Sinn? Wie haben andere auf derartige Sätze von mir reagiert?
- ⇨ Welche Tischsituationen kommen mir in den Sinn? Wie ging es bei den Mahlzeiten in meinem Elternhaus zu und her?
- ⇨ An welche Familienfeste erinnere ich mich? Wie wurden Geburtstage, Weihnachten, Ostern ... gefeiert?
- ⇨ Gab es bei uns Geschenke? Wann und für wen? Welchen Bezug habe ich heute zum Schenken?
- ⇨ Als wievieltes Kind meiner Eltern wurde ich geboren? Habe ich ältere oder jüngere Geschwister? Gibt es noch mehr Kinder, z. B. ein Kind, das während der Schwangerschaft oder bei bzw. nach der Geburt starb? Kam eine Schwester oder ein Bruder von mir durch einen Unfall oder eine Krankheit ums Leben? Wurde ein Kind weggegeben?
- ⇨ Was wurde von mir als ältestes, zweites, drittes, mittleres ... jüngstes Kind bzw. als Sohn/Tochter meiner Eltern erwartet? Von meinen Eltern, von Verwandten, von anderen?
- ⇨ Mit welchem meiner Geschwister habe ich mich am besten verstanden?
- ⇨ Wie erlebte ich die Geburt eines jüngeren Bruders / einer jüngeren Schwester? War dies schön für mich oder eher eine „Entthronung" von meinem bisherigen Platz in der Familie?

- ⇨ Wie war die Kindergartenzeit für mich? Was weiß ich noch von meiner Einschulung und über die ersten Schuljahre? Welche Erlebnisse sind mir in guter oder schlechter Erinnerung? Wie ging es mir mit den Lehrern? Wie erlebte ich Tests und Prüfungen?
- ⇨ Welche Freundschaften hatte ich in meiner Kindheit? Mit wem habe ich am liebsten gespielt? Wie lange haben diese Beziehungen gehalten? Zu wem habe ich heute noch Kontakt?
- ⇨ Wer hat mir in meiner Kindheit von früher erzählt? Wer erzählte mir Geschichten aus der Bibel? Wer unterwies mich im Glauben? Wer wurde für mich zum Glaubensvorbild?
- ⇨ Gab es in meiner Kindheit Krankheiten, Unfälle, Operationen, Krankenhausaufenthalte, Kuraufenthalte? Was ist mir aus dieser Zeit in Erinnerung? Habe ich dadurch bleibende Schäden erlitten? Wie wurde ich gesund?
- ⇨ Welches Kind aus den biblischen Beispielgeschichten spricht mich am meisten an? Warum? Wo entdecke ich Parallelen zu meiner eigenen Kindheit?
- ⇨ Falls ich ein adoptiertes Kind bin: Wie denke ich über meine Adoption? Welche Gefühle habe ich dabei? Bin ich meinen Eltern dankbar? Bin ich wütend auf meine leiblichen Eltern? Habe ich mich auf die Suche nach meinen leiblichen Eltern gemacht? Was war als adoptiertes Kind schwierig für mich? Was schätze ich im Nachhinein?
- ⇨ Wie geht es mir damit, dass mir meine Eltern das gegeben haben, was sie konnten? Wenn es nur wenig Gutes war, was sagt mir dies über ihre eigene Kindheit?
- ⇨ Hatten meine Eltern genügend Zeit für mich oder fühlte ich mich von ihnen von Zeit zu Zeit (oder sogar regelmäßig) vernachlässigt?
- ⇨ Was haben mir meine Eltern dennoch und trotz allem ermöglicht? Was schätze ich im Nachhinein? Was haben sie mir Gutes mitgegeben? Wovor haben sie mich bewahrt? Wofür bin ich ihnen dankbar?

- ⇨ Was war schwierig? Worauf musste ich verzichten, was habe ich entbehrt? Welche Fähigkeiten habe ich dadurch gelernt, trainiert, entwickelt?
- ⇨ Was bedeutet es für mich persönlich, meine Eltern zu ehren?
- ⇨ Welches Bild von Gott spricht mich mehr an: seine väterlichen oder seine mütterlichen Wesenszüge? Wenn mir keiner von beiden hilft, darf ich mich an seinem Namen JHWH – Ich bin für dich und für dich da! – festhalten.
- ⇨ Welche Erinnerungen sind schwierig, traurig, verletzend? Wo trage ich noch immer Schmerz, Verletzungen, Enttäuschungen mit mir herum? Wo ist in Bezug auf meine Kindheit noch Wut, Groll und allenfalls Bitterkeit in mir?
- ⇨ Welche Menschen aus meiner Kindheit waren besonders wichtig für mich? Warum? Wer stand mir zur Seite? Ich bin eingeladen, einem oder mehreren dieser Personen einen Dankesbrief zu schreiben. Falls ich ihn nicht mehr abschicken kann oder will, behalte ich ihn an einem besonderen Ort, vielleicht in einer Schatulle.
- ⇨ Wen empfand ich als böse? Vor wem hatte ich Angst? Wer hat mich verletzt?
- ⇨ Welche Stärken, Fähigkeiten, Gaben konnte ich als Kind entwickeln?
- ⇨ Was ermöglichten mir meine Eltern? (z. B. Musikunterricht, Kreativität, Sport …)
- ⇨ Unter welchen Sorgen litt ich als Kind? Wann und wovor hatte ich Angst?
- ⇨ Habe ich bei und von meinen Eltern Trost, Halt, Schutz erfahren? Wie haben sie getröstet? Wie haben sie mir geholfen? An welche Situationen erinnere ich mich? Inwiefern habe ich allenfalls das Gegenteil erlebt?
- ⇨ Habe ich anderen Menschen in meiner Kindheit Schaden zugefügt? Bin ich als Kind an anderen Kindern oder Menschen schuldig geworden? Wo brauche ich Vergebung? Gibt es Möglichkeiten der Wiedergutmachung?
- ⇨ Welche Lebensfragen beschäftigten mich als Kind?

⇨ Gott hat mich in eine bestimmte Familie, in eine bestimmte Zeit und an einen bestimmten Ort gestellt. Wie denke ich über diesen Satz?
⇨ Was sehe ich heute ganz anders als damals?
⇨ Gott als bester Elternteil – väterlich und mütterlich, für mich da: versorgend, begleitend, schützend, wertschätzend … Er kennt meine ganze Kindheit. Er weiß um jede Situation, ob sie schön oder schwierig war. Er war da, hat sich mitgefreut, hat mitgelitten. Was lösen diese Worte in mir aus?

Diesem väterlichen und mütterlichen, fürsorglichen und liebenden Gott darf ich alle guten und schlechten Erfahrungen aus meiner Kindheit anvertrauen, sie ihm überlassen, meine Wunden in seine heilenden Hände legen, meinen Mangel von ihm stillen lassen, ihm meine Schuld bekennen und sie durch Jesus Christus vergeben lassen – ihm darf ich alles hinhalten und es von ihm berühren und heilen lassen.

Innehalten

Du, GOTT, siehst das Kind, das ich war:
bedürftig, abhängig,
verspielt, verträumt,
voller Kreativität, Ideen, Wünsche, Hoffnungen.
Mit der Sehnsucht, geliebt und angenommen zu sein.

Du, GOTT, siehst das Kind in mir:
noch immer voller Sehnsucht.
Hungernd und dürstend
nach Geborgenheit und Aufgehobensein.
Weinend über die Verletzungen der Vergangenheit.

Du, GOTT, stillst den Mangel in mir.
Du, GOTT, tröstest das weinende Kind.
Du, GOTT, berührst die offenen Wunden.
Du, GOTT, nimmst mich an dein Herz.
Du, GOTT, versorgst, was vernachlässigt wurde.
Du, GOTT, ziehst mich zu dir aus lauter Güte.

Du, GOTT, siehst mich so, wie ich bin:
in deinen Augen kostbar, wertvoll, einzigartig, einmalig;
von dir geliebt, getragen, gehalten, geführt;
durch Jesus Christus angenommen, erlöst, versöhnt, geheilt.

Du GOTT – mein GOTT –
und ich DEIN Kind!

Sabine Herold

 Vier Geschichten aus der Schatztruhe des Lebens

M. T. erinnert sich:
 Meine erste Freundin, sozusagen die erste Liebe meines Lebens, fand ich im Kindergarten. Isabelle, welch ein klingender Name, wie der Name einer Prinzessin, so schien es mir. Sie wohnte in unserer Nachbarschaft und so trafen wir uns meistens schon auf dem Weg in den Kindergarten.
 Alles an Isabelle gefiel mir, alles beeindruckte mich. Sie war Einzelkind und besaß ein eigenes Zimmer, dreimal so groß wie unsere kleine Mansarde, die ich mit meiner Schwester teilte. Mitten im Zimmer hing ein Vogelkäfig an der Decke, golden glänzend, bewohnt von zwei wunderschönen, grün und blau schillernden Wellensittichen. Die Zimmerwand schmückten lange, geheimnisvolle Pfauenfedern. Da ich solche Tiere noch nie gesehen hatte, dachte ich mir, sie müssten wohl direkt aus dem Paradies stammen. Isabelles

Mutter kam aus Zürich und sprach einen für meine Ohren sehr eleganten Dialekt, ich hätte ihr stundenlang zuhören können.

Isabelle und ich spielten oft zusammen, ich war glücklich und räumte ihr einen immer größeren Platz ein in meinem Herzen. Ich war zu Hause zwar nicht unglücklich, wurde aber streng und mit wenig Freiraum erzogen. So war meine Freundin ein kleines Fenster in eine andere, offenere Welt, die mich faszinierte.

Ich realisierte allerdings nicht, dass in unseren Rollenspielen, die wir fast täglich mit Hingabe spielten, Isabelle immer die Königin und ich die Dienerin – sie die Mutter, ich das Kind – sie die Chefin, ich die Angestellte spielte. Irgendwie schien es so richtig zu sein, es störte mich keineswegs. Mit den Jahren entstand aber eine immer größer werdende Abhängigkeit: Isabelles Wille zählte, ihr Urteil war maßgebend für mich. Wenn ihr eine Farbe oder eine neue Frisur gefiel, hatte es mir auch zu gefallen. Wenn sie mit anderen Schülern Streit hatte, sprach ich besser auch nicht mit ihnen.

All das schien auch meinen Eltern aufzufallen, jedenfalls kann ich mich erinnern, dass sie nicht mehr einverstanden wären, dass ich Isabelle jeden Morgen zu Hause abholte. Meine Mutter sah uns dann später in die Schule rennen, damit wir noch vor Unterrichtsbeginn dort ankamen. „Du bist doch rechtzeitig gegangen, was habt ihr noch so lange gemacht?", wollte sie wissen.

Ja, das war eine schwierige Geschichte. Isabelle erwartete, dass ich sie jeden Morgen abholte. Aber sie war nie bereit, wenn ich kam, stand noch bis zur letzten Minute im Badezimmer, hatte die Tasche noch nicht gepackt, ihr Pausenbrot noch nicht gestrichen, stritt sich noch ein wenig mit ihrer Mutter herum ... jedenfalls rannten wir dann jeden Morgen und kamen außer Atem in der Schule an, meistens gerade noch beim Läuten der Schulglocke. Es war für mich unvorstellbar, Isabelle einfach nicht mehr abzuholen, obschon dieser ungeheuerliche Gedanke langsam in mir wuchs.

Eines Tages kam Isabelle mit dem Vorschlag, es wäre doch schön, wenn wir einen Freundschaftsring tragen würden. In meinem Ring eingraviert müsste stehen: „6. Mai 63 Isabelle" und ihr Ring wäre entsprechend mit meinem Namen verziert. So etwas Aufregendes, fast wie ein Ehering! Irgendwie konnte ich meine Eltern überzeugen, dass sie mir das Geld für diesen Ring zum Geburtstag schenkten, und so kam's, dass wir zwei Freundinnen uns an einem kleinen, plätschernden Bach außerhalb des Dorfes trafen, uns ewige Freundschaft versprachen und uns diese wunderschönen Ringe ansteckten.

Eigentlich eine rührende Geschichte! Und doch erinnere ich mich, dass ich mich dabei nicht nur glücklich, sondern auch immer unter einem merkwürdigen Druck fühlte. Es war nicht nur schön, es war auch verpflichtend und fordernd. Irgendwie gehörte ich Isabelle jetzt richtig! Die Möglichkeit, anderer Meinung zu sein, andere Ideen zu haben, war noch schwieriger geworden.

Vielleicht empfanden dies auch meine Eltern so und sie beteten für mich, ich weiß es nicht. Jedenfalls passierte etwas Neues: Ich durfte in den Sommerferien in ein christliches Kinderlager, ich freute mich riesig darauf. Natürlich erzählte ich Isabelle davon und … oh Wunder, sie wollte mitkommen! Für mich war das perfekt: Ferienlager mit meiner Freundin!

Leider gefiel es ihr nicht, was ich zu hören und zu spüren bekam, sodass auch meine Freude ein wenig zerstört wurde. Aber ein Jahr später, ich war vierzehn Jahre alt, ging ich mutig allein in dieses Lager, trotz Isabelles ablehnenden Aussprüchen.

Und da passierte das Beste, Schönste, Größte in meinem Leben: Ich begegnete dort Jesus und seiner großen Liebe zu mir. Ich konnte es kaum aushalten, platzte fast vor Freude, telefonierte am nächsten Morgen sofort mit meinen Eltern. Sie freuten sich mit mir, etwas verhalten zwar, aber nichts konnte in diesem Moment mein Glück trüben.

„Wie wird sich erst Isabelle mit mir freuen, wenn ich ihr nach den Ferien diese Nachricht bringe!", so dachte ich und wusste nicht, was mir bevorstand. Gleich am ersten Morgen erzählte ich Isabelle von meinem Erlebnis in den Ferien. „Stell dir vor, Jesus wohnt jetzt in meinem Herzen, ich habe ihm mein Leben geschenkt!" Ich war voller Freude über meinen neuen Glauben.

Isabelle schaute mich entgeistert an und trat zwei Schritte zurück. Auf ihrem Gesicht erschien ein spöttisches Lächeln. „Du kannst dich gleich entscheiden, entweder hörst du auf mit diesem Mist oder wir sind geschiedene Leute!" Damit drehte sie sich um und lief nach Hause, ohne zurückzuschauen.

Mir war, als wenn mir jemand eine Faust in den Magen gehauen hätte. Ungläubig starrte ich Isabelle hinterher. Was hatte sie da gesagt, hatte ich richtig gehört, hatte sie mich etwa falsch verstanden? Mir wurde schlecht, die Tränen stiegen brennend in meine Augen, langsam stieg ich die Treppe hoch zu unserer Wohnung. Meine Mutter war krank und lag deshalb im Bett. Wie ein kleines Kind lief ich zu ihrem Bett, kniete mich davor und berichtete schluchzend von meinem schmerzlichen Erlebnis. Meine Mutter tröstete mich wortlos, immer wieder strich sie liebevoll über meinen Rücken.

Das war mein erstes Zeugnis über meinen Glauben und meine erste Erfahrung, wie Menschen darauf reagieren können. Isabelle hatte recht, ich musste mich entscheiden, nochmals entscheiden: Was war mir wichtiger, was wollte ich wirklich – meine Freundin oder meinen neuen Glauben behalten? Schnell wurde mir klar, dass ein Leben ohne Isabelle zwar schwierig werden würde, aber meinen neuen Freund Jesus wieder aufzugeben war ein Ding der Unmöglichkeit, niemals würde ich das wollen!

Das sagte ich Isabelle denn auch, als ich sie am nächsten Morgen traf, und somit, von einem Moment auf den andern, war unsere jahrelange Freundschaft gestorben. Zwar kannte ich noch nicht die Bedeutung dieser Tatsache, es sollte aber nicht lange dauern, bis ich sie ganz konkret und hautnah zu spüren bekam. Der gemeinsame Schulweg fand ab sofort nicht mehr statt, Gespräche, Witze erzählen, zusammen Freizeit gestalten, einander bei den Schulaufgaben helfen, einander abschreiben lassen, all das war aus meinem Leben verschwunden.

Isabelle fand sofort eine neue Freundin, und gemeinsam starteten sie nun eine Kampagne gegen mich, beinahe die ganze Klasse ließ sich vor ihren Karren spannen. Niemand ging mehr mit mir auf den Pausenplatz, fast niemand sprach mehr mit mir, einzig die Jungs, denen das Ganze zu blöd war, verhielten sich wie immer mir gegenüber. Da war doch noch eine andere Christin in der Klasse, vielleicht war mit ihr noch eine Art Freundschaft möglich? Aber nein, auch sie kannte mich nicht mehr. Ich wurde oft „zufällig" gestoßen, getreten, meine Schulsachen lagen am Boden oder verschwanden einfach, meine Kleider hatten plötzlich ein Loch, waren zerrissen oder aus unerklärlichem Grund schmutzig.

Mein Klassenlehrer schien das zu merken und war vielleicht deshalb besonders nett zu mir, was das Ganze noch schlimmer machte. Streckte ich im Unterricht die Hand hoch, zogen alle andern ihre Hand sofort zurück, lachten, wenn ich eine Antwort gab, tuschelten und klatschten über mich. Es gab immer neue Varianten, mir zu zeigen, dass ich jetzt eine unerwünschte Person war. Heute würde man das wahrscheinlich Mobbing nennen.

Und was passierte mit meinem neuen Glauben? Etwas unglaublich Wertvolles, das ich nirgends sonst erhalten oder kaufen konnte: Dieser Glaube begann zu wachsen, wurde stark und bekam Wurzeln, die sich in meine Lebenserde gruben, die Halt gaben, die dem starken Gegenwind von außen trotzten. Je einsamer und trauriger mein Alltag wurde, desto größere Bedeutung gewann die Tatsache, dass ich Jesus kennengelernt hatte, der mich keine Sekunde allein ließ, der mich begleitete, wo ich mich auch befand. Bei ihm konnte ich weinen, ihm durfte ich mein Herz ausschütten, wenn ich wieder mal so einen schlimmen Tag hinter mir hatte.

So lernte ich gleich am Anfang meines Weges als Christ eine der wichtigsten Tatsachen kennen, nämlich das Wunder, dass Leiden den Glauben nicht zerstört, sondern wachsen lässt. Jedenfalls tut es das, wenn ich im Leiden zu Gott hin flüchte, wenn ich ihn in meine Schmerzen, in mein schwieriges Erleben mit einbeziehe. Ich entdeckte, dass meine Freude an Jesus zunahm, dass die Gewissheit, zu ihm zu gehören, ein fester Bestandteil in meinem Herzen wurde. Noch heute, viele Jahre später, bin ich überzeugt, dass diese Geschichte ein Fundament für mein Glaubensleben wurde. Ich bin Gott unendlich dankbar dafür und möchte diese schwierige Zeit nicht missen. Denn sooft sich später im Leben Schwierigkeiten anbahnten, und das passierte auf die verschiedensten Arten, erlebte ich es wieder: Leiden ist jedes Mal eine große Wachstumschance, Dünger für unseren Herzensgarten, der die Glaubenspflanze nährt und stärkt.

* * *

Antonia erzählt:

Wir haben heute im Religionsunterricht das Gebot "Du sollst Vater und Mutter ehren!" durchgenommen. Ich finde das schwierig. Wie soll das gehen, wenn es daheim Probleme gibt? Wie sieht dieses "Ehren" ganz praktisch im Alltag aus?

Unser Leben zu Hause sieht so aus:

Mein Vater kommt wieder einmal nicht heim von seiner Kneipentour. Wo ist er nur?! Was hat er für Probleme? Was habe ich wieder falsch gemacht? Waren wir Kinder zu laut? Keine Ahnung! Die Stimmung ist gedrückt. Ich bin sehr traurig. Ich mache mir Sorgen und habe Angst, dass etwas passiert. Es ist ja nicht das erste Mal, dass er wegen dem Alkohol nicht heimkommt. Und er fährt auch noch mit dem Auto! Wenn nur nichts passiert!

Ich versuche mich mit Lesen und Fernsehen abzulenken. Aber es geht nicht. Die Pfannen und Töpfe mit seinem Abendessen stehen noch auf dem Herd. Der Teller wartet auf dem Tisch – alles wie vor ein paar Stunden.

Ich finde keine Ruhe. Es ist schon Mitternacht. Na endlich. Ich höre ein Auto kommen. Es ist mein Vater. Ich merke schon an seinen Schritten, wie sein Zustand ist. Es ist schrecklich, grausam! Er kommt die Treppe hoch, kann kaum stehen und seine Schuhe ausziehen.

Er geht auf die Toilette. Ich warte in der Küche, dass er aus dem Badezimmer kommt. Aber nichts passiert. Er kommt einfach nicht raus. Ist er eingeschlafen? Wo bleibt er nur? Was ist passiert?

Plötzlich ein lauter Schlag. Ich schaue vorsichtig durch die Tür: Mein Vater liegt auf dem Badezimmerboden in seinem Erbrochenen.

"Papi, Papi, was ist los?" Er gibt keine Antwort, sondern weint wie ein kleines Kind. Erst jetzt kommt meine Mutter aus dem Schlafzimmer und wir tragen ihn gemeinsam ins Bett.

Anschließend gehen wir auch ins Bett. Ich versuche zur Ruhe zu kommen.

Gott, wo bist du?

Ich bin sehr traurig. Ich wünsche mir von Herzen einen Vater, der für mich sorgt und mich beschützt – und nicht umgekehrt.

Auf einmal höre ich im Zimmer nebenan laute Stimmen und Geschrei. Was ist los? Ich stehe auf und gehe zur Zimmertür von meinen Eltern. Ich zögere, die Tür aufzumachen. Ich warte ... schaue zuerst durch das Schlüsselloch. Aber auf einmal reiße ich die Tür auf und stürze an das Bett. Mami hält Papi fest. Er schreit, schreit, schreit und entwickelt eine solche Stärke, dass sie ihn kaum festhalten kann.

Er hat nur eins im Kopf: aus dem Fenster springen. „Mach das Fenster auf, ich will raus!"

Ich rufe den Notarzt. Erst als dieser kommt, werde ich langsam ruhiger. Mein Vater bekommt eine Beruhigungsspritze. Er wird auf eine Krankentrage gelegt und angebunden. Danach wird er in die Psychiatrische Klinik gebracht. Das ist sehr schlimm für mich.

Warum sagt Mama nichts zu all dem? Ist ihr das alles egal? Und überhaupt: Wieso wird in dieser Familie nicht geredet? Wie soll ich unter diesen Umständen meine Eltern achten und ehren? Was heißt dieses Gebot für Kinder von alkoholabhängigen Eltern?

Gott sei Dank durfte ich schon viel Heilung in meinem Leben erfahren, und ich hoffe und bete, dass Gott mich noch vollständig heilt von meinen tiefen Verletzungen und Wunden!

* * *

Rowitha schreibt:

Ich bin das mittlere von drei Kindern. Meine Ursprungsfamilie hat mir starke Wurzeln mitgegeben. Unsere Eltern haben uns so angenommen, wie wir sind, und immer an uns geglaubt. Wir durften eigene Ideen ausprobieren und manchmal auch daran scheitern, ohne gleich infrage gestellt zu werden. „Wir lieben dich trotzdem!", sagten wir einander mit einem Augenzwinkern in allen möglichen und unmöglichen Situationen ...

Die ersten Jahre meines Lebens verbrachte ich in einem relativ kleinen Dorf. Im Kindergarten und den ersten drei Schuljahren bewegte ich mich in einem Klassenverband mit sechs anderen Mäd-

chen nebst einer Gruppe Jungs. Die anderen Mädchen fanden sich in Zweiergruppen, jede hatte eine beste Freundin. Ich kam eigentlich mit allen aus, fühlte mich aber oft als Außenseiterin. Meine Interessen, z. B. was Musik angeht, waren anders als die der anderen.

Als ich zehn Jahre alt war, zogen wir in einen „größeren" Ort um: anstatt der bisher ungefähr 500 Einwohner gab es hier rund zehnmal mehr. Jeder Einzelne in unserer Familie hatte seine eigenen Probleme mit dem Wechsel der Lebenssituation.

Der Stellenwechsel meines Vaters, Ursache für den Umzug, war für ihn schwierig, das neue Umfeld kostete ihn viel Lebensenergie. Als er nach ein paar Monaten meiner Mutter sagte, dass er am liebsten gleich nochmals die Arbeitsstelle wechseln möchte, entgegnete sie, dass sie uns Kindern dies nicht zumuten könne. Sie wäre bereit gewesen, mit uns im Dorf zu bleiben und ihre Ehe nur noch als Wochenend-Beziehung zu leben, weil sie spürte, wie unsicher sich der Boden unter unseren Füßen fühlte! Doch mein Vater entschied sich dann, auf einen erneuten Wechsel zu verzichten.

Meine neue Schulklasse war geprägt von Wechseln, nur wenige Kinder kannten sich seit dem Kindergarten. Unser Klassenlehrer war mit der Situation restlos überfordert – ich ging nicht besonders gerne zur Schule.

Nach dem Ende des Schuljahres erhielten wir einen neuen Klassenlehrer. Der Unterricht bei ihm war interessant und der Lehrer forderte mich stets heraus, schulisch und menschlich mein Bestes zu geben. Die Schulstunden wurden für mich zu einer Lieblingsbeschäftigung! Aufgrund meiner persönlichen Erfahrungen entwickelte ich ein ausgeprägtes Gespür für Ausgrenzung. Unser Lehrer machte mir Mut, mich für ungerecht behandelte oder ausgegrenzte Mitschülerinnen und Mitschüler einzusetzen. Ich durfte mir sogar erlauben, meinem Lehrer zu widersprechen, wenn er sich in meinen Augen ungerecht verhalten hatte.

Ich hatte verschiedene Mitschülerinnen und Mitschüler mit großen familiären Schwierigkeiten, von denen ich, Gott sei Dank, nicht alle bis ins Detail kannte. Oft wurden diese Kinder auch in der Schule zu Opfern, zum Teil einfach, weil über sie vorschnell geur-

teilt wurde. Für viele von ihnen setzte ich mich ein und lernte dabei, meine Meinung klar und ohne Rücksicht auf Verluste zu sagen. Eine unnötige (Ehr-)Furcht vor Lehrern oder anderen Autoritätspersonen kenne ich seither nicht mehr. Nicht alle Leute in meiner Umgebung fanden dies gut. Während meiner Ausbildung bekam ich dafür mehrfach negative Kritik, aber trotzdem bin ich dankbar für meine Erfahrungen. Ich bin überzeugt, dass Gott mich drin begleitet und dadurch geformt hat zu der Frau, die ich heute bin. In meinen heutigen Lebensaufgaben sind meine Erlebnisse eine wertvolle Erfahrung für mich und meine Familie.

Es wird in der Bibel nirgends versprochen, dass Menschen, die ihr Leben bewusst mit Gott gehen, keine Probleme (mehr) haben. Aber es steht dort (Josua 1,9): „Ja, ich sage es noch einmal: Sei mutig und entschlossen! Lass dich nicht einschüchtern, und hab keine Angst! Denn ich, der Herr, dein Gott, bin bei dir, wohin du auch gehst."

* * *

Ruth erinnert sich:

Es war ein bekanntes Phänomen: Ein aufziehendes Gewitter hatte auf mich als Kind schon immer eine faszinierende, ja fast magische Wirkung. Ich war vier Jahre alt, als ich buchstäblich von den Folgen eines Gewitters überrollt wurde und die nackte Angst erlebte.

Ich stand vor dem elterlichen Bauernhaus und ahnte bei noch anhaltendem Sonnenschein nicht die dunkle reale Gefahr des bevorstehenden Gewitters. Wie ein Paukenschlag folgten ein unfassbares Elektrisieren und ein tosender Donnerknall! Der Blitz schlug keine 100 Meter neben meinem Standort in das Nachbarhaus ein. Unfähig, mich zu bewegen, nahm ich im Zeitlupengeschehen mein Umfeld wahr. Die Mutter schien sich viel zu langsam zu bewegen. Erst allmählich drangen die lauten Befehle an mein Ohr. Obwohl ich wusste, dass ich unbedingt gehorchen musste, war ich wie gelähmt. Erst das handfeste Eingreifen der Mutter brachte mich in Bewegung. Diese sperrte meine Geschwister und mich – wohl aus Überforderung – in einen abgedunkelten Raum, der aber ungebremst Gerü-

che und Geräusche durchließ. Wie in einem Horrorfilm erlebte ich, zutiefst verängstigt, den Brand des Nachbarhauses. Da ich unfähig war zu unterscheiden, ob sich das Geschehen wirklich nur auf das fremde Haus beschränkte oder die Flammen womöglich übergreifen könnten, steigerte sich die Angst ins Unermessliche. Im Verlauf des Abends wurde ich gezwungen, ins Bett zu gehen. Alles Schreien half nicht, Nachtruhe war für meine entnervte Mutter oberstes Gebot. Irgendwie fand ich in einen unruhigen Schlaf. Ich erinnere mich, dass am Morgen die Erlaubnis erteilt wurde, dass das Nachbarhaus nun angesehen werden dürfe. Doch es war irgendwie unfassbar.

Noch heute als erwachsene Frau habe ich das Bild vor mir: Das Haus hatte kein „Gesicht" mehr. Dass es wieder aufgebaut wurde, daran kann ich mich nicht mehr erinnern. Alles, was in meinem Gedächtnis haften blieb, ist eine schemenhafte Erinnerung an ein Haus mit einem Flammenkranz ums Dach.

Diese Erfahrung fand erst in den Erwachsenen-Jahren zur Ruhe durch eine simple Erfahrung: Angstbewältigung ist wohl oft auch die Frage eines Verbündeten!

Meine Erinnerungen wandern zurück zu jenem Sommer, als meine Hündin Ajscha drei Jahre alt war. Unmittelbar neben ihr explodierte eine Salve von etwa zehn Raketenschüssen. Die Hündin erlitt einen Schock. Wie es in allen Hundelehrbüchern steht, soll in einer solchen Situation das Tier nicht in seiner Angst bestärkt werden. Also verhinderte ich zu große Zuwendung und machte mich schleunigst auf den Heimweg. Unglücklicherweise fuhr in rasantem Tempo und Getöse ein Schnellzug unter der Brücke durch, und meine arme Hündin wusste nicht mehr, was zu tun in ihrer Angst. Panisch suchte sie einen Fluchtweg und wäre ohne Leine auf die Bahngeleise gestürzt. Ab diesem Zeitpunkt begann sie zu hyperventilieren. Ich begann um ihr Leben zu fürchten. Keine beruhigenden Worte schienen sie zu erreichen und auch Berührung brachte keine Veränderung. Intuitiv warf ich alle erlernten Weisheiten über Bord und folgte der Sprache meines Herzens: Ich nahm die Hündin auf den Arm und sprach leise mit ihr. Da ich merkte, dass direkte Worte nichts brachten, wiederholte ich alle Worte, an die ich mich erinnerte und mit denen

Ajscha eine gewisse Vertrautheit verknüpfen konnte. Es funktionierte! Fasziniert trug ich den erschöpften Hund nach Hause und erlebte ein Dankeschön der Superlative: Ajscha räumte alle Spielsachen aus und brachte sie mir. Schließlich umgab mich ein Kreis von Spielsachen, und meine Ajscha kuschelte sich trotz Raketenlärm ins Körbchen.

Glücklich beobachtete ich ihre langsamer werdenden Atemzüge, während meine Gedanken zurückwanderten zu jener Brandnacht, als niemand dem total verängstigten Kind Beistand zu leisten schien.

Wie wohl die Geschichte geendet hätte, wenn ich vor dem Schlafengehen ums elterliche Bauernhaus getragen worden wäre? Ob die visuellen Bilder des Brandes schlimmeren Schaden angerichtet hätten als die Gefangenschaft in einem abgedunkelten Zimmer …? In der Folge war ich über Jahre fast jede Nacht schreiend aus sehr ähnlichen Albträumen aufgeschreckt: Immer wieder rollte ein einstürzender brennender Holzstapel auf mich als Kind zu. Ich selbst stand mit dem Rücken zur Wand und konnte nicht fliehen.

Doch Ajscha konnte fliehen! Mit wehenden Ohren sauste sie schon einen Tag später durch den Wald. In der Zeit der größten Angst hatte sie eine sichere Verbündete gehabt. Was zurückblieb und ich schützend begleitete, war ihre sensible Reaktion auf Knallkörper. Kein Desaster, für viele Hundehalter „Alltag".

Irgendwie hat mich diese Erfahrung nach mehr als 20 Jahren mit meiner Kindheitsgeschichte versöhnt. Ich war auf einmal die Handelnde und nicht mehr „das Opfer".

3. Jugendjahre

Wachstums- und Reifezeit des Lebens
Die Jugend ist eine Zeit der großen Veränderung vom Kind zum Erwachsenen – sowohl äußerlich als auch innerlich. Das Kind wird erwachsen, und dieses Werden braucht Zeit. Auffällig für diese Zeit sind die körperlichen Veränderungen, die die Jugendlichen durchmachen. Der Körper wächst und verändert sich zum Körper einer erwachsenen Frau bzw. eines erwachsenen Mannes. Aber auch die Gefühle, Einstellungen und Verhaltensweisen des jungen Menschen ändern sich. Das Äußere und Aussehen wird für Jugendliche in der Regel sehr wichtig. Umso schlimmer wird es möglicherweise empfunden, wenn sie dem Schönheitsideal oder dem angehimmelten Star nicht annähernd entsprechen. Von außen erleben Jugendliche Druck – den Lern- und Leistungsdruck, Druck, wie sie aussehen, sich kleiden, sich verhalten sollen. Die Schule macht Druck; es gibt den Druck der Gruppe der Gleichaltrigen, und auch im Elternhaus sind Erwartungen und Ansprüche. Wichtig ist es für die Jugendlichen, zur Gruppe dazuzugehören, von den Gleichaltrigen anerkannt zu sein. Aufgrund der großen körperlichen, hormonellen und psychischen Veränderungen kann es durchaus zu Schwierigkeiten oder Krisensituationen kommen.

Aber auch für Eltern stellt die Jugendzeit eine große Herausforderung dar. In die Jugendjahre gehören die Pubertät (d. h. Geschlechtsreife, die mit gewaltigen hormonellen Veränderungen verbunden ist), das Ende der Schulzeit sowie der Beginn einer Berufsausbildung bzw. Lehre oder eines Studiums. Wichtig für Jugendliche sind die Abnabelung vom Elternhaus und die Findung ihrer eigenen Identität. Es ist auch für viele die Zeit der ersten großen Liebe.

Die Jugendlichen stehen großen Herausforderungen gegenüber: Sie müssen Selbst-, Sozial- und Sachkompetenzen entwickeln und festigen, den eigenen Körper annehmen und darin zu Hause sein, sich als Mann oder als Frau identifizieren, Freundschaften pflegen, Integration in eine Gruppe Gleichaltriger leisten, Beziehungen zum anderen Geschlecht pflegen, von den Eltern emotional unabhängiger werden, selbständiger werden, sich auf das Berufsleben vorbereiten, eine Berufswahl treffen, ein verantwortungsvolles, soziales Verhalten einüben. Dazu gehört auch die Identitätsfindung, d. h. zu wissen, wer man ist (aber auch, wie andere einen wahrnehmen) und was man will, realistische Ziele anzustreben, sich mit dem Thema Beziehung, Ehe, Familie, Lehre, Beruf, Studium, Wohnort, Zukunftsplanung auseinanderzusetzen. In diesen Bereichen kann der Jugendliche Bestätigung, aber auch Enttäuschungen, Ernüchterungen, Überforderung, Versagen und große Unsicherheiten erleben. Das Selbstwertgefühl wird in der Jugendzeit gefestigt oder noch mehr geschwächt.

Ebenso wie Kinder brauchen Jugendliche besondere Ermutigung, Werte, Richtlinien und auch Grenzen. Sie orientieren sich an Vorbildern, Stars und an der Gruppe.

Jugend und Jugendliche in der Bibel

Was sagt die Bibel zur Jugend bzw. über Jugendliche? Welche Tipps gibt sie?

Welche Jugendlichen und ihre Herausforderungen werden in der Bibel erwähnt?

In der Bibel gilt die Jugend als Zeit der Stärke und Kraft, der Freude und Blüte des Lebens (vgl. Psalm 144,12). Es ist die Zeit des Wachsens und Reifens, die aber auch ihre Gefahren, Versuchungen und Tücken beinhaltet. Junge Menschen neigen dazu, unvernünftig und übermütig zu werden. Deswegen ermahnt die Bibel, auf die Weisen und Alten zu hören und sich ihnen unterzuordnen. Die Jungen sollen mit den älteren Menschen respektvoll umgehen und sich weder stolz über sie erheben noch sie verspotten.

Junge Menschen haben viel zu lernen und müssen noch reifen und besonnen werden. Ihre Persönlichkeit ist noch nicht gefestigt (Hiob 13,26; Psalm 25,7). Die Bibel empfiehlt, sich von klein auf und auch in den Jugendjahren an Gottes Wort zu halten und daran zu orientieren. Als junger Mensch sind wir leichter verführbar, leichtgläubiger, naiver als später, wenn wir eine gefestigte, reife Persönlichkeit haben. Dies bestätigt auch der Erfolg von Sekten und anderen Gruppierungen, die Jugendliche in ihre Fänge ziehen.

Gott achtet und respektiert Jugendliche. Das wird daran deutlich, dass in der Bibel davon berichtet wird, dass in dieser Lebensphase Menschen durch Gott berufen werden. So wird der Prophet Jeremia schon in jungen Jahren erwählt (Jeremia 1,4-10); Samuel wird sogar schon als Kind berufen (1. Samuel 3).

Schon als junger Mensch kann jemand zum Vorbild für andere werden. So schreibt der Apostel Paulus an den jungen Timotheus (der jedoch wohl kein Teenager mehr war): *Niemand hat ein Recht, auf dich herabzusehen, weil du noch so jung bist. Allerdings musst du in jeder Beziehung ein Vorbild sein: in allem, was du sagst und tust, in der Liebe, im Glauben und in Selbstbeherrschung.* (1. Timotheus 4,12, vgl. Titus 2,6)

Zur Zeit der Bibel war es üblich, dass in die damalige Jugendzeit auch die Partnerwahl und Hochzeit fiel (vgl. Richter 14,10), was heutzutage meistens nicht mehr der Fall ist. Zwar beginnen in dieser Lebensphase schon viele Beziehungen oder werden auch wieder beendet, doch eine lebenslange Bindung ist in unserem Gesellschafts- und Kulturkreis inzwischen häufig erst später üblich.

 Vier Geschichten aus der Schatztruhe des Lebens

Tanja ging mit vielen anderen Jugendlichen zu einem Prediger in eine Art Ferienlager. Der Prediger hatte viele übernatürliche Erlebnisse mit Gott zu erzählen, was sie faszinierte. Gebannt hörte sie

zu und fragte sich insgeheim, warum sie selbst nie derartige Träume, Visionen, Gesichte, Begegnungen hatte. Da sie einige Probleme mit sich herumschleppte und gerne mit jemandem darüber sprechen wollte, ging sie zu diesem Prediger in die Seelsorge und ließ für sich beten. Doch als dieser Prediger dann begann, für ihren Körper zu beten und dabei alle möglichen Körperteile berührte, war dies für sie im ersten Moment ein Schock und unangenehm, aber sie versuchte sich einzureden, dass er ja ein Diener Gottes war und wusste, was er machte. Vielleicht gehörte dies dazu …? Noch jahrelang schleppte Tanja diese negative Erfahrung mit sich herum, die zur Last geworden war. Durch Gebet und Vergebung wurde sie frei. Sie nahm sich jedoch fest vor, in Zukunft vorsichtiger zu werden, nicht jedem Menschen blind zu vertrauen oder alles zu glauben, was ihr gesagt wurde, selbst wenn es von Christen kam.

* * *

Nach einer christlichen Freizeit las Mirjam intensiver in der Bibel als vorher. Sie spürte einen Ruf in die Mission bzw. dass Gott sie eines Tages in seinem Dienst gebrauchen wollte. Voller Freude berichtete sie dies ihrer Mutter und hoffte auf eine ermutigende Reaktion. Doch diese kam nicht. Ihre Mutter meinte lediglich: „Du bist doch noch viel zu jung. Du hast noch lange Zeit, um dir zu überlegen, was du eines Tages lernen und machen willst."

Traurig ging Mirjam zurück in ihr Zimmer. Doch am anderen Morgen las sie in der Bibellese die Berufungsgeschichte von Jeremia. In Jeremia 1,7 las sie: „Sage nicht: ‚Ich bin zu jung', sondern du sollst gehen, wohin ich dich sende, und predigen alles, was ich dir gebiete."

„Und Gott will mich doch!", ging es Mirjam in diesem Moment durch den Kopf. Ermutigt hielt sie weiterhin an diesem Wort fest. Wo Gott sie haben wollte, das wusste sie noch nicht, aber dass er sie im Dienst für ihn gebrauchen würde, das war sicher.

* * *

Die Jugendgruppe mit den wöchentlichen Treffen war für Michael der Höhepunkt in der Woche. Er genoss das Miteinander mit Gleichaltrigen, es gab jedes Mal ein Thema, es wurde gesungen (woran er sich sogar trotz Stimmbruchs beteiligte!), gebetet und erzählt. Bei schönem Wetter gab es Sportaktivität, Grillen oder Ausflüge.

Vor allem das Leitungsteam überzeugte Michael. Die Männer und Frauen erlebte er offen, ehrlich und echt. Sie strahlten Freude und Ruhe aus, und er wusste: Diesen Menschen konnte er vertrauen. Wenn er Fragen oder Probleme hatte, halfen ihm die Gespräche mit einem der Leitenden, und er nahm auch gerne Tipps und Impulse für seinen Alltag entgegen. Ja, sie waren ihm gute Vorbilder, an denen er sich gerne orientierte. Michael wurde mit den Jahren selbst ein Vorbild für Jüngere, und inzwischen ist auch er selbst im Leitungsteam mit dabei.

* * *

Genau so hatte sich Eva eine Beziehung vorgestellt: Gott würde mitreden und beiden Partnern zeigen, dass sie zusammengehörten. Als Felix ihr an einem wunderschönen Abend mitteilte: „Gott hat mir gezeigt, dass du meine Frau werden sollst!", fühlte sich Eva im siebten Himmel. Es würde zwar eine harte Zeit werden, da noch die Ausbildungszeit vor ihnen lag, aber sie war bereit zu warten und dann mit Felix zusammen den Weg gehen, den Gott ihnen zeigen würde.

Die nächsten Wochen und Monate waren die schönste Zeit in Evas Leben. Wann immer es möglich war, trafen sich die beiden Verliebten. Doch das Glück von Eva dauerte nur bis zu einem Anruf von Felix. Er teilte ihr mit: „Gottes Geist hat mir gezeigt, dass unsere Beziehung nicht sein darf."

Dieser Satz war wie eine Ohrfeige mitten ins Gesicht. Verwirrt legte Eva den Hörer auf. Das konnte doch nicht sein! Wie kam er zu solch gegensätzlichen Aussagen. Welcher Gott oder Geist hatte ihm das gesagt? Der Schmerz war unerträglich, die Trauer groß. Es dauerte Monate, bis Eva diese Beziehung verarbeitet hatte. In Zukunft wollte sie selbst auf Gott hören und nicht via Vermittler erfahren, was Gott für sie wollte oder nicht.

Neid und Missgunst und ihre Folgen

Die erste Geschichte der Bibel, in der es um junge Menschen geht, ist die von Kain und Abel – eine traurige Geschichte. Kain schlägt seinen Bruder Abel aus Neid tot (1. Mose 4).

Streit, Neid und Konkurrenzkampf, gerade auch innerhalb der Familie, scheint in den ersten Büchern der Bibel gang und gäbe zu sein. Wir lesen davon, dass der 13-jährige Ismael seinen Halbbruder Isaak quält und ärgert (1. Mose 21,8-13), wir lesen von den ständigen Streitereien und dem Kampf zwischen Jakob und Esau (1. Mose 27), später von dem Kampf ums Kinderkriegen zwischen Rahel und Lea (1. Mose 29-30), der Neid unter Jakobs Söhnen, vor allem gegen Josef (1. Mose 37), Und auch Mirjam, Aaron und Mose kennen Missgunst (4. Mose 12).

Neid, Streit, Missgunst, Konkurrenzkämpfe ... sind nicht nur Themen aus längst vergangenen Zeiten, sondern betreffen uns heute ebenso wie die Menschen damals.

 Zwei Geschichten aus der Schatztruhe des Lebens

Andrea erlebte während ihrer Pubertät einen ständigen Konkurrenzkampf mit ihren Klassenkameradinnen – was das Aussehen, die Schönheit, das Gewicht, die Schulnoten betraf. Ständig ging es darum, wer die Beste, die Schönste, die Dünnste, die Sportlichste ... war. Es war schwierig, all das Vergleichen zu ignorieren. Es war schwierig, sich neben all den anderen Schönheiten nicht hässlich zu fühlen, neben den Dünnen nicht dick und neben den Superguten nicht dumm.

Andrea wollte es ihnen beweisen, und so begann sie zu fasten, zu trainieren, zu lernen ... doch glücklich war sie dabei nicht.

* * *

Peter wuchs in bescheidenen Verhältnissen auf. Seine Eltern konnten sich nicht viel leisten. So musste er damit leben, dass sie grundsätzlich nie in den Urlaub verreisten (immerhin konnte er zu den Großeltern, solange diese noch lebten), dass er keine großen Geschenke zum Geburtstag oder zu Weihnachten bekam und dass sein Taschengeld gering ausfiel. Manche seiner Klassenkameraden schwammen dagegen im Geld. Bei diesen waren halbe Weltreisen, riesige Geschenke, die neueste Technik und Medien, ein dickes Portemonnaie normal.

Fast täglich wurde Peter mit seiner „Armut" konfrontiert, wenn z. B. die Klassenkameraden mit neuen Markenkleidern und -schuhen angaben und er sich schämte, dass er nicht die neuste Mode trug, oder wenn er an seinem selbst gemachten Sandwich kaute, während die anderen sich in der Bäckerei kaufen konnten, wozu sie gerade Lust hatten.

Das Vergleichen und der daraus erwachsende Neid wurden für ihn schließlich zu einem großen Problem. Erst als Peter begann, gezielt nach dem zu schauen, was er selbst hatte, erlebte er eine Veränderung. Ihm wurde bewusst, dass sich seine Eltern für ihn Zeit nahmen. Sie waren für ihn da und gaben ihm das Gefühl, wertvoll und geliebt zu sein. Er liebte den Wochenrückblick am Samstagabend und die Zeiten, wenn sie alle zusammen Gesellschaftsspiele machten. Auch das liebevoll zubereitete Essen seiner Mutter gehörte zu den positiven Dingen. Wenn sie einen Ausflug unternehmen konnten, dann genoss er diesen in vollen Zügen. Seine Eltern hatten zwar nicht viel Geld, aber sie nahmen sich für ihn Zeit und waren für ihn da. Genau das fehlte seinen Klassenkameraden. Die meisten von ihnen waren alleine daheim, hatten zwar sturmfreie Bude, dafür aber niemanden, der sich um sie kümmerte.

Leider kommt auch das Thema Missbrauch, sexuelle Übergriffe und Grenzüberschreitungen in der Kinder- und Jugendzeit vor – auch in der Bibel.

Dinas Wunden (1. Mose 34)
Wieder einmal ist Jakob weitergezogen und hat seine Zelte aufgeschlagen, diesmal bei Sichem, einer Stadt im Lande Kanaan. Dina, seine Tochter, macht sich auf, um nach anderen jungen Frauen in ihrer Umgebung Ausschau zu halten. Und schon wird sie selbst gesehen, und zwar vom Sohn des Landesherrn, der gleich wie die Stadt Sichem heißt. Er nimmt sie und vergewaltigt sie, liebt sie aber auch und will sie heiraten. 1. Mose 34,3 berichtet: *Er verliebte sich in sie und redete ihr freundlich zu, um sie für sich zu gewinnen.* Sichem bittet seinen Vater, Dina zur Frau nehmen zu dürfen, und sein Vater Hamor tut auch alles, dass dies möglich wird. Dies führt so weit, dass er auf die Forderung von Dinas Brüdern eingeht, dass sich alle Männer von Sichem beschneiden lassen sollen. Doch dann werden sie von den Söhnen Jakobs erschlagen. Sie nehmen ihre Schwester Dina wieder mit zu ihrem Vater. In den weiteren Kapiteln erfahren wir nichts mehr über Dina. Die traumatischen Übergriffe in ihrer Jugend (Vergewaltigung durch Sichem, Überfall ihrer Brüder und der Mord an Sichem und den anderen Männern) brachten großes Elend über sie, und vermutlich blieb sie für den Rest ihres Lebens ohne Mann und eigene Familie – zumindest wird uns nichts weiter davon berichtet. Schweigen.

Einsam im Haus des Bruders (2. Samuel 13)
Der junge Königssohn Amnon – Davids erstgeborener Sohn – verliebt sich in seine Halbschwester Tamar, die Schwester Absaloms. Diese ist noch Jungfrau. Mit List und Tücke lockt er sie zu sich und vergewaltigt sie. Danach verstößt er sie schamlos und jagt sie davon. Für dieses junge Mädchen ist der Traum vom Leben ausgeträumt. Ihr Vater David wird zwar zornig, unternimmt aber nichts in dieser Sache. Ihr Bruder Absalom rät ihr zu alledem noch: „Sag niemandem etwas davon, denn er ist dein Bruder. Nimm die Sache nicht zu schwer!" (2. Samuel 13,20). So bleibt Tamar als geschändete Frau einsam im Haus ihres Bruders

Absalom. Keine eigene Familie, keine eigenen Kinder. Aus Wut und Rache lässt Absalom zwei Jahre später seinen Bruder Amnon töten – auch mit List und Tücke.

 Eine Geschichte aus der Schatztruhe des Lebens

Als Jugendliche arbeitete Janine immer wieder an den Wochenenden und in den Ferien im Krankenhaus als Aushilfe, um ihr Taschengeld aufzubessern. Einmal brachte sie einem alten Mann den Mittagstee. Auf einmal zog dieser sie zu sich aufs Bett und begann, ihren Oberkörper zu betatschen. Janine wehrte sich, doch er meinte: „Ach, lass mich doch ein bisschen, das ist doch so schön!"

Janine verließ so schnell wie möglich das Zimmer und meldete den Vorfall der zuständigen Schwester. Diese sagte lediglich: „Ja, der hat eben Freude, wenn so ein junges Mädchen vorbeikommt."

Janine trug diesen Vorfall lange Zeit mit sich herum. Sie schrieb alles in ihr Tagebuch und fand erst nach Monaten den Mut, mit einer vertrauten Person darüber zu sprechen. Danach ging es ihr viel besser, und sie lernte Schritt für Schritt, ihre Grenzen wahrzunehmen und klarer zu kommunizieren.

Einer der Jugendlichen in der Bibel muss durch eine besonders harte Lebensschule – doch dadurch wird er zu einem reifen, weisen Mann, der anderen sogar zur Rettung wird.

Verlust der Heimat und des Elternhauses
(1. Mose 37,39-42)

Josef, der zweitjüngste Sohn von Jakob – der älteste Sohn seiner Lieblingsfrau Rahel –, wird von Jakob verwöhnt und in Schutz genommen. Der 17-jährige Josef ist Hirte und Gehilfe bei seinen Brüdern. Das Verhältnis ist nicht besonders gut, immer wieder gibt es etwas zu klagen und dem Vater über die Brüder zu petzen.

Auch hat Josef außergewöhnliche Träume, bei denen er jeweils ganz besonders gut, seine Brüder hingegen ziemlich schlecht wegkommen. Dies schürt den Neid und Hass der Brüder noch mehr, bis ihnen schließlich der Kragen platzt: Sie packen Josef, werfen ihn in eine leere Zisterne und wollen ihn töten. Doch letztlich verkaufen sie ihn als Sklave nach Ägypten. Erst über zwanzig Jahre später werden sie ihren Bruder wiedersehen (1. Mose 37,2; 41,46.53). Josef erlebt viel Schweres, aber er widersteht den Versuchungen und bleibt Gott treu. Nach seinem Dienst als Sklave landet er sogar im Gefängnis, weil er zu Unrecht beschuldigt wird. Doch immer wieder erlebt er, dass der Herr bei ihm und mit ihm ist und dass ihm Gott Gelingen und Glück schenkt bei allem, was Josef tut. Später gibt es ein berührendes Wiedersehen mit seiner Familie – nach einem langen, schweren Weg. Josef kann am Ende zu seinen Brüdern sagen: *„Ihr wolltet mir Böses tun, doch Gott hat Gutes daraus entstehen lassen."* (1. Mose 50,20) Es lohnt sich, diese Familiengeschichte einmal genau nachzulesen!

Zwei Geschichten aus der Schatztruhe des Lebens

Marco erlebte eine heftige Pubertätszeit. Er hatte Wutausbrüche, bekam ständig Streit mit seinen Eltern und Geschwistern, geriet in eine Jugendbande, begann zu klauen und Drogen zu nehmen. Später schloss er sich einer Jugendsekte an und brach den Kontakt zur Familie vollständig ab. Seine Familie war über Jahre hinweg in großer Sorge um Marco und versuchte immer wieder, Kontakt mit ihm herzustellen, doch vergeblich.

Wie durch ein Wunder kam Marco von der Sekte los und stand eines Tages wie der verlorene Sohn vor der Tür seines Elternhauses. Damit waren nicht alle Probleme gelöst, doch er und seine Eltern gingen einen gemeinsamen Weg der Aufarbeitung, Vergebung und Versöhnung. Dazu brauchte es von jedem die Bereitschaft und Offenheit für Klärung.

***

Katharina musste während des Zweiten Weltkriegs als Jugendliche flüchten. Ihre Familie hatte wie so viele keine andere Wahl als alles zurückzulassen und nur das Nötigste mitzunehmen. Unterwegs verlor sie zwischendurch ihre Eltern und wusste nicht, wie es weitergehen sollte. Katharina und ihre Schwester schlugen sich zu zweit weiter durch, konnten zwischendurch bei der einen oder anderen Bauernfamilie oder auch im Wald übernachten, aber immer mussten sie weiterziehen, um aus der Gefahrenzone zu kommen. Die Russen kamen immer näher. Verluste, Ängste, Sorgen, Fragen … waren die täglichen Begleiter auf der Flucht und begleiteten sie auch weiterhin, als sie im Flüchtlingsheim angekommen war und sogar ihre Eltern wiedergefunden hatte. Die traumatischen Erlebnisse hatten sich tief in Katharinas Seele eingegraben. Ja, nun hieß es, das Beste aus der Situation zu machen und nicht zu verzweifeln … aber wie?

Ein junger, schöner, großer König (1. Samuel 9-10)

Das Volk Israel verlangt nach einem eigenen König, nachdem es sich mit den anderen Völkern ringsherum verglichen hat, die alle auch einen König haben. Gott lässt ihnen schließlich ihren Willen und sucht einen jungen Mann aus, den er vom Propheten Samuel zum König salben lässt. Dieser junge Mann Saul (übersetzt *der Erbetene*) wird folgendermaßen beschrieben: *Der sah gut aus, war stattlich und kräftig gebaut und einen Kopf größer als alle Israeliten* (1. Samuel 9,2).

Saul wird von Gott erwählt, doch für die Aufgabe als König ist noch eine innere Veränderung nötig. Samuel sagt ihm, dass er umgewandelt und ein anderer Mensch wird (1. Samuel 10,6), und Gott gibt ihm ein anderes Herz (1. Samuel 10,9). So kann er die Regierung antreten und das Volk leiten. Solange er Gott gehorsam ist, ist er ein guter König. Als er aber anfängt, in Eigenregie zu entscheiden und in Bereiche hineinzuwirken, die ihm nicht zustehen, wird er von Gott verworfen. Gott sucht sich einen anderen Mann nach seinem Herzen: David (1. Samuel 13,14).

Was fällt mir zum Thema „Schönheit" in meiner Jugend ein? Wie wichtig war diese Thematik?

Es ist wohl eine der größten Herausforderungen in den Jugendjahren, nicht bei allem mitzumachen, nicht jedem zu glauben und dem Druck der Gruppe standzuhalten. Wenn es ein Jugendlicher bzw. eine Jugendliche schafft, selbstbewusst den eigenen Weg mit Gott zu gehen, ohne ständig von der Meinung anderer abhängig zu sein, dann ist dies ein reifer und großer Schritt auf dem Weg der Persönlichkeitsentwicklung.

Die Zugehörigkeit zu einer Gruppe ist und bleibt im Jugendalter wichtig. Doch entscheidend ist, welche Gruppe gewählt wird und welche Persönlichkeiten und Charaktere darin sind. Wer nicht mitmacht, wer sich dem Druck der Gruppe nicht fügt und im System nicht mitspielt, sich auch nicht ständig mit anderen vergleicht, was diese haben oder sind, steht allerdings in der Gefahr, zum Außenseiter gemacht zu werden. Hilfreich ist hier, sich immer wieder bewusst zu machen: Ich bin wertvoll, kostbar, angenommen, geliebt, einzigartig ... in Gottes Augen. Das genügt. Ich habe es nicht nötig, bestimmte Dinge zu sagen oder zu tun, nur um bei anderen dazuzugehören. Ich gehöre zu Gott!

Gehörte ich als Jugendliche zu einer Gruppe bzw. Clique, oder war ich eher bei den Außenseitern anzutreffen?

Gott braucht nicht nur große Leute (1. Samuel 16-17)

Gott schickt den Propheten Samuel zum Bethlehemiter Isai und gibt ihm den Auftrag, einen seiner Söhne zum König zu salben. Nach Samuels Vorstellungen und Erwartungen müsste dies der Älteste Eliab sein, aber da hat Samuel falsch gedacht. Es ist nicht der Älteste, nicht der Stärkste, nicht der Größte ... Gott sieht nicht aufs Äußere, sondern aufs Herz: *„Denn ich urteile nach anderen Maßstäben als die Menschen. Für die Menschen ist wichtig, was sie mit den Augen wahrnehmen können; ich dagegen schaue* *jedem Menschen ins Herz."* (1. Samuel 16,7) So bleibt schließlich nur noch der Jüngste übrig, der nicht einmal da ist, sondern die Schafe auf dem Feld hütet. David wird geholt. Er ist weder mickerig noch hässlich, sondern *er war ein gut aussehender junger Mann, braun gebrannt und mit schönen Augen* (1. Samuel 16,12).

Dass David noch sehr jung war, zeigt die Tatsache, dass er noch nicht in den Krieg ziehen durfte. Nur die ältesten Söhne von Isai waren Soldaten in Sauls Armee. Die anderen fünf Söhne waren vermutlich noch zu jung. Als David Saul darum bittet, gegen Goliath kämpfen zu dürfen, ist der König erst gar nicht einverstanden und sagt: *„Wie soll ein junger Mann wie du den Zweikampf mit diesem Philister gewinnen? Du bist ja fast noch ein Kind, er aber ist ein erfahrener Soldat, der von Jugend auf gelernt hat, mit Waffen umzugehen."* (1. Samuel 17,33) Doch schließlich willigt Saul ein, aber er will ihm eine Rüstung anlegen, unter der David fast zusammenbricht. David müht sich vergeblich, mit der Rüstung zu laufen (1. Samuel 17,39). Sein Körper ist noch nicht ausgewachsen und passt nicht in die Rüstung. So kämpft David schließlich nur mit seinem Stab, mit seiner Schleuder und fünf glatten Steinen – und mit der Hilfe des Herrn! Es ist vorbildlich, wie mutig der junge David dem Feind entgegentritt und den Spötter und Gotteslästerer Goliath besiegt.

Auch heute noch richtet sich Gott nicht nach unseren menschlichen Maßstäben und Vorstellungen. Er sieht das Herz an.

 Eine Geschichte aus der Schatztruhe des Lebens

Claire erinnert sich:

In meiner Jugend erlebte ich es regelmäßig, wie andere – vor allem Mitschülerinnen – von oben herab behandelt, beurteilt und verurteilt wurden. Es wurde hemmungslos gelästert und üble Geschichten verbreitet. Ich versuchte immer wieder, bei diesen Lästereien nicht mitzumachen und mich zurückzuhalten. Andererseits war mir klar, dass sicherlich auch über mich so gelästert und geredet wurde, wenn ich nicht mitmachte. Schade eigentlich! So kamen wir nie dazu, die anderen so kennenzulernen, wie sie wirklich waren, da wir voller Vorurteile waren. Und wer ständig Zielscheibe von bösem Gerede wird, erlebt wohl auch mit der Zeit eine Grundverunsicherung in seinem Selbstbewusstsein. Mit der Zeit gesellte ich mich zur Gruppe der Außenseiterinnen. Nicht dass ich mich dort unbedingt wohlgefühlt hätte – denn nun war auch ich offensichtlich zur Zielscheibe geworden –, aber es war mir lieber, mit diesen Mädchen „normale" Gespräche zu führen, als mich ständig auf Kosten der anderen lustig zu machen.

Die Muster und Methoden waren auch im Erwachsenen- und Berufsleben nicht anders. Der „Kindergarten" ging genauso weiter, einfach viel subtiler und verdeckter als in der Schule.

Freunde fürs Leben und darüber hinaus (1. Samuel 18-20)

In 1. Samuel 18-20 wird uns von einer einzigartigen Freundschaft berichtet: David und Jonatan, der Sohn von Saul, werden Freunde und halten zusammen, helfen einander und sind mit dem Herzen verbunden.

Vom ersten Augenblick an liebte Jonatan David sehr, ja, er liebte ihn mehr als sein eigenes Leben ... David und Jonatan schlossen einen Bund und schworen sich ewige Freundschaft. (1. Samuel 18,1.3)

Weil Jonatan David sehr liebt, hilft er ihm und rettet ihn immer wieder vor den Angriffen und Mordanschlägen seines Vaters Saul, der ihn aus Eifersucht umbringen will. (1. Samuel 19,1-7). Schließlich befestigen David und Jonatan ihren Freundschaftsbund und versprechen, einander zu helfen, füreinander da zu sein, aneinander Barmherzigkeit zu üben, ebenso an den Nachkommen. *Er (Jonatan) bat David: „Schwör mir, dass du dich so sicher daran halten wirst, wie du mich heute als deinen Freund liebst." Jonatan liebte David nämlich wie sein eigenes Leben.* (1. Samuel 20,17).

Schließlich verabschieden sie sich voneinander und ihre Wege trennen sich, weil David vor Saul fliehen muss. (1. Samuel 20,41.42)

Nach dem Tod von Jonatan, als David König ist, erweist er tatsächlich am Haus von Jonatan Barmherzigkeit. Er nimmt den behinderten Sohn von Jonatan – Mefi-Boschet, der als Kind bei einem Unfall verletzt wurde – bei sich auf und lässt ihn an seinem Tisch essen. Auch gibt er ihm den ganzen Besitz von Saul zurück (2. Samuel 4,4; 2. Samuel 9).

Gute Freundschaften helfen uns im Leben und verweisen auch immer auf Gott als den besten Freund (Exodus 33,11; Jakobus 2,23). Gerade in Sachen Freundschaften lohnt es sich genauer hinzuschauen!

 Eine Geschichte aus der Schatztruhe des Lebens

Verena erzählt:

Viele Freunde hatte ich nicht in meiner Jugend, aber mit den wenigen pflegte ich einen regelmäßigen und tiefen Austausch. Am schönsten fand ich es, wenn wir zusammen singen und beten konnten. Mit einer Freundin machte ich sogar „Gebetsmärsche", wenn wir morgens vom Bahnhof zur Schule liefen.

Doch ich trug auch meine Verletzungen mit mir herum, was Freundschaften anging. So war ich als Kind oft versetzt worden. Wenn ich mich mit jemand verabredet hatte, konnte es vorkommen, dass die betreffende „Freundin" auf einmal nicht zu Hause war oder sich plötzlich mit einem anderen Mädchen verabredet hatte. Auch als ich älter wurde, kam dies vor. So eignete ich mir innerlich eine Methode an, um mich zu schützen. Ich sagte mir: „Es kann gut sein, dass x oder y doch nicht kann, dass sie nicht da ist oder wieder absagt." Im Grunde genommen stellte ich mich innerlich schon auf eine derartige Meldung ein und war dann eher überrascht, wenn ein Treffen tatsächlich klappte, ohne dass eine Ausrede kam.

Noch heute habe ich wenige Freundinnen; zum Teil leben diese auch weit weg. Was zählt, sind inzwischen nicht mehr die Häufig-

keit und Regelmäßigkeit der Treffen, sondern die Verbundenheit in Jesus Christus – und dies ist selbst dann möglich, wenn Kilometer oder Wochen dazwischenliegen.

Salomo – die Weisheit in Person (1. Könige 2f.)

Von Anfang an steht über Salomo Gottes Liebe. 2. Samuel 12,24 bezeugt: *Der Herr liebte das Kind.* Auch sein Beiname Jedidja bestätigt diese Liebe, denn Jedidja bedeutet *Liebling des Herrn* (V. 25).

Kurz vor seinem Tod gibt König David seinem Thronfolger Salomo noch wichtige Anweisungen mit auf den Weg. Er sagt ihm: *Ich weiß, dass ich bald sterben werde. Jetzt musst du deinen Mann stehen. Sei stark, mein Sohn! Richte dein ganzes Leben nach dem Herrn, deinem Gott, aus, und lebe, wie es ihm gefällt! Befolge das Gesetz Gottes, achte auf jedes Gebot, jeden Befehl und jede Weisung, die im Gesetzbuch des Mose aufgeschrieben sind. Dann wird dir alles, was du unternimmst, gelingen; wohin du auch gehst – der Erfolg ist dir sicher! Dann wird der Herr auch sein Versprechen einlösen, das er mir gegeben hat. Er hat nämlich zu mir gesagt: „Wenn deine Nachkommen ein Leben führen, das mir gefällt, wenn sie mir von ganzem Herzen die Treue halten, dann wird immer einer von ihnen König über Israel sein."* (1. Könige 2,2-4)

Salomo war bei seinem Amtsantritt vermutlich etwa 20 Jahre alt. Er war ein weiser König und ein guter Herrscher. Auch er hatte den Herrn lieb und wandelte nach den Satzungen seines Vaters David. Leider verschwägerte er sich mit zu vielen ausländischen Herrschern und ging Bindungen mit Frauen ein, die ihn letztlich von Gott wegbrachten.

Von Salomo wird uns berichtet, dass er einen Wunsch frei hatte – fast wie im Märchen, aber noch schöner, denn er durfte sich von Gott etwas wünschen (1. Könige 3). Gott erscheint Salomo im Traum und sagt ihm: *Erbitte von mir, was du willst!* Salomo hätte nun alle Möglichkeiten gehabt, aber er sagt: *Ich aber bin noch jung und unerfahren ... Gib mir ein Herz, das auf dich hört, damit ich gerechte Urteile fällen und zwischen Recht und Unrecht entscheiden kann.*

Dieser Wunsch gefällt Gott, und er antwortet Salomo: *Ich freue mich, dass du dir nicht ein langes Leben gewünscht hast, auch nicht Reichtum oder den Tod deiner Feinde. Du hast mich um Weisheit gebeten, weil du ein guter Richter sein willst. Du sollst bekommen, was du dir wünschst! Ich will dich so weise und einsichtsvoll machen, wie es vor dir noch niemand war und auch nach dir niemand mehr sein wird. Aber ich will dir auch das geben, worum du nicht gebeten hast: Reichtum und Macht … Wenn du so lebst, wie es mir gefällt, … dann werde ich dir auch ein langes Leben schenken.*

Salomo wird der weiseste, reichste und berühmteste König weit und breit. Von weit her kommen Besucher und Besucherinnen zu ihm, die seine Weisheit hören und miterleben möchten.

Was hätte ich mir wohl an Salomos Stelle von Gott gewünscht, wenn er mir einen Wunsch gewährt hätte?

Was wünsche ich mir für mein Leben von Gott? Ich darf Gott diesen Herzenswunsch mitteilen.

Auch andere Könige waren sehr jung, als sie die Regierung übernahmen: Asarja war 16-jährig, als er Mitregent seines Vaters wurde, Manasse war erst 12 Jahre alt. Jojachin bestieg den Thron im Alter von 18 Jahren, der letzte König Zedekia mit 21.

Eine junge Frau rettet ihr Volk (Buch Esther)

Frauen wurden zu biblischen Zeiten in der Regel schon als Jugendliche verheiratet. So war wohl auch Hadassa, als sie an den Königshof in Persien kam, noch sehr jung. Ihr persischer Name „Esther" bedeutet *Stern* bzw. *Jungfrau*. Sie wurde schließlich Gemahlin des persischen Königs Ahasveros (Xerxes I.) und somit Königin. Mit Klugheit und Umsicht sowie mit dem Rat ihres Onkels und Pflegevaters Mordechai rettete sie ihr Volk vor der Vernichtung. Zur Erinnerung an ihre Rettung durch Königin Esther feiern die Juden heute noch das Purimfest.

Jugendliche im Neuen Testament
Auch im Neuen Testament wird uns von jungen Menschen und ihrer Lebenssituation berichtet:
In Lukas 7,11-17 finden wir die Geschichte von dem **Jüngling zu Nain**. Als Jesus mit seinen Jüngern in die Stadt Nain gehen will, kommt ihnen ein Trauerzug entgegen. Eine Mutter, die schon ihren Mann verloren hat, muss nun auch ihren einzigen Sohn zu Grabe tragen. Mit ihrem Sohn verliert sie alles: ihre Zukunft, ihre Hoffnung, ihre Altersversorgung. Jesus hat tiefes Mitleid mit der Frau und schenkt ihr neue Hoffnung, indem er ihren Sohn auferweckt und ihr erneut anvertraut.

Ein Kapitel später geschieht ein ähnlicher Fall. Lukas 8 berichtet, dass die zwölfjährige **Tochter des Jairus** todkrank ist. Jairus sucht Jesus auf und bittet ihn um Hilfe. Jesus kommt mit ihm mit, wird aber unterwegs aufgehalten. In der Zwischenzeit stirbt das Kind. Jesus spricht dem Vater Mut zu, geht zu ihm ins Haus, wo die Leute schon klagen und weinen, und sagt: *Hört auf zu weinen! Das Kind ist nicht tot, es schläft nur!*
Er geht auf das Mädchen zu, nimmt sie bei der Hand und ruft: *Kind, steh auf!* Ihr Geist kommt wieder zurück und das Mädchen steht auf. Jesus gibt noch die Anweisung, ihr zu essen zu geben und niemandem von dem Ereignis weiterzuerzählen.

Onesimus ist ein Sklave, der seinem Herrn Philemon in Kolossä dient. Er läuft seinem Herrn davon und reist zu Paulus nach Rom. Dort kommt er zum Glauben an Jesus Christus. Paulus schickt ihn mit dem Philemonbrief nach Kolossä zurück. In diesem Schreiben legt er ein gutes Wort für Onesimus ein. Er schreibt in Vers 10-12: *Es geht um deinen Sklaven Onesimus, der … für mich wie ein Sohn geworden ist. Möglich, dass er früher … für dich nicht besonders nützlich war. Aber wie viel Nutzen kann er nun dir und mir bringen! Ich schicke ihn jetzt zu dir zurück und mit ihm mein eigenes Herz.*
Wir wissen nicht, wie alt Onesimus war und in welchem Alter

er in die Sklaverei kam, aber es ist durchaus möglich, dass er noch sehr jung war.

Ratschläge und Weisheiten aus der Bibel
Die Bibel gibt jungen Menschen Lebenstipps und verschiedene Hinweise als Vorbereitung auf das Leben:

Wie wird ein junger Mann seinen Weg unsträflich gehen? Wenn er sich hält an deine Worte. (Psalm 119,9 nach Luther)

Wodurch hält ein junger Mensch seinen Weg frei von Schuld? Indem er sich nach deinem Wort, „Herr", richtet. (Psalm 119,9 nach NGÜ)

Denk schon als junger Mensch an deinen Schöpfer, bevor die beschwerlichen Tage kommen und die Jahre näher rücken, in denen du keine Freude mehr am Leben hast. (Prediger 12,1)

Ziel in der Bibel ist es, dass ein Mensch innerlich reif wird, vernünftig und weise und sich von Herzen an Gottes Wort und Weisungen hält.

 Schatztruhen-Zeit

Persönliche Fragen zum Nachdenken / Impulse zum Vertiefen
- ⇨ Welche Erinnerungen habe ich an meine eigene Jugend? Welche Herausforderungen gab es zu bewältigen? Welche Krisen habe ich erlebt? Was war gut? Was war schwierig?
- ⇨ Wo war ich in meiner Jugend zu naiv, verführbar, leichtgläubig, was mir (fast) zum Verhängnis wurde?
- ⇨ Habe ich persönlich eine Berufung in jungen Jahren erlebt? Den Ruf für einen bestimmten Beruf, in den vollzeitlichen Dienst oder dazu, mich einer Kommunität anzuschließen?
- ⇨ Wer hatte in meiner Jugend Vorbildfunktion? Wer war mein „Star"? Wem habe ich nachgeeifert? Wie wollte ich sein?
- ⇨ Von wem konnte ich Tipps und Ratschläge gut annehmen und habe sie nicht als „Schläge" empfunden?

- Wen habe ich um Rat gefragt? Wem konnte ich vertrauen? Wer hat mich in meiner Jugend unterstützt und mir geholfen?
- Welche Erinnerungen habe ich an meine erste Beziehung zum anderen Geschlecht? Was habe ich gut erlebt? Was war schwierig? Wo trage ich noch Wunden von damals?
- Habe ich persönlich Streit, Neid, Missgunst, Konkurrenzkämpfe mit meinen Geschwistern oder Gleichaltrigen erlebt? Was davon ist mir noch in Erinnerung? Wie? Erlebe ich heute noch Ähnliches?
- Habe ich selbst in meiner Jugend körperliche, sexuelle, psychische Übergriffe erlebt? Welche? Wie bin ich damit umgegangen? Was oder wer hat mir geholfen? Wie bin ich darüber hinweggekommen bzw. habe Heilung erlebt?
- Habe ich durch einen Schicksalsschlag, Krieg oder Konflikte meine Familie bzw. ein Familienmitglied verloren? Wie ist dies passiert? Gab es einen Bruch in meiner Familie?
- Musste ich aufgrund von äußeren Einflüssen meine Heimat verlassen, vielleicht sogar andere Menschen und meinen Besitz zurücklassen?
- Welchen Versuchungen konnte ich in meiner Jugend widerstehen?
- Habe auch ich erlebt, dass Gott bei und mit mir ist?
- Welche Rolle spielten während meiner Jugend Schönheit, Körpergröße bzw. das Äußere in meiner Familie und in meinem Umfeld? Wie wichtig ist dieses Thema heute? Welche Versuche habe ich unternommen, um schöner zu sein?
- Habe ich in meiner Jugend eine Veränderung bzw. Erneuerung meiner Persönlichkeit durch Gott erfahren?
- Welche Vorurteile und Meinungen herrschten in meiner Jugend vor? Wer wurde wie beurteilt?
- Welche Bedeutung hatten innere Werte – für meine Familie, für mich …?
- Wann kam es in meinem Leben ganz anders, als ich dachte, als ich mir vorgestellt oder geplant hatte? Inwiefern?

- ⇨ Welchen Herausforderungen, Bedrohungen, Spöttereien stand ich als Jugendliche/r gegenüber?
- ⇨ Inwiefern habe ich in meiner Jugend Gottes Hilfe erfahren? Wo fehlte sie mir?
- ⇨ Welchen Freund / welche Freundin hatte ich, dem/der ich mich anvertrauen konnte und mit dem/der ich mit dem Herzen verbunden war? Wie haben wir unsere Freundschaft gepflegt? Was war das Besondere an unserer Beziehung?
- ⇨ Was gehört für mich zu einer echten Freundschaft?
- ⇨ Wo habe ich in meiner Jugend die Grenzen anderer missachtet bzw. überschritten und verletzt? Gibt es die Möglichkeit, jetzt noch um Vergebung zu bitten?
- ⇨ Wo wurden meine eigenen Grenzen von anderen Menschen missachtet bzw. überschritten und verletzt? Konnte ich diesen Menschen vergeben, oder trage ich noch Verletzungen, offene Wunden, Wut, Hass, Bitterkeit in mir?
- ⇨ Welche Wünsche hatte ich in meiner Jugendzeit? Was hätte ich mir gewünscht, wenn Gott mir einen Wunsch gewährt hätte? Was würde ich mir heute wünschen?
- ⇨ Wie wurde ich anderen Menschen in meiner Jugendzeit zur Ermutigung, Hilfe, Unterstützung, „Rettung"?
- ⇨ Wie war meine Sohn-Mutter-Beziehung bzw. Tochter-Mutter-Beziehung?
- ⇨ Wie erlebte ich meine Sohn-Vater-Beziehung bzw. Tochter-Vater-Beziehung?
- ⇨ Fühlte ich mich in meiner Jugend für andere Menschen verantwortlich? Inwiefern sorgte ich für Geschwister, Eltern, Verwandte?
- ⇨ Erlebte ich, von einem Elternteil überbehütet zu werden, und hatte ich Mühe, mich aus dieser Beziehung zu lösen?
- ⇨ Gab es in meiner Verwandtschaft den Tod einer Beziehung, aber auch einen Neuanfang? Wie kam es dazu?
- ⇨ Gab es in meiner Jugend Lebensbereiche, in denen ich wie tot war? Wo wurden mein Leben und meine Lebensmöglichkeiten eingeschränkt, unterdrückt? Was wurde mir versagt?

- ↪ Freute ich mich als Jugendliche auf das Erwachsenwerden? Worauf? Was machte mir Angst?
- ↪ Bin ich einmal von zu Hause weggelaufen bzw. spielte ich mit dem Gedanken abzuhauen? Warum wollte ich weg? Was war schwierig? Was war mein Ziel? Wo wollte ich hin? Was erhoffte ich mir?
- ↪ Bei wem suchte ich Zuflucht? Wo fand ich Hilfe?
- ↪ Wer legte ein gutes Wort für mich ein?
- ↪ Welche der Geschichten von Jugendlichen in der Bibel spricht mich am meisten an? Warum? Wo sehe ich zu meinem eigenen Leben Parallelen?
- ↪ Welcher Tipp hätte mir als junger Mensch möglicherweise geholfen oder mich vor manchen Schwierigkeiten bewahrt?

Innehalten

Wer bin ich?[7]

Vor den anderen ... in der Schule bin ich oft traurig und rede ganz wenig, weil ich Angst habe, etwas falsch zu machen und sie mich nachher noch mehr ausschließen als vorher.
Aber wenn ich ehrlich bin ... würde ich einfach gerne so sein, wie ich wirklich bin, nämlich eine offene und fröhliche Person.

Wer bin ich?

Vor den anderen ... bin ich gelassen und cool. Ich zeige ihnen nicht, wie sehr mich ihre Kommentare manchmal nerven.
Aber wenn ich ehrlich bin ... dann regt es mich mega auf.
Ich bin genervt und wütend.

---

7 Verfasst von Schweizer Jugendlichen im Jahr 2009, ursprünglich auf Schweizerdeutsch, angelehnt an das Gedicht „Wer bin ich?" von Dietrich Bonhoeffer. Ins Hochdeutsche übertragen von Sabine Herold.

Wer bin ich?
Vor den anderen ... vor meinem Chef tue ich immer so, als wäre ich mega an der Arbeit interessiert und dass ich schon etwas davon weiß ...
Aber wenn ich ehrlich bin ... ist es mir immer langweilig. Ich interessiere mich gar nicht für seine Themen und würde am liebsten gar nicht arbeiten gehen, aber irgendwie muss ich ja mein Geld verdienen.

Wer bin ich?
Vor den anderen ... tue ich so, als ob ich ganz frei wäre und alles machen dürfte, was ich will; als hätte ich das beste Leben von allen, als hätte ich keine Verpflichtungen und müsste nichts machen, was man mir sagt ...
Aber wenn ich ehrlich bin ... bin ich gar nicht so frei, wie ich behaupte. Ich bin in dem gefangen, wie *man* sein muss.

Wer bin ich?
Vor den anderen ... tue ich glücklich und als hätte ich ein tolles Leben, weil ich mir alles leisten kann (dank meiner Eltern).
Aber wenn ich ehrlich bin ... bin ich leer, unglücklich und würde am liebsten anfangen zu weinen, denn mit Geld kann man zwar viel kaufen, aber kein echtes Glück.

Wer bin ich?
Vor den anderen ... bin ich eine nette Person, die allen hilft. Ich tröste meine Freunde und mache ihnen Mut.
Ich möchte es möglichst allen recht machen.
Aber wenn ich ehrlich bin ... bin ich ganz anders. Ich bin oft müde und bräuchte eigentlich selbst Ermutigung.

Wer bin ich?
Vor den anderen ... gebe ich mich stark, vorlaut, aggressiv und frech. Alle sagen, ich hätte eine harte Schale.
Aber wenn ich ehrlich bin ... bin ich ganz anders. Ich tue einfach

so. Aber auch ich habe ein Herz und bin weder böse noch aggressiv. Ich wünschte, die anderen würden sehen, wie ich wirklich bin …

Wer bin ich?
Vor den anderen … bin ich immer fröhlich, glücklich und finde alles lustig. Ich erzähle Witze und mache Späßchen. Ich bin für die anderen ein Sonnenschein,
der nie Probleme daheim oder mit anderen hat.
Aber wenn ich ehrlich bin … bin ich oft traurig und unglücklich. Ich habe viele Probleme und bin mit meinem Leben überhaupt nicht zufrieden.

Bin ich das wirklich, was andere von mir sagen?
Oder bin ich nur das, was ich selber von mir weiß?
Wer bin ich? Der oder dieser? Die oder jene?
Bin ich heute die und morgen ein anderer?
Bin ich beides zugleich?

Wer bin ich?
Oh Gott, wer auch immer ich bin, du kennst mich, zu dir gehöre ich!

 Drei Geschichten aus der Schatztruhe des Lebens

Aus Evas Leben:
Alles begann damit, dass ich einen riesigen Schock bekam, als ich mich – ich war gerade 15 Jahre alt – nach einem dreiwöchigen wunderschönen Griechenlandurlaub wieder auf die Waage stellte: Waaaas? So vieeeeeeeeeel? Ich hatte innerhalb von drei Wochen vier Kilogramm zugenommen – das war einfach zu viel! Von nun an fasste ich den Entschluss abzunehmen.
Ich stellte meine Essgewohnheiten um, aß morgens viel und abends

wenig, verzichtete auf Süßigkeiten und erreichte relativ mühelos mein altes Gewicht wieder.

Eigentlich hätte meine „Abnehmgeschichte" schon jetzt ihr Ende nehmen können, doch war dies nur der „Vorspann". Mit meinem erreichten Gewicht war ich nicht wirklich zufrieden und dachte mir: „Noch ein Kilo weniger kann nie schaden. Dann hast du wenigstens ein wenig Spielraum nach oben." Und so wurde das nächste Pfund abtrainiert. Ich aß noch weniger, trieb nebenbei Gymnastik, joggte und rannte viel, hüpfte Seil, raste mit dem Fahrrad herum und war beim Schulsport engagiert dabei. Das Abnehmen machte mir Spaß und wurde mit der Zeit sogar zu einer Art Hobby.

Seit meinem ersten „Hungertag" waren inzwischen zwei Monate vergangen, als plötzlich mein Großvater starb. Dies war ein harter Schlag für mich, weil er zu meinen engsten Bezugspersonen gehört hatte. Er war fast immer für mich da, hörte mir zu, betete mit mir und für mich. Bei ihm durfte ich mir alles von der Seele reden. Ich fühlte mich willkommen und angenommen.

Doch nun war er nicht mehr da. Die Beerdigung war für mich furchtbar.

Am Abend zog ich mich zurück, kämpfte gegen meine Hungergefühle an, leugnete sie und trauerte. Von nun an drehte ich mich nur noch um mich selbst, meinen Körper, die Kalorien, das Essen und ums Abnehmen. Ich lebte förmlich auf den morgendlichen Augenblick hin, an dem ich regelmäßig auf die Waage stieg, um mein Gewicht zu kontrollieren. Bald hing meine gesamte Laune und Stimmung von diesem Moment ab. Wenn ich abgenommen hatte, war alles in Ordnung. Dann ging es mir gut, weil ich mein Ziel erreicht hatte. Ich fühlte mich besser als die anderen, weil ich nicht so viel essen musste wie sie, sondern mich beherrschen und hungern konnte. Aber wehe, wenn die Waage gleichviel oder sogar mehr als am Vortag anzeigte. Für mich brach dann regelrecht eine Welt zusammen. Ich hasste mich selbst und meinen Körper und bestrafte ihn mit noch weniger Essen, noch mehr Bewegung. Mein Ziel war es, die absolute Kontrolle über mich zu haben. Ich wollte im Bereich meines Körpers selbst bestimmten und herrschen.

Für meine Eltern war es schlimm, zu sehen, wie ich immer weniger wurde. Am Anfang dachten sie wohl, dass das ein typischer Pubertäts-Spleen war, der sich von alleine wieder beheben würde. Manchmal sagten sie mir: „Wenn du so weitermachst, wirst du noch magersüchtig!"

„Quatsch!", erwiderte ich. Für Magersucht war ich doch noch viel zu „fett"!

Zutiefst sehnte ich mich nach Aufmerksamkeit und Anerkennung – von mir selbst, aber auch von anderen. Ich wollte gut und dünn sein, sportlich und hilfsbereit. So konzentrierte ich mich nicht allein aufs Abnehmen, sondern begann parallel dazu, so viel wie möglich für die Schule zu lernen und meine Noten zu steigern. Bald war ich nicht einmal mehr mit einem „Gut" zufrieden. Da meine Mutter sich sehr auf meine jüngste Schwester konzentrierte, versuchte ich mit allen Mitteln, ihre Aufmerksamkeit auf mich zu ziehen, indem ich ihr half, wo ich nur konnte. Ich stürzte mich vor allem auf die Arbeiten, bei denen ein hoher Kalorienverbrauch garantiert war. Ich merkte, wie sie sich über meine Hilfe freute, und so entlastete ich sie von Woche zu Woche mehr. Ich wollte gelobt werden, lechzte nach Liebe und Bewunderung. Mit der Zeit wurde das Lernen zum Zwang; das Abnehmen wurde zum Zwang; das Putzen wurde zum Zwang – genauso wie das Kalorienverbrauchen und Gelobt-werden-Wollen.

Bald fiel es allen auf, wie schlank ich war. Viele bewunderten oder beneideten mich, worauf ich sehr stolz war. Ich wollte immer so bleiben – nein: noch dünner werden. Doch nie war ich zufrieden, denn kaum hatte ich ein Teilziel erreicht, musste es noch besser, perfekter, genauer, mehr, länger, weniger werden. Bald war mein Leben ein einziger Zwang und ich seine Sklavin. Ich verstrickte mich gleichzeitig auch immer mehr in die Lüge, da ich fest und steif behauptete, keinen Hunger zu haben, während meine Gedanken ständig beim Essen waren und ich schier verhungerte.

Meine frühere Lebenslust und Freude verschwand, während ich immer ernster und trübsinniger wurde. Ich verstand nicht, was mit mir los war, und kannte mich bald selbst nicht mehr. Das Leben schien auf einmal so sinnlos zu sein, und immer plagte mich diese schreckliche innere Stimme, die mir Tag und Nacht befahl, ihre Anweisungen auszuführen. Manchmal musste ich mitten in der Nacht aufstehen und hüpfen, um Kalorien zu verbrauchen.

Als ich ein paar Monate später ein Buch über Magersucht las, realisierte ich zum ersten Mal, dass ich auch dieses Problem hatte: Ich war süchtig. Ich versuchte zwar ein paar Tage, mehr zu essen, doch als ich dann das Resultat auf der Waage sah, bekam ich Panik, sodass ich wieder abnehmen musste. Ich merkte mir die Tricks und Diäten dieser Autorin und eignete mir weitere Ess- und Bewegungsgewohnheiten an, durch die ich noch schneller abnehmen konnte. So wurde ich immer weniger und steckte in meinem Teufelskreis fest … bis ich eines Tages zusammenbrach. Nachdem ich im Sportunterricht nicht meine Leistungen erbracht hatte, konnte ich nicht mehr. Alles fiel zusammen wie ein Kartenhaus. Ich war plötzlich zu schwach, Treppen zu steigen oder meine Schultasche zu tragen. Ich wusste, dass ich Hilfe brauchte. Meine Eltern realisierten nun auch, wie ernst die Situation mit mir war.

Nach langem Hin und Her kam ich in eine Klinik für psychosomatische Störungen, wo noch andere Jugendliche mit Essproblemen waren. Ein halbes Jahr lang blieb ich dort, bis mein Gewicht über der untersten Grenze lag. Die Gespräche mit dem Psychologen warfen zwar viele Fragen und Probleme auf, doch auf die Lösungen musste ich selbst kommen. Innerlich wusste ich genau, dass mir nur Gott helfen konnte. Selbst als mein Gewicht wieder stabiler war, kreisten meine Gedanken immer noch ununterbrochen ums Essen, ich rechnete und zählte Kalorien wie zuvor. In der Klinik war eine gläubige Sozialpädagogin, durch die ich Kontakt zu einer Gemeinde und auch zu anderen Christen bekam. Ich erlebte, dass ihr Glaube echt war, und sehnte mich auch nach einer solchen Beziehung zu Jesus. In meiner Heimatgemeinde hatte ich viele Traditionen mitbekommen, und in meinem Kopf saß das Bild eines strafenden, fernen Gottes, der mich nur liebte, wenn ich genug leistete. Als ich wieder entlassen wurde, suchte ich weiterhin den Kontakt zu Christen mit Tiefgang. Ich hatte nach wie vor Angst, zuzunehmen, und wollte mein Gewicht krampfhaft unter Kontrolle behalten. Gott machte mir behutsam klar, dass mein Körper bzw. mein Gewicht mein Götze war. Hier wollte ich herrschen, beherrschen, mir von niemandem hineinreden lassen, und hier konnte ich stolz sein, weil ich meine Ziele erreichte. Nach der Klinik stand ich immer wieder auf der Kippe zu einem Rückfall und wurde erst frei, als ich Gott meinen Götzen übergab.

An einem Wochenende meines Jugendkreises traf mich der Vers aus 1. Korinther 6,19f. mitten ins Herz: „Wisst ihr nicht, dass euer Leib ein Tempel des Heiligen Geistes ist, der in euch ist und den ihr von Gott habt, und dass ihr nicht euch selbst gehört? Denn ihr seid teuer erkauft; darum preist Gott mit eurem Leib."

Mir wurde auf einmal bewusst, dass ich bisher so gelebt hatte, als ob ich mir selbst gehören würde. Aber im Grunde hatte ich Gottes Tempel zerstört. Ich hatte Gott keine Ehre gemacht, indem ich meinen Leib verhungern ließ. Nun schämte ich mich zutiefst und bekannte mit einer Freundin zusammen meine Schuld. Ich gab Gott meinen Götzen und bat ihn um Hilfe. Ich bat Jesus, dass er mich von innen erneuert.

Von diesem Zeitpunkt an erlebte ich, dass ein Prozess begann. Ich wurde vor allem in Gedanken frei, musste immer weniger ans Essen, an Kalorien und an den Kalorienverbrauch denken. Und Jesus erneuerte mich, indem er diese alten Gedankengebäude durch seinen Geist und neue Gedanken von ihm austauschte. Heute weiß ich schon gar nicht mehr, wie viel Kalorien welches Lebensmittel hat, und ich esse zwischenzeitlich wieder alles – mit Genuss!

Wenn ich zurückblicke, merke ich, dass meine Magersucht ein Ausdruck von vielen komplizierten Problemen war und vor allem ein Schrei nach Liebe während der Pubertät. Inzwischen staune ich, was Gott aus all dem hat werden lassen![8]

* * *

---

8 Ausführlich wird Evas Geschichte in dem Buch „Leicht wie ein Schmetterling" erzählt: Verlag der Francke-Buchhandlung, Marburg 2007, ISBN 978-3-86122-960-5.

C. F. erzählt:

Im letzten Dezember hielt ich meine soeben gelieferte Agenda fürs neue Jahr in der Hand. Ich schlug die erste Seite auf – ein Bild von einem Schiffssteg, der vom Betrachter weg aufs Wasser hinausführt.

Was für andere ein ansprechendes, schönes Bild ist, ließ mich für einen kurzen Moment innerlich erschaudern. Die Szene bringt uns an den Anfang der Erzählung aus meinem Leben. In meiner ersten eigenen Wohnung hatte ich ein Bild aufgehängt: einen Schiffssteg in Abendstimmung, das Wasser schon düster.

Diese Wohnung war also mein erstes Domizil außerhalb meines Elternhauses. Ich war mit knapp 21 Jahren dort eingezogen. Das heißt, mehr hingeflüchtet als hingezogen! Wie kam es dazu, da ich weder böse Eltern hatte noch sonst irgendwie verfolgt wurde? Wirklich – meine Eltern hatten sich immer gut um mich gekümmert. Gesellschaftlicher Mittelstand, rege Aktivität in den Dorfvereinen, stabile Familienstrukturen ließen mich wohlbehütet aufwachsen. Ich war fleißig und gut in der Schule, die ich gerne besuchte.

Weiter ging es zur Ausbildung in die nahe gelegene Stadt: Das so weit gut vorbereitete Lebenshaus fiel mit dem ersten Tag an der Berufsschule wie ein Kartenhaus in sich zusammen. Alle bisherigen Sicherheiten – Freunde, Dorfstrukturen, Schulumgebung – waren plötzlich weg. Ich fühlte mich verloren. Woran sollte ich mich orientieren? Was konnte mir Halt geben? Da war ich also Knall auf Fall mit der harten Realität des Erwachsenwerdens und des Lebens überhaupt konfrontiert. Darauf war ich nicht vorbereitet. Schmerzhaft wurde offenbar, dass eine langsame Ablösung in Form einer Teenager-Pubertät bei mir gefehlt hat. Noch nie waren eigene Stimmen in mir laut geworden. Zu still, unbeachtet, schnell verstummend. Wie konnte es so weit kommen, dass sich mein Inneres so ganz verschanzt hatte? Ich weiß es bis heute nicht wirklich.

Der Weg, den ich dann aus dieser Situation heraus beschritt, war über eine lange Zeit ein dunkler, steiniger und zielloser. Er führte durch öde, dunkle Täler, in Abgründe hinunter, um sich dann wieder an Steilhängen hochzuwinden. Kurz – durch ein Gelände, das man lieber nicht durchschreitet. Gab es denn keinen einfache-

ren Weg? Konnte mir denn niemand helfen, diesen zu finden? Noch mehr unbeantwortete Fragen.

Ich wählte den einsamen Weg. Anstatt zu sprechen, füllte ich ein Tagebuch nach dem anderen mit Abhandlungen über verschiedenste Lebensthemen und vor allem darüber, was ich bisher gelernt hatte. Alles prüfte ich, ob es nach meiner Beurteilung stimmte oder nicht. Dabei verlor ich mich immer mehr. Bei dieser „internen Prüfung" verwarf ich mehr oder weniger alles, was bis dahin gegolten hatte. Und es wurde dunkler. Ein Gefühl wie im freien Fall ins schwarze Nichts. Aus meiner anfänglichen Not machte ich Programm und landete zu hundert Prozent in einer rebellischen Grundhaltung. Nicht zu glauben, geschweige denn zu verstehen, was mit dem braven Mädchen von früher in den Jahren zwischen 16 und 18 passierte. Ich lebte fortan die Ablehnung gegen mich selber und die ganze Welt – allerdings nicht sichtbar, dass ich mich anders gekleidet oder extrem „anti" verhalten hätte. Das alles lief vor allem in meinem Innern ab, während ich äußerlich mit etwas schauspielerischem Talent versuchte und es auch irgendwie schaffte, Schule und Alltag bis hin zur fertigen Berufsausbildung durchzustehen.

Aber wonach suchte ich denn eigentlich? Hatte ich überhaupt noch eine Hoffnung in meiner selbst und abschließend erklärten Misere? Gab es noch etwas, worauf ich hörte oder ansprach? Ich vertiefte mich in psychologische Bücher, auf der gierigen, aber erfolglosen Suche nach Dingen, die meiner strengen Wahrheitsprüfung standhielten und an denen ich mich halten konnte. Vor allem stürzte ich mich auf Romane eines bestimmten Autors, der es sich zum Ziel gesetzt hatte, die Wahrheit in sich selbst zu finden. Da ich mich jedoch zuvor schon von allem Innern entledigt hatte und folglich nicht mehr viel in mir drin war, wurde mir diese Lektüre zu einem meiner Abgründe, in die ich in dieser Zeit abstürzte.

Ich zog unter anderem zwei Schlüsse: Der eine lautete, dass jede Autorität schlecht sein müsse. Autorität führte aus meiner damaligen Sicht in jedem Fall zu Ausnützung, Unterdrückung, Missbrauch. Versteht sich von selbst, wie ich mich in den hierarchischen Strukturen, in denen ich mich befunden hatte, verhielt: Auflehnung, Kon-

frontationen und Bestätigung meines Gefühls von Ungerechtigkeit. Mein zweiter Schluss: Es gibt nichts Gutes. Eine Festlegung mit fatalen Folgen. Brutal schlug ich sozusagen den Deckel eines Buches zu, aus dem wenigstens noch ein klein wenig Hoffnung hätte herausdringen können.

Vermutlich klangen meine Antiraucher-Predigten den Leuten noch in den Ohren, als ich selber zu den Glimmstängeln griff. In einem fast feierlichen rituellen Akt, natürlich ganz für mich alleine, schlug ich an dieser Weggabelung den neuen Weg ein und warf damit bewusst eine weitere feste Überzeugung über Bord. Ich war bald offen für Benebelungsmittel der nächsthöheren Klasse. Aus damals unerklärlichen Gründen traf die erwünschte Wirkung bei mir nicht ein, sodass ich es wieder ließ. Ob ich da unter einem gewissen Schutz stand? Mir selber jedenfalls fehlte es total an Einsicht, wie sehr ich mein Leben aufs Spiel setzte, wie gering ich es schätzte und dabei war, es zu zerstören.

Fragte ich je nach Gott in all diesen Jahren? Wie reagierte ich auf meine Freundinnen aus der früheren Schulzeit, die mir von der Hilfe von Jesus erzählten? War ich so in meiner eigenen Sicht der Dinge gefangen, dass ich nie auf die Idee gekommen wäre, Hilfe von außen anzunehmen? Trotz meiner nachtschwarzen Dunkelheit in mir drin? Obwohl ich oft kaum wusste, wie ich den Tag durchstehen sollte? So viel Stolz in meiner Minderwertigkeit?

Ich blieb auf meinem Kurs. Inzwischen hielt ich mein Abschlusszeugnis in der Hand, hatte meine erste Arbeitsstelle gefunden und eben diese Wohnung, in der jenes Bild hing. Aber ich war ohne jegliche Orientierung und fühlte mich allem schutzlos ausgeliefert.

So ging es, bis ich 26 Jahre alt war und einige schwerwiegende Entscheidungen weiter auf diesem düsteren Weg traf. Schließlich stand ich an dem Punkt, wo ich nicht mehr aus noch ein wusste. Und endlich war ich bereit, die ausgestreckte Hand meines Heilandes zu fassen und mich aus diesem Dilemma herausziehen zu lassen. Ich war bereit, von ihm anzunehmen, dass er mich von Last, Leid und Schuld meines Lebens freigekauft hat, indem er sich – selber unschuldig – an meiner Stelle ans Kreuz nageln ließ. Ich begann lang-

sam, mir das neue Leben von ihm schenken zu lassen und aus dieser Gnade heraus zu leben. Plötzlich lag ein Weg vor mir, ein sicherer Grund, um darauf zu stehen und zu gehen. Ganz neu war eine Hand über mir, die mir Schutz gab und mich führte. Und offenbar sagte da jemand einfach Ja zu mir – zu mir, die ich doch so jämmerlich versagt hatte. Ich lernte meinen liebenden Vater im Himmel kennen und erfuhr so vieles von ihm, das eigentlich schon immer gegolten hatte, was ich jedoch weder hatte sehen wollen noch können. Er hat mich lieb! Im zunehmenden Vertrauen konnte ich ihm mein leidendes, schreiendes und noch immer widerspenstiges Herz hinhalten. Meine Öffnung ihm gegenüber ermöglichte die Heilung meines Herzens. Unüberblickbar das Kaputte, die Scherben, Ruinen, ein großes Durcheinander und tiefe Wunden. Was, wie, wann und wo immer es mir möglich war – ich übergab ihm alles. Er nahm sich der Sache an, indem er vieles auf wundersame Weise veränderte, während er bei anderem mehr oder weniger schwierige Entscheidungen und Schritte von mir forderte. In meiner Welt voller Mauern um mich herum bekam ich auch den Mut, solche aus seiner Kraft heraus zu überwinden. Da war ein Duft von Freiheit – erst nur flüchtig an mir vorbeigeweht – schließlich wohltuend und eben befreiend ständig um mich. Mein Vertrauen in Jesus Christus wuchs stetig, da ich seine Hilfe auf meinem noch immer beschwerlichen Weg täglich real erlebte und ihn durch die Bibel immer besser kennenlernte. Meine Einsamkeit verlor sich zunehmend in seiner liebevollen Gegenwart, in der ich Geborgenheit und Sicherheit fand. In der Zweisamkeit mit ihm fing er an, von meinen tausend unbeantworteten Fragen aus meinen Jugendjahren eine nach der anderen zu beantworten. Es fiel mir oft wie Schuppen von den Augen. Und so erlebte ich sachte Versöhnung mit meiner Vergangenheit.

Die Entscheidungen, die ich in meinem bisherigen Leben getroffen hatte, betrafen mehr oder weniger nah viele Leute um mich herum, in erster Linie meine Familie. Es gab viele gegenseitige Verletzungen und Enttäuschungen. Ich wurde bereit, Vergebung anzunehmen und zu geben. Somit wurde auch langsam, mit viel Gnade, die Versöhnung mit meinen Eltern möglich.

Eine wichtige Veränderung betraf einen Bereich, gegen den ich mich über Jahre unbewusst, aber hartnäckig gewehrt hatte: „Verantwortung übernehmen" verwandelte sich vom Ding des Schreckens zu etwas Normalem und Alltäglichem – zu etwas, was meinem Leben Aufgaben, Inhalt und Sinn gab.

Mein himmlischer Vater ist daran, mein hartes Herz durch ein weiches zu ersetzen. Mit viel Freude sehe ich Dankbarkeit wachsen. Wertvoll und kostbar sind mir heute die Perlen, die aus viel Schmerz entstanden sind.

Seit dieser Wende in meinem Leben sind weitere sechzehn Jahre vergangen, und ich halte das Bild in meiner Agenda in der Hand: der Schiffssteg. Wie gesagt, es schaudert mich. Wenn ich bisher an den Schiffssteg in meiner ersten Wohnung dachte, sah ich darin meinen damaligen Weg, der in den Abgrund führte. Was hat mir nun also ein Schiffssteg heute zu sagen? Die Frage blieb ein paar Wochen offen. Schließlich fand ich die verblüffend logische Antwort, die ich noch keinen einzigen Moment in Betracht gezogen hatte: Ein Schiffssteg soll mir ermöglichen, auf das vorbeifahrende Schiff aufzusteigen. Nein, kein Absturz. Bin ich heute bereit, einzusteigen und dem Kapitän zu vertrauen, der das Schiff steuert? Ja, das bin ich.

* * *

Sr. Daisy berichtet:

1946 habe ich in Zürich das Licht der Welt erblickt. Ich wuchs als Einzelkind bei meinen Eltern auf. Schon früh begleitete mein Vater mich in die Sonntagsschule, wo es mir sehr gut gefiel. Beim Mittagessen erzählte ich immer, was wir durchgenommen haben. Später entdeckte ich, dass die andern Kinder ohne Begleitung in die Sonntagsschule kamen. Von da ab ging auch ich ohne Vater, dafür mit andern Kindern dorthin.

Ich war ein sehr kontaktfreudiges Kind. Einmal kam Ruth, das Nachbarsmädchen, zu mir und wir spielten zusammen. Plötzlich wollte sie meine Puppe nehmen, was mir aber gar nicht passte. Wahrscheinlich wurden wir dann laut, sodass meine Mutter dazu-

kam. Sie sagte: „Daisy, wenn du deine Puppe nicht geben willst, kommt Ruth nicht mehr zu dir."

Darauf streckte ich Ruth sofort meine Puppe entgegen, denn es war mir wichtig, dass ich mit ihr spielen konnte. Ja, das war eine Lektion.

Von der ersten bis zur dritten Klasse hatte ich eine gläubige Lehrerin. Die erzählte uns viel von Jesus. Um die Geschichten noch lebendiger werden zu lassen, klebte sie jeweils Figuren auf eine Flanellwand. Das war für mich so spannend und ich wunderte mich, wie diese Dinger überhaupt auf dem Hintergrund haften konnten. Natürlich erzählte ich die Geschichten von Jesus zu Hause. Eines Tages eröffnete ich meiner Mutter, dass ich noch jemanden lieber habe als sie. Wir waren gerade beim Abwaschen. Sie schaute mich erstaunt an und fragte: „Wer ist denn das?" – „Es ist Jesus", war meine Antwort. „So", meinte sie nur kurz. Sie empfand ihn wahrscheinlich nicht als Konkurrenz.

Als ich in der dritten Klasse war, erlitt mein Vater einen leichten Schlaganfall. Zwei Jahre später, nach weiteren Schlaganfällen, starb er. Ich war untröstlich. Meine Mutter und ich konnten in unserer Wohnung bleiben. Wir erhielten eine kleine Pension von der Bank, wo mein Vater angestellt war, sodass meine Mutter nicht arbeiten musste. Das war für mich ein Trost. Wäre die Mutter gestorben, wäre ich wahrscheinlich in ein Kinderheim gekommen. Das wäre für mich sehr schwer gewesen.

Wenig später besuchte meine Mutter eine Evangelisation vom Janz-Team und hörte Leo Janz sagen: „Gerade du brauchst Jesus!" Davon fühlte sie sich sehr angesprochen und dachte: „Gott habe ich ja schon, aber Jesus noch nicht, ich lade ihn in mein Herz ein."

Von da an änderte sich das Leben meiner Mutter. Sie besuchte regelmäßig die Gottesdienste und die Frauenstunden im Ländliheim in Zürich, zu denen sie von einer älteren Nachbarin eingeladen wurde. Sie begann, Kinder zu uns nach Hause einzuladen und ihnen von Jesus zu erzählen. Dann gab sie eifrig christliche Verteilschriften weiter: in der Nachbarschaft, auf den Spaziergängen, in der Straßenbahn. Wo sie eine Gelegenheit fand, legte sie Zeugnis von ihrem Glauben an Jesus ab. Am Mantelkragen hing ein kleines mehrfarbiges Büchlein. Wenn sie jemand darauf ansprach, erklärte sie dem Fragenden den Heilsweg. Obwohl ich grundsätzlich schon dafür war, dass man sich zu Jesus bekannte und ihm diente, fand ich es manchmal schwierig, dass meine Mutter so viel mit andern Leuten sprach anstatt mit mir. Ich war jedes Mal glücklich, wenn sie ihre Traktat-Tasche zu Hause vergaß.

Auch ich ging einmal zur Evangelisation vom Janz-Team und nahm Jesus auf. Aber bei mir veränderte sich das Leben nicht so wie bei meiner Mutter. Ich war damals noch nicht bereit, die Herrschaft über mein Leben ganz Jesus zu geben.

Einmal unternahm meine Mutter mit dem Frauenstundenkreis einen Ausflug nach Iseltwald im Berner Oberland. Dort lernte sie die Sprach- und Handelsschule vom Ländli kennen. Sie erzählte mir begeistert davon und schlug mir vor, diese einjährige Ausbildung zu machen, da ich noch keine Lehrstelle als Drogistin hatte. Damit war ich einverstanden. Ich freute mich darauf, mit andern Mädchen zusammen zu sein, doch ich wollte auf keinen Fall nachher in einem Büro arbeiten.

Nach diesem Jahr im Institut absolvierte ich eine Lehre als Drogistin. Von da an besuchte auch ich regelmäßig die Gottesdienste im Ländliheim und ging in den „Töchterkreis", den eine Schwester leitete. Wir sangen, spielten, lasen in der Bibel, tauschten uns darüber aus, sangen und musizierten in Altersheimen, im Krankenhaus und im Gefängnis. Manchmal durften wir in einem prächtigen Park gegenüber des Ländliheims unsere Zusammenkünfte durchführen. In diesem Kreis lernte ich sehr nette Mädchen kennen. Ab und zu kam es vor, dass eine den Ruf in die Diakonie vernahm. Dann gab es jeweils ein Abschiedsfest. Ich dachte: „Für diese braven Mädchen ist dieser Weg gut, aber ich würde das nie machen." Nein, Diakonisse zu sein war mir entschieden zu altmodisch.

Doch dann passierte etwas Unerwartetes. Meine Freundin, die ich so sehr bewunderte, ging ebenfalls den Weg ins Ländli als Diakonisse. Ich überlegte mir, dass – wenn Gott sie beruft – er ja auch mich rufen könnte, aber das wollte ich dann doch nicht. Natürlich sprach ich mit niemandem über meine Gedanken. Nur zu Gott sagte ich: „Wenn du auch mich rufen willst, muss es mir ein Mensch sagen."

Und dann geschah es. An einer Konferenz in Zürich, an der meine Mutter und ich teilnahmen, bat mich eine Diakonisse, einer Frau den Koffer zum Bahnhof zu tragen. Ich war einverstanden und ging mit der mir unbekannten Frau zum Bahnhof. Als ich ihr dann den Koffer in die Bahn reichte, fragte sie: „Wollen Sie nicht Schwester werden?"

Ich verneinte vehement und sagte: „Nein, ich habe schon einen Beruf." Aber in meinem Herzen wusste ich, dass mich Gott gerufen hat, wie ich ihn erbeten hatte.

Ich bat Gott noch um manches Zeichen und er erhörte mich immer prompt. Als ich merkte, dass Gott wirklich in der Lage ist, alle meine Gebete um Gewissheit zu beantworten, dachte ich: „Ich muss noch einen andern Beruf lernen. Im Ländli haben sie ja keine Drogerie, was soll ich denn dort machen?"

Ich betete, und mir kam der Gedanke, Ergotherapeutin zu werden. Ich meldete mich in dieser Schule an. Als ich mich vorstellen ging, sagte ich zu Gott: „Wenn die mich nehmen, werde ich Diakonisse." Und tatsächlich nahmen sie mich, obwohl es etwa 80 Bewerber/innen gab und sie nur 23 Schüler/innen nehmen konnten.

Während meines ersten Praktikums war ich in der Französischen Schweiz. Wie immer las ich jeden Morgen in der Bibel und kam zu der Stelle, wo Nebukadnezar und sein Heer Jerusalem belagerten. Der König von Juda wollte den Willen Gottes erfragen und wandte sich an den Propheten Jeremia. Er antwortete im Auftrag Gottes: „Du musst dich dem Feind übergeben, dann wirst du, deine Familie und die Stadt gerettet und sonst nicht." Im Bibellesebund stand dazu: „Das ist ein strategisch unlogischer Rat. Das macht man doch nicht: sich dem Feind übergeben."

Das Wort „unlogisch" löste in mir ganz viel aus. Ich fand nämlich den Weg von Gott mit mir auch unlogisch. Aber scheinbar gibt es bei Gott so unlogische Wege. Diesem König ging es auf alle Fälle sehr schlecht, weil er den unlogischen Rat nicht befolgte. Da entschloss ich mich, mich im Ländli anzumelden. Ich schrieb einen kurzen Brief und hoffte insgeheim, dass sie eine Bewerberin mit einem so kurzen Brief nicht nehmen würden. Doch ich irrte. Bald kam die Antwort, dass es recht sei, wenn ich nach der Ausbildung eintreten würde.

Meine Mutter war mit meinem Vorhaben gar nicht einverstanden. Sie verglich mich mit den Schwestern, die sie im Ländliheim kennengelernt hatte. Sie sagte sich: „Nein, Daisy passt überhaupt nicht ins Ländli. Sie ist zu lebhaft, zu laut und lacht viel zu viel. Die Schwestern sind still und ernst. Das wird nie gehen!" Und zudem wollte sie auch gerne Großmutter werden.

Weil ich es aber so sicher wusste, dass der vollzeitliche Dienst im Ländli mein Weg ist, blieb ich fest. Ich muss zwar zugeben, dass ich am Tag meines Eintritts schon glaubte: „So, nun hast du zum letzten Mal gelacht, von jetzt an ist alles ernst und steif und altmodisch. Aber das Leben ist kurz, verglichen mit der Ewigkeit. Ich beiße jetzt halt in diesen sauren Apfel."

Im Ländli angekommen, trat ich über die Schwelle des Mutterhauses. Da hörte ich plötzlich eine Stimme in meinem Herzen: „Jetzt bist du da, wo ich dich haben will." Es kamen Friede und Freude in mein Herz. Und es gefiel mir von Anfang an gut. Als das meine Mutter merkte, war auch sie glücklich und freute sich mit mir. Sie verriet mir, dass sie mich Gott geweiht hatte, als sie zum Glauben an Jesus kam.

4. Endlich erwachsen!?

Frühes Erwachsenenalter: Berufsleben, Auslandserfahrungen, Beziehungen, Intimität

Vorbemerkung: Dieses 4. Kapitel ist eine Art Einleitung ins Thema Erwachsenenleben und schneidet Themen an, von denen einige vertieft in anderen Kapiteln behandelt werden, z. B. das Thema „Lebenskrisen".

Erwachsen sein – Verantwortung übernehmen

Wann ist ein Mensch erwachsen? Genügt die Volljährigkeit oder Geschlechtsreife als Definition? Bei manchen Personen bekommt man den Eindruck, dass sie nie erwachsen wurden; andere wirken schon in jungen Jahren äußerst reif.

Erwachsene sind Menschen, die fähig sind bzw. fähig sein sollten, selbstständige und eigenverantwortliche Entscheidungen zu treffen und die für sich selbst sorgen können. Erwachsene haben im Vergleich zu Jugendlichen sowohl mehr Rechte (Wahlrecht, Alkohol, Führerschein ...) als auch mehr Pflichten sowie Verantwortung (Strafrecht). Eine erwachsene Person muss für ihr Reden und Handeln die Verantwortung übernehmen und die Folgen dafür tragen.

Junge Erwachsene sind dabei, sich von ihrer Herkunftsfamilie abzulösen, machen die ersten Berufserfahrungen und streben nach einem erfolgreichen Leben. Anerkennung und Wertschätzung sind wichtig. Manche gründen schon jetzt eine eigene Familie.

Neben der Herausforderung, selbst für das eigene Leben, Reden, Tun und Lassen verantwortlich zu sein, ist nun auch jede und jeder zuständig, das Leben selbst in die Hand zu nehmen und zu gestalten.

Die Vielfalt des Lebens: Chancen und Herausforderungen

Mit dem Erwachsenenleben eröffnet sich ein großes Spektrum an Lebensthemen, und jede und jeder wird anders mit verschiedenen Themen konfrontiert. Darum ist es schwierig, hier eine klare Abgrenzung vorzunehmen, was in diese Zeit gehört.

Die einen verlassen schon früh das Elternhaus, während andere die größte Mühe haben, sich aus dem elterlichen Nest zu lösen und auf mögliche Vorteile zu verzichten (Wohnen, Wäsche, Essen – à la Hotel Mama). Manch eine/r lässt sich noch im Alter von 30 Jahren von Mama und Papa verhätscheln!

Die einen wohnen im gleichen Haus wie die Eltern (separate Wohnung), zum Teil mit Partner und/oder eigener Familie, was nicht immer nur Vorteile mit sich bringt. Andere verlassen schon mit Beginn der Ausbildung oder des Studiums das Elternhaus und müssen den Haushalt selbstständig organisieren.

Die einen machen schon in der Jugend eine Ausbildung und treten früh ins Berufsleben ein, andere besuchen eine Hochschule und starten erst später ins Berufsleben.

Die einen finden sofort einen Ausbildungsplatz oder eine Arbeitsstelle, andere suchen lange oder machen schon in jungen Jahren die Erfahrung mit dem Thema Arbeitslosigkeit.

Die einen werden früh Eltern und dadurch automatisch mit Themen wie Schwangerschaft, Geburt, Babyzeit, Erziehung oder dem Spannungsfeld zwischen Ausbildung bzw. Beruf und Familie konfrontiert; bei anderen steht die Karriere an oberster Stelle und sie beschäftigen sich erst spät mit der Frage nach eigenen Kindern bzw. einer Familie. Manch einer muss sich mit Unfruchtbarkeit und Kinderlosigkeit auseinandersetzen.

Die einen sind kerngesund und haben kaum Probleme, die anderen werden schon früh mit Einschränkungen, Krankheiten und Verlusten konfrontiert.

Die einen finden einen Partner, gehen eine feste Beziehung / eine Ehe ein. Doch so manches Paar muss nach einiger Zeit leider auch die Erfahrung machen, dass die Beziehung scheitert, es zu Trennung und Scheidung kommt. Andere bleiben (freiwillig oder unfreiwillig) Single und müssen mit dieser Situation klarkommen. Manche jungen Erwachsenen wiederum entscheiden sich dafür, in eine Kommunität einzutreten.

Es ist also äußerst schwierig, genau einzuteilen, wann welche Phase beginnt und endet. Es stellt sich die Frage, ob im Erwachsenenalter Unterteilungen in bestimmte Abschnitte überhaupt Sinn machen. Und doch besteht ein Unterschied zwischen einer 30-jährigen Person und einer 60-jährigen Person, auch ein Unterschied, wie in den verschiedenen Altersphasen auf Veränderungen, Krisen, Krankheiten reagiert wird. In den folgenden Kapiteln überschneiden sich möglicherweise einige Themen oder werden ein zweites Mal erwähnt.

Bei vielen kommt das Leben mit dem Erwachsenenalter in geordnete Bahnen. Der Erfahrungsschatz wächst, die Persönlichkeit stabilisiert sich. Es ist eine Art goldenes Zeitalter, da der Mensch voller Energie und Tatendrang ist, Ziele vor Augen hat und leistungsfähig ist.

Vielleicht macht sich aber auch Unzufriedenheit breit. Rückblickend stellt man möglicherweise fest, dass in früheren Jahren falsche Entscheidungen getroffen wurden, die kaum rückgängig zu machen sind. Und doch ist im jungen Erwachsenenleben noch eine Grundsatzveränderung möglich, eher als in späteren Jahren. Je älter eine Person wird, desto gefestigter wird auch ihr Charakter.

Junge „Erwachsene" in der Bibel

Mit dem Begriff „Jüngling" ist in der Bibel oft der junge Mann bzw. Krieger in seiner ganzen Lebenskraft gemeint, so z. B. Josef (1. Mose 41,12.46), Jerobeam (1. Könige 11,28), Rehabeam (1. Könige 12,8.10; 14,21), der reiche Jüngling (Matthäus 19,20) oder Saulus (Apostelgeschichte 7,58).

Unter diesen jungen Männern finden sich sehr reife, aber auch unreife, stolze und selbstsüchtige Männer. Doch wir lesen auch von einer Reihe von hingebungsvollen, demütigen Männern, die sich von Gott rufen und gebrauchen lassen, so z. B. der Hirte und spätere König David.

Josef erlebt über Nacht eine steile Karriere vom gefangenen Sklaven bis zum Vizepharao. Er ist zwar auch verheiratet und Vater von zwei Söhnen, aber er ist sehr mit der Verwaltung und Führung der Wirtschaft in Ägypten beschäftigt und scheint in seiner Aufgabe und Verantwortung voll und ganz aufzugehen (1. Mose 41ff.).

In der Bibel spielt in jungen Lebensjahren häufig die Berufung eine Rolle, obwohl die betroffenen Personen meistens schon einen Beruf haben. Es geht um eine Aufgabe darüber hinaus, um eine Lebensaufgabe. Die Jünger, die Jesus beruft, sind vermutlich in etwa in seinem Alter gewesen (ca. 30 Jahre alt). Sie sind zum Teil verheiratet, haben einen Beruf gelernt und leben ihren Alltag. (Petrus war verheiratet – zumindest hatte er eine Schwiegermutter, vgl. Matthäus 8,14-17.)

Es lohnt sich, die Berufungen der Jünger einmal nachzulesen: Matthäus 4,18-22; 10,1-4; Markus 3,13-18; Lukas 5,1-11.27-32; 6,12-16, Johannes 1,35-51.

Der Zöllner **Zachäus** erfährt einen eindrücklichen Wendepunkt in seinem Leben, eine tief greifende Veränderung. Wir wissen nicht, wie alt er zur Zeit seiner Begegnung mit Jesus ist, aber in der Gegenwart von Jesus können auch bei den schwierigsten Charakteren noch Wunder geschehen. Zachäus hat die Menschen am Zoll um Geld betrogen und sowohl für die Römer als auch für sich genug auf die Seite geschafft. Er ist äußerlich ein reicher Mann, aber innerlich arm und leer. In der Begegnung mit Jesus merkt er, dass es noch mehr geben muss als Geld und Reichtum. In Jesu Gegenwart öffnet er sein Herz so weit, dass er bereit ist, das zu viel erwirtschaftete Geld zurückzugeben und an die Armen zu verteilen. Jesu Antwort auf Zachäus' Veränderung heißt: *Heute hat Gott dir und allen, die in deinem Haus leben, Rettung gebracht.* (Lukas 19,1-10)

Verantwortlich handeln

Verantwortung ist im Erwachsenenleben ein wichtiges Thema, doch dies heißt nicht, dass jede/r Erwachsene auch tatsächlich die Verantwortung für sein oder ihr eigenes Reden und Tun übernimmt.

Jesus hilft einem Bräutigam aus einer peinlichen Situation, als an seiner Hochzeit der Wein ausgeht. Der Evangelist Johannes berichtet diese Begebenheit als erstes Wunder von Jesus, als er an der Hochzeit zu Kana Wasser in Wein verwandelt (Johannes 2,1-11).

Der Bräutigam war für die Versorgung seiner Gäste zuständig. Und es war extrem beschämend, wenn auf der Hochzeit das Essen oder die Getränke ausgingen. Dafür hätte man finanziell belangt werden können, und der Ruf wäre auf Jahre hin beschädigt gewesen. Jesus hilft diesem Mann aus der Klemme und bewirkt durch sein Wort, mit seinen schlichten, aber herausfordernden Anweisungen an die Diener ein Wunder. Der Speisemeister muss schließlich feststellen, dass der neue Wein noch besser und edler ist als der bisher angebotene, was er dem Gastgeber gleich vorhält. Um eine kleine Rüge kommt der Bräutigam also nicht herum. Ob wohl Gott geschmunzelt hat?

Jesus will uns helfen, die Verantwortung für unser Reden und Tun, für unser Leben zu übernehmen. Am besten vertrauen wir uns mit unserem Leben den Händen Gottes an und überlassen uns ihm – mit allem, was war, was ist und was sein wird. Dies entbindet uns nicht von Verantwortung, aber es verändert und stärkt uns von innen her.

Paulus schreibt in Römer 12,1.2:

Weil ihr Gottes Barmherzigkeit erfahren habt, fordere ich euch auf, liebe Brüder und Schwestern, mit eurem ganzen Leben für Gott da zu sein. Seid ein lebendiges Opfer, das Gott dargebracht wird und ihm gefällt. Ihm auf diese Weise zu dienen ist die angemessene Antwort auf seine Liebe. Passt euch nicht dieser Welt an, sondern ändert euch, indem ihr euch von Gott völlig neu ausrichten lasst. Nur dann könnt ihr beurteilen, was Gottes Wille ist, was gut und vollkommen ist und was ihm gefällt.

Wir sind eingeladen, uns Gott ganz zu überlassen und unser Denken, Reden und Tun von ihm her bestimmen zu lassen.

 Schatztruhen-Zeit

Persönliche Fragen zum Nachdenken / Impulse zum Vertiefen
- Was lösen die Worte aus Römer 12 in mir aus? Wo ist bei mir ein Umdenken bzw. eine Neuorientierung dran?
- Welche Themen beschäftigten oder beschäftigen mich als junge erwachsene Person?
- Was nimmt (zu) viel Raum in meinem Denken, Reden, Handeln, Leben ein? Wo sehne ich mich nach einer Veränderung?
- In welchen Bereichen habe ich Mühe, Verantwortung zu übernehmen? Was bedeutet Reife für mich? Wann ist ein Mensch meines Erachtens reif? Würde ich mich selbst als reif bezeichnen? Wenn ja, in welchen Bereichen, in welchen eher noch nicht? (vgl. Ausführungen zu Reife in Kapitel 6 und die „Sieben Impulse zu Reife und Weisheit")
- Wie habe ich mein Erwachsen-Werden erlebt? Welche Erinnerungen habe ich noch an den Geburtstag, an dem ich volljährig wurde?

- ⇨ Von welchen „Rechten" und Erlaubnissen des Erwachsenendaseins habe ich gerne Gebrauch gemacht? Welche Pflichten erlebte ich als belastend?
- ⇨ Wie war es für mich, Verantwortung zu übernehmen? Wie ist dies heute für mich? Kann ich gut zu meinem Reden und Handeln stehen und darüber Rechenschaft ablegen? Oder suche ich lieber Ausreden, Entschuldigungen, Rechtfertigungen, wenn mir ein Fehler passiert, wenn ich zu spät komme, wenn ich etwas vergesse …? Bin ich bereit, meinen eigenen Anteil anzuschauen?
- ⇨ Wie habe ich die Ablösung von meiner Familie erlebt? Von wem oder was bin ich heute noch nicht ganz losgelöst? Wo sind noch ungesunde Bindungen und Abhängigkeiten vorhanden? Was hindert mich daran, mich daraus zu lösen?
- ⇨ Wenn ich an meinen Berufseinstieg denke: Welche Erfahrungen, Erlebnisse, Erfolge oder Misserfolge kommen mir dazu in den Sinn? Wie denke ich heute darüber? Was würde ich heute anders machen und warum?
- ⇨ Wie stehe ich zum Thema Anerkennung und Wertschätzung? Wo erlebte ich diese und bekam entsprechende Rückmeldung? Wie erging es mir, wenn ich das Gegenteil erlebte? Wie gehe ich heute damit um, wenn bei Begegnungen oder Tätigkeiten die Wertschätzung fehlt?
- ⇨ Welche Lebensthemen haben mich als Erwachsene/r hauptsächlich beschäftigt? Wie stehe ich heute zu diesen Themen? Ich schaue mir die Aufzählung in diesem Kapitel noch einmal genauer an. Welche Lebensthemen fehlen in dieser Liste, die mich ebenso betrafen?
- ⇨ Habe ich in meinem Leben schon einmal eine Art „goldenes Zeitalter" erlebt? Wenn ja, welches würde ich als solches bezeichnen? Und warum?
- ⇨ Welche aus meiner Sicht richtigen oder auch falschen Entscheidungen habe ich getroffen? Welche Entscheidungen würde ich heute anders treffen? Warum? Wie würde ich heute entscheiden, z. B. in der Partnerschaft, beruflich, Wohnort …

⇨ Wo bin ich durch unüberlegte und falsche Entscheidungen schuldig geworden? Welche Entscheidungen von damals quälen mich noch heute? Ich darf diese Lasten zu Jesus ans Kreuz bringen. Er hat auch diese Lasten für mich getragen und will mir vergeben.

Innehalten

Es stimmt
Mein Ziel nicht erreicht,
gute Vorsätze begraben,
Träume zerplatzten wie Seifenblasen.
Pläne dahin, zerstört, zunichte.
Versagt.
Verstimmt.
Es stimmt:
Meine Ziele, meine Vorsätze, meine Träume, meine Pläne
bestimmte ich, doch was tatsächlich wird und ist,
habe nicht ich in der Hand.
Ich denke und plane, will und möchte,
doch was wird und ist, lenke nicht ich.
Es stimmt:
Nichts habe ich im Griff:
Weder meine Umstände noch meine Zukunft,
weder mein Leben noch mich selbst.
Du bleibst, HERR, wenn nichts mehr sicher ist.
Darum sei du mein Ziel, meine Zukunft.
Lass deine Vorsätze zu meinen werden,
deine Träume zu den meinen.
Deine Pläne mit mir sollen auch meine sein.
Und dann stimmt es!

Sabine Herold

Fünf Geschichten aus der Schatztruhe des Lebens

Sandy erzählt:
Wir hatten uns entschlossen zu heiraten. Da ich von meinem Elternhaus sehr negativ geprägt wurde, was eine Ehebeziehung und eigene Familie betrifft, und viele Jahre lang ein schlechtes und verletztes Männerbild in mir trug, war der Gedanke, mich auf eine Ehe, eine lebenslange Bindung einzulassen, durch und durch schwierig. Ich hatte Angst davor. Mich beschäftigten auch viele Fragen, z. B. ob dies wirklich der richtige Mann für mich war …

Auch für meinen Freund war die Entscheidung zur Ehe ein längerer Prozess. Doch für mich bedeutete die Ehe schließlich viel mehr Sicherheit und Geborgenheit als das ungezwungene Zusammenleben ohne definitive Bindung. Doch bevor ich selbst dieser Ehe zustimmte, stellte ich an meinen Partner einige Bedingungen.

Da ich das Kind eines alkoholkranken Vaters bin, durfte mein zukünftiger Mann keinen Alkohol trinken, höchstens in geringen Mengen. Er musste meine persönliche Beziehung zu Gott bzw. Jesus Christus akzeptieren – und natürlich war mein größter Wunsch, dass auch er sich auf diesen Glaubensweg einließ, doch dazu konnte ich ihn nicht zwingen. Da sein Vater schon früh gestorben war und er in seinem Elternhaus lange Zeit die Vaterrolle übernommen hatte und eine sehr enge Bindung an seine Mutter hatte, stellte ich ihn vor die Entscheidung: seine Mutter oder ich!

Seine Mutter hatte große Mühe zu akzeptieren, dass es seit einiger Zeit im Leben ihres Sohnes noch eine andere Frau gab als nur sie allein. Ich war in ihren Augen diejenige, die der Mutter den Sohn wegnahm. Auf einmal war ich nicht mehr erwünscht und hatte Hausverbot. Von da an ging ich durch eine ganz schwierige Zeit. Meine bisher gute Freundin und Zimmer-Vermieterin, zu der ich ein wunderbares Verhältnis gehabt hatte, war auf einmal zu einer Feindin geworden, die mich ablehnte und als Gefahr betrachtete.

Unsere Hochzeit war dennoch ein schönes Erlebnis unter freiem Himmel, doch es brauchte Zeit, bis ich zu meiner Schwiegermutter wieder eine einigermaßen gute Beziehung hatte.

* * *

Christelles Geschichte:
Mit 25 Jahren beginne ich die Bibel zu lesen und kann nicht mehr damit aufhören, da sie mir Fragen beantwortet, welche ich zum Teil seit Jahren mit mir herumtrage. Ich beginne mit dem Alten und komme schließlich zum Neuen Testament. Hier stoße ich im 1. Johannesbrief 5,12 auf den Vers: „Wer den Sohn hat, hat das Leben; wer den Sohn Gottes nicht hat, hat das Leben nicht."

Da weiß ich mit einem Schlag, dass ich gemeint bin. Ich will dieses Leben mit Jesus! Wie viele Jahre sehne ich mich schon nach dieser Quelle, die niemals versiegt, und wusste bis dahin nicht, dass sie in Jesus zu finden ist! Mit 27 Jahren vertraue ich allein zu Hause mein Leben Jesus an und bin Gott unendlich dankbar, wie er mich mit seiner Liebe so ganz individuell erreicht hat.

Aufgewachsen in einer wissenschaftlich geprägten Familie, war der christliche Glaube kein Thema gewesen. Wie ein Mensch, der aus der Wüste kommt und knapp am Verdursten ist, nehme ich dieses neue Leben mit Jesus in mir auf. Mein Leben soll nun ganz ihm gehören – ich habe schon so viel verpasst.

Ich besuche eine dreimonatige Bibelschule, um im Glauben zu wachsen. In meinem Alter – ich bin jetzt 27 Jahre alt – ist auch die Sehnsucht nach einem gläubigen Ehemann vorhanden, doch in meinem Umfeld sind alle mir vorstellbaren gläubigen Männer bereits verheiratet. Nach langem Ringen sage ich Gott, dass ich bereit bin, allein zu bleiben, wenn er mir den Wunsch für einen Ehemann wegnehmen kann. Das kostet mich alles, denn ich weiß, dass dies Wirklichkeit werden kann, wenn Gott das von mir möchte.

Ich engagiere mich in vielen Bereichen wie Evangelisation, Seelsorge, Bibelgruppenarbeit und missionarischen Einsätzen im Ausland. Es folgt nochmals eine dreimonatige Bibelschule, um meine Bibelkenntnisse zu vertiefen.

Ein Jahr nach meinem neuen Schritt mit Gott gibt er mir mitten in der Nacht einen Traum, in welchem ich meinen zukünftigen

Mann sehe: Wir kommen miteinander ins Gespräch und wissen, dass wir füreinander bestimmt sind. Alles ist ganz real, sodass ich die Gewissheit habe, dass dies eines Tages geschehen wird.

Ein weiteres Jahr später spricht Gott durch sein Wort wie folgt zu mir: „Denn das Gesicht gilt erst für die festgesetzte Zeit, und es strebt auf das Ende hin und lügt nicht. Wenn es sich verzögert, warte darauf; denn kommen wird es, es wird nicht ausbleiben." (Habakuk 2,3)

Ich danke Gott für dieses Versprechen und denke, dass ich meinen Mann bald kennenlernen werde. Das Wort aus Habakuk: „Wenn es sich verzögert, warte darauf; denn kommen wird es, es wird nicht ausbleiben" kann sich meiner Meinung nach höchstens noch um etwa drei Jahre handeln. Das ist doch Verzögerung genug ...! Nun, Gottes Gedanken sind manchmal anders als unsere!

Seit ich 16 Jahre alt bin, wünsche ich mir einen Sohn. Dies ändert sich auch nicht, nachdem ich nun eine Nachfolgerin von Jesus geworden bin. Ich hoffe, dass sich dieser Wunsch auch erfüllen wird.

Ach ja, mein Beruf ist Kindergärtnerin! Diesen übe ich mit Leidenschaft aus. Ich liebe die Arbeit mit den Kindern. Der Kontakt zu den Eltern ist mir ein großes Anliegen. Ich arbeite oft bis tief in die Nacht und investiere viel Zeit in die Elternarbeit. Immer mehr nagt aber auch diese Sehnsucht nach einer eigenen Familie an mir, und doch will ich mich deswegen nicht aufreiben lassen.

Da spricht Gott wieder zu mir durch das Lesen der Bibel, und zwar mit der ganzen Lebensgeschichte von Sara und Abraham. Die beiden werden mich noch viele Jahre meines Glaubenslebens begleiten. Gott fordert mich auf, mein Land und meine Verwandtschaft zu verlassen und in ein Land zu ziehen, welches er mir zeigen wird; genau wie er es mit Abraham getan hat – und auch ich breche auf ...!

Nach einem 3-jährigen Prozess des Fragens und Betens, getragen von meinen engsten Freunden, verlasse ich meinen Beruf als Kindergärtnerin endgültig. Ich weiß, ein Zurück in diesen Beruf wird es nicht mehr geben. Der Abschied fällt schwer ... und gleichzeitig freue ich mich auf das neue Abenteuer mit Gott.

Sechs Jahre nach meinem neuen Leben mit Gott habe ich meine ganze Wohnung aufgelöst und fliege nach Kaliua-Kona auf „Big

Island", der größten hawaiianischen Insel, welche für die nächste Zeit mein neues Zuhause wird. An der „University of the Nations" (UofN) beginne ich meine Seelsorgeausbildung mit anschließenden missionarischen Einsätzen in den Philippinen, Indonesien und dem Süden der USA. Das Prinzip der Ausbildung der UofN: Nach jeweils drei Monaten Vorlesungen setzen wir drei Monate unser Gehörtes in die Praxis um. Diese Methode gefällt mir sehr. In diesen Zeiten sind wir in Slums unterwegs und dienen einfach dort, wo wir gefragt werden. Es sind sehr harte Lebensbedingungen. Gleichzeitig erlebe ich mit unseren Teams eine gewaltige und reich erfüllte Zeit, in welcher wir Gottes Wunder erleben dürfen.

Während einer dreimonatigen Aufbauarbeit mit „Jugend mit einer Mission" im Süden der USA in New Orleans stehe ich vor der Frage, ob ich mein Studium im Bereich Seelsorge in Hawaii weiterführen und dort beenden soll. Abrahams Lebensgeschichte begleitet mich auch in dieser Phase. Im Fragen nach Gottes Willen verspüre ich einen inneren Frieden, in die Schweiz zurückzukehren. Die letzte Gewissheit erhalte ich durch Gottes Reden in seinem Wort aus Jeremia 19,14b: „Ich will dich wieder an diesen Ort bringen, von welchem ich dich habe wegführen lassen." Ich kehre in meine Heimat zurück.

Hier geht die Frage nach meinem Weg weiter. Alles ist wieder offen. Da werde ich angefragt, an einer dreimonatigen Seelsorgeschule von „Jugend mit einer Mission" mitzuarbeiten. Ich weiß, dass dies mein nächster Schritt sein wird.

Anschließend wird mein Weg immer klarer, den Gott mit mir gehen will. Ich mache eine dreijährige theologische Ausbildung im Bereich Gemeindebau und arbeite gleichzeitig in der Gemeindeleitung meiner Kirche mit, in welcher ich in vielen Bereichen tätig bin.

Während dieser Zeit habe ich ein spezielles Erlebnis mit meinem Vater, welcher Wissenschaftler ist. Er erzählt mir, dass er einen Traum hatte. Darin sah er einen kleinen hübschen Jungen, welcher ihm gefiel. Dieser Junge saß auf seinen Knien. Es sei aber nicht der Sohn meines Bruders gewesen, welcher zu dieser Zeit etwa das Alter dieses kleinen Jungen in seinem Traum hatte. Ich erkläre meinem

Vater, der noch nicht gläubig ist, dass er dies noch erleben werde, denn dies sei der mir von Gott versprochene Sohn und sein zukünftiger Enkel. Dies weiß ich in meinem Herzen, obwohl ich meinen Ehemann immer noch nicht kenne!

Die Jahre verfließen, mein Studium ist beendet und ich bin immer noch am Warten auf meinen Ehemann, wie Sara und Abraham auf ihren Isaak gewartet haben ... Das Warten bereitet mir immer mehr Mühe. In dieser Phase bete ich praktisch jeden Tag: „Jesus, was immer mich mein Weg mit dir kostet; ich werde den Weg mit dir gehen! Ich bitte dich einfach, dass du mir die nötige Kraft und Perspektive dazu schenkst." Und immer wieder tröstet und ermutigt mich Gott durch sein Wort.

Dann spricht Gott ganz deutlich zu mir und sagt, dass ich mich bereitmachen soll, denn mein Ehemann sei daran, in mein Leben zu treten. Eine Woche später, an einem Leiterschafts-Wochenende von unserer Kirche, spricht ein Leiter prophetisch in mein Leben und sagt, dass ich Sara heiße und dass Isaak nun endlich in mein Leben kommen solle. Dieser Leiter weiß aber nichts von meiner Situation! Ich weiß, dass mit Isaak mein zukünftiger Sohn gemeint ist. Kurz vor meinem 39. Geburtstag liege ich um 2.15 Uhr immer noch wach im Bett. Ich finde keinen Schlaf, genau wie letzte Nacht.

„Wann werde ich meinen Mann und den mir ersehnten Sohn in meinen Armen halten können?", lese ich in meinem Tagebuch. Gott ermutigt mich durch Sprüche 31,2: „Du bist mein Sohn – ich habe Gott um einen Sohn gebeten, und du bist die Antwort."

Und dann geschieht alles ganz schnell. Noch im selben Jahr lerne ich an einer christlichen Konferenz meinen heutigen wundervollen Ehemann kennen! Als ich ihn das erste Mal sehe, empfinde ich tiefen Frieden. Mein Traum, welchen mir Gott vor so vielen Jahren geschenkt hat, kommt mir wieder in den Sinn. Dieser Mann, der nun vor mir steht, sieht genauso aus wie in meinem Traum! Er trägt sogar dasselbe Hemd!

In meinem Tagebuch steht: „Ich weiß, dass dies mein jahrelang erbetener Ehemann ist – der von Gott geschenkte Traum geht langsam in Erfüllung."

Neun Monate später heiraten wir, wieder zehn Monate später kommt unser Sohn zur Welt; welch Geschenk Gottes und welch große Freude! Wie wunderbar sind Gottes Wege! Seit Gottes erstem Reden sind genau dreizehn Jahre vergangen; so lange, wie Sara und Abraham auf ihren Sohn Isaak gewartet haben.

Auf meinem Weg mit Jesus hat mir einmal jemand ein Bild weitergegeben, das mich sehr ermutigt hat. Es ist das Bild eines Hafens, in welchem viele Schiffe stehen. Jesus sieht diese Schiffe und sagt: „Bleib nicht im Hafen, sondern setze die Segel, verlass den Hafen und segle aufs Meer hinaus – für mich. Für den Rest sorge ich – vertraue mir!" Ja, vertraue Jesus, denn sein Weg ist der beste.

* * *

Anna erinnert sich:

Da kniete er auf dem Autodach und zurrte das Gepäck für die Abreise fest. Ein Bild von einem Mann, braun gebrannt und mit stählernen Muskeln. Ich traute meinen Augen kaum. Als sich unsere Blicke trafen, raste mein Puls und ich lief rot an. Es war die berühmte Liebe auf den ersten Blick! Meine Gedanken machten hundertundeinen Purzelbaum: Wir befanden uns vor zehn Tagen Rundreise quer durch den Süden mit den Autobussen. Das konnte fast nicht die Realität sein, es musste ein Traum sein ...

Und so kam es, dass wir Seite an Seite bei Vollmondnacht am Strand entlangspazierten und über Gott und die Welt philosophierten. Das Glück währte fast auf den Punkt genau zwanzig Tage. Daheim angekommen, war mir klar, dass mein Angebeteter sich zurückhaltender zeigte als zuvor. Ja, um mir eines Tages zu eröffnen, dass er meine zwei Jahre ältere Schwester kennengelernt hatte! Ich zog den Kürzeren und war zuerst mal ganz schön verbittert. Das berühmte Sandkorn blieb, wobei ich auch über zu viel Lebensfreude verfügte, um mich einfach unterkriegen zu lassen.

Erst circa sechs Jahre später verliebte ich mich viel diskreter und nicht mit all der Strand- und Reiseromantik erneut in einen völlig anderen Männertypen. Sein tiefer Glaube und sein Umgang mit anderen Menschen berührten mich. Schließlich kam die Gelegenheit für eine Aussprache, doch die endete so anders als gedacht. Er war bereits vergeben, hielt aber seine Freundschaft noch etwas bedeckt, da er an der unheilbaren Krankheit ALS litt. Er verstarb nur zwei Jahre später. Diesen Schock erstickte ich in der Arbeit!

Noch immer war mein Leben mit all den Anforderungen reich angefüllt und ich genoss meine Freiheiten des Singlelebens nach einer sehr behüteten Kindheitszeit in einer konservativen Großfamilie mit rigorosen Grenzen. Noch einmal fünf Jahre später, ich war nun über dreißig, verguckte ich mich in einen wunderbaren, sehr zierlichen Mann, der mir in der Mitarbeit in der Gemeinde aufgefallen war. Es kam zu einem Briefwechsel, und ich konnte nicht fassen, was er mir schrieb: Aktuell gab es keine Ressourcen für eine Freundschaft. Er stand in einer Krebstherapie!

Viele beteten für ihn, und wir alle waren überglücklich, als er in ein Programm für die Forschung aufgenommen wurde. Nun durfte er die neuesten der neuen Medikamente auf diesem Gebiet erproben. Sofort zeigten sich markante Verbesserungen seiner Werte. Doch wie der Blitz traf mich im Gottesdienst die Mitteilung, dass er nur wenige Tage später an einem akuten Organversagen gestorben war. Ich verließ den Gottesdienst und ging in den Wald, wo ich bitterlich weinte. Ich verstand Gott und die Welt nicht mehr.

Heute denke ich, dass mein Alleinsein eine riesige Chance ist. Ich hatte über mehrere Jahre ein sehr offenes Haus, gerade auch für „schlüssellose" Kinder, wie ich sie nannte, Kinder mit berufstätigen Eltern. Ich bin überzeugt, dass ein Leben als Single sehr gesegnet sein darf, ob gewählt oder so geworden.

* * *

K. P. berichtet:

Im Jahre 1968 übernahm ich im Alter von 22 Jahren die Verwaltungsführung einer kleinen Landgemeinde. Weil diese Arbeit in kleinen Gemeinden – vor allem früher – äußerst bescheiden bezahlt wurde, arbeiteten die sogenannten „Gemeindeschreiber" damals bis ins hohe Alter, so auch mein Vorgänger. Er verstarb Ende 1967 bei seiner Arbeit. Im darauffolgenden Monat wurde ich als Nachfolger gewählt. Weil ich zu jener Zeit erst meine Lehr- und Militärdienstzeiten hinter mir hatte, waren meine Verwaltungskenntnisse noch äußerst gering. Heute bin ich selber erstaunt, dass ich damals den Mut hatte, mich für diese Aufgabe zu melden.

Mein Vorgänger hatte „seine Gemeindeverwaltung" geführt, als ob sie sein eigenes Geschäft gewesen wäre. So war die Gemeindekasse für ihn sogleich auch seine private Kasse. Ohne irgendwelche Aufzeichnungen zu machen, legte er seine persönliche Rente, welche damals noch bar ausbezahlt wurde, in die „Gemeinschaftskasse". Seine Gattin, eine sehr gläubige, kleine und zierliche Frau mit schneeweißem Haar, sagte mir nach der Übernahme der Geschäfte, dass ihr Mann ihr immer gesagt habe, dass sie sich keine Sorgen machen müsse wegen der späteren Übergabe der Verwaltung, denn ein Teil der Gelder in der Gemeindekasse gehöre ihnen. Das Erstellen der Gemeinderechnung 1967 sowie das Ausmitteln und Teilen der Gemeinde- und der Privatgelder wurde mir übertragen. Aufgrund meiner damaligen Buchhaltungskenntnisse war dies für mich eine nicht leichte Aufgabe.

Nach dem Abschluss dieser umfangreichen Arbeit fragte ich die Frau meines Vorgängers, ob ich ihr das Ergebnis sowie die sich daraus ergebende Aufteilung zwischen Gemeinde- und Privatgelder erläutern dürfe. So ging ich schon am nächsten Morgen zu ihr. Als ich ihr Haus betrat, sagte sie mir nochmals, ihr Mann habe ihr gesagt, sie müsse sich keine Sorgen machen, denn in der Gemeindekasse befinde sich ein größerer privater Geldbetrag. Sie nannte mir die Summe. Diese stimmte zu meinem großen Erstaunen um einige Franken mit der erstellten Abrechnung überein.

Außerdem erklärte mir die sehr gläubige, kleine Frau mit dem schneeweißen Haar, dass dem, der glaubt, alles möglich sei. Seit diesem Tag weiß ich, dass es etwas über uns gibt, das viel größer sein muss, als wir uns vorstellen können, und dass dieses Etwas uns hilft, wenn wir darum bitten.

Als ich einige Jahre später meine Fachausbildung abgeschlossen hatte, zog es mich in eine größere Gemeinde. Die Erfahrung, die ich als 22-Jähriger machen durfte, begleitete mich und ließ in der Folge meinen jugendlichen Glauben von damals immer stärker werden. So begann ich die Tage nicht mehr ohne Gebet und die Bitte, Gott möge mir helfen, alle Situationen, in die ich geraten werde, im christlichen Sinn und Geist zu bewältigen.

Nach und nach wurden vonseiten der Einwohner immer vielfältigere Probleme an mich herangetragen. Sehr oft waren diese Probleme familiärer, finanzieller oder nachbarschaftlicher Art. Die Personen, die mich in solchen Fällen aufsuchten, waren über das ihnen widerfahrene „Unrecht" oft außer sich und mussten sich Luft verschaffen. Meine Aufgabe bestand in solchen Situationen darin, ruhig zuzuhören und Vorschläge für die Lösung bzw. die Bewältigung der Probleme zu machen.

Wenn ich beim Zuhören merkte, dass auch ich an Grenzen stieß, bat ich unbemerkt Gott, mir die richtigen Worte und Lösungen zu geben, um helfen zu können. So war ich immer wieder überrascht, wie einfach sich verquickte Probleme plötzlich lösen ließen.

Im Alter von 28 Jahren erkrankte ich an rheumatoider Arthritis, unter welcher meine Mutter schon gelitten hatte. Diese schubartig auftretende Gelenkerkrankung kann äußerst schmerzhaft sein und mit der Zeit das Betätigungsfeld erheblich einschränken. So konnte ich, als die Finger meiner rechten Hand dauernd entzündet waren und sich anfingen zu krümmen, die Hand nicht mehr zum Gruß reichen. Danach wurde die rechte Schulter befallen. Seither kann ich nur noch von Hand schreiben, wenn ich die rechte Hand mit der linken Hand führe. Weil dies vor allem an Gemeindeversammlungen für Aufsehen sorgte, bat ich den Arzt, mir ein Medikament zu geben, das mir ermöglicht, noch weiter meinen Beruf auszuüben.

Man schlug mir vor, ein neues Medikament auszuprobieren, das in Amerika schon länger auf dem Markt war und sehr gute Erfolge gebracht haben sollte. Im Bestreben, eine Verbesserung zu erreichen, gab ich mein Einverständnis. Schon zwei Wochen nach Beginn der neuen Medikation verschlechterte sich mein Allgemeinzustand erheblich. Rund einen Monat später entstand daraus eine schwere Atemnot. Dies hatte zur Folge, dass umgehend eine Herzoperation durchgeführt werden musste. Die große Freude, die nach der erfolgreich verlaufenen Operation vorhanden war, endete aber schon nach einem Monat, als mir eröffnet wurde, dass außerhalb der mechanischen Herzklappe ein Leck entstanden sei, das in absehbarer Zeit eine erneute Operation erfordern werde.

Infolge der verringerten Herzleistung sowie der Behinderungen durch die rheumatoide Arthritis war eine Rückkehr an meinen Arbeitsplatz leider nicht mehr möglich. Dies war ein schwerer Schlag für mich, wusste ich doch nicht, wie ich die Zeit des Nichtstuns totschlagen sollte. In dieser Situation sah ich auch keinen Sinn mehr darin, in irgendeinem Fachbuch zu lesen. Als ich eines Tages wieder vor dem Bücherregal stand, sah ich die Bibel, die während des Berufslebens wegen der vielfältigen Fachliteratur, die zu lesen war, immer zu kurz gekommen war. So nahm ich diese und fing an, wieder einmal darin zu lesen. Das Neue Testament, das ich zuerst las, fesselte mich ungemein und schon bald verspürte ich die enorme Kraft, welche in der Bibel und im Glauben steckt. Dadurch fand ich sehr rasch wieder aus dem Loch der Depression, in welches ich durch die Aufgabe meines Berufes gefallen war. Mein neuer und wesentlich stärker gewordener Glaube sowie die daraus entstandene Gewissheit, dass dieses Buch die absolute Wahrheit vermittelt, führten dazu, dass ich immer tiefer in die Texte hineinging. Um aufgetauchte Fragen zu erörtern und zu klären, traf ich mich in der Folge ab und zu mit einem pensionierten Pfarrer.

Die sehr schmerzhaften rheumatoiden Arthritis-Schübe sind mit der Zeit ganz erheblich zurückgegangen. Geblieben sind die krummen und unbeweglichen Finger, welche heute keinen Schmerz mehr verursachen. Zudem habe ich in der Zwischenzeit auch gelernt, gewisse Handgriffe anders auszuführen. Geblieben war auch das Leck im Bereich der Aortenklappe. Dieses hatte sich aber viel langsamer vergrößert, als zuerst angenommen und befürchtet wurde. So konnte die dafür nochmals erforderliche Operation am offenen Herzen um ganze zwölf Jahre hinausgeschoben werden. Inzwischen habe ich auch dies glücklich überstanden und kann gestärkt nach vorne schauen.

Ich weiß, dass die gesundheitlichen Verbesserungen, die ich erfahren durfte, nur mit der Hilfe von Gott möglich waren. Er ist, wie ich schon in jungen Jahren von einer sehr weisen alten Dame gelehrt wurde, viel größer als alles, was wir uns vorstellen können, und hilft uns, wenn wir ihn darum bitten.

* * *

Dass auch Tiere eine wichtige und wertvolle Funktion übernehmen können, um Krisen und Vergangenes, Einsamkeit und Verletzungen zu verarbeiten und zu überwinden, zeigen Claras Erinnerungen:

Einer Achterbahn gleich verlief mein Leben in einer erschöpfenden Abfolge von Aufs und Abs. Inzwischen 30 Jahre alt, sehnte ich mich nach einer Konstante. Ein Gedanke bewegte mich nun schon über ein halbes Jahr und begann mit vielen Selbstzweifeln. Schließlich ließ ich mich auf das Experiment ein und ging zur Besichtigung eines jungen Hundes.

Trotz aller Lektüre und vorbereitenden Gespräche war ich doch überrascht: Da saß die kleine Handvoll „Hund", ein Welpe von knapp zehn Wochen in einem viel zu groß wirkenden Pelzgewand auf dem Sofa. Die Ausstrahlung war auf den ersten Anblick zum Verlieben! Riesige Kulleraugen in einem viel zu klein wirkenden Körper. Über die Beine warf das Fell kleine Wulste – wie ein zu groß geschneiderter Pyjama! – und die überdimensional großen Füße ließen ahnen, dass hier noch ein langer Wachstumsprozess bevorstand.

Komplett fasziniert und doch unsicher wegen der offensichtlichen Zerbrechlichkeit nahm ich den kleinen Hund hoch und damit eine Handvoll Leben in Empfang. Ich fühlte unvermittelt die Körperwärme, den viel zu schnellen Herzschlag durch die flauschig weichen Pelzhaare. Hundert, wenn nicht tausend Gedankenpurzelbäume standen am Anfang dieses Augenblicks. Noch präziser: Augenblick und Abgrund! Für Sekunden und doch mit dem Hauch der Ewigkeit überrollten mich die Erinnerungen an ein vergessen geglaubtes Erlebnis. Ich wurde etwa 20 Jahre zurückversetzt: Es war „nur" eine Handvoll kleine schwarze Katze …

Gedankenverloren kletterte ich mit dem Weidenkorb eine steile Holztreppe hoch. Ich musste ungefähr zehn Jahre alt gewesen sein und kam meinen Verpflichtungen nach: Holz zum Kochen und Heizen zu holen. Dabei überraschte ich einen Wurf Wildkatzen, die es sich im Heu gemütlich gemacht hatten. Im Bruchteil von Sekunden waren sie alle weg, bis auf eine kleine kohlenrabenschwarze Katze.

Der Augenblick war magisch. Ein Kätzchen, nur wenige Wochen alt, schaute fauchend und mit großen Augen das fremde Wesen an. Intuitiv und mit gebührendem Abstand näherte ich mich langsam dem unerwarteten Fund. Die Zeit ging völlig vergessen. Noch heute erinnere ich mich an den tanzenden Staub in den schräg einfallenden Sonnenstrahlen.

Für diesen einen Tag schien die Uhr keine Zeiger mehr zu haben. Ich sah die zurückgebliebene „Handvoll" Katze: klein, zerbrechlich und völlig verängstigt. Vorsichtig hielt ich mich zurück, setzte mich in gewisser Entfernung ins Heu und versuchte, dem erschrockenen Tierchen ermutigend zuzusprechen. Diese Annäherung bedurfte aber eines größeren Zeitfensters. So wurde die tägliche Arbeit bald zum Ereignis, das ich sehr genoss. Voller Erwartung stieg ich jeweils auf den Heuboden und verweilte bald in inniger Vertrautheit mit dem heranwachsenden Kätzchen. Doch dieses Geheimnis konnte nicht mehr lange geheim bleiben, da die kohlenrabenschwarze Schönheit mir zu folgen begann. Zudem wurden die „Ämtlizeiten" dauernd länger. Das Kätzchen bewegte sich wie ein kleiner Hund immer einige Schritte hinter mir her, spielte und sprang herum, tollte und alberte, wie es nur ein Jungtier kann. Ich genoss ein winziges Zeitfenster mit bisher völlig unbekannter Unbeschwertheit in einem tristen, streng kontrollierten und geregelten Alltag und lebte dabei richtig auf. Doch das kleine Glück war zerbrechlicher als geahnt.

Wenige Tage später erschien das geliebte Kätzchen nicht zur gewohnten Zeit. Erschrocken begann ich mit der Suche, wobei ich jedoch von meiner dominanten Mutter gebremst und gehindert wurde, die mir mehrmals versicherte, dass alles in Ordnung sei. Doch der Mittag desselben Tages brachte die unfassbare Wahrheit: Die kleine Katze lebte nicht mehr. Erschossen, da sie angeblich nie eine Maus-

katze geworden wäre! Mein Aufschrei der Verzweiflung und das tiefe Unverständnis über das Unveränderbare wurden mit der bekannten Strenge in Grenzen gewiesen. In mir blieb eine klaffende Wunde. Niemand teilte meine Trauer! Und niemand erahnte die Abgründe der Tragödie, wenn blankes Kalkül ein Stück Lebensfreude auslöscht und dies nicht von Fremden, sondern von Personen, denen man im Alter von zehn Jahren auf Gedeih und Verderben ausgeliefert war. Um den aufkeimenden Hass und die Verzweiflung zu kontrollieren, legte ich mir als Kind eine eiserne Spange der Erstarrung ums Herz.

Ein unverhoffter Augenblick brachte mich in die Gegenwart zu dem winzigen Welpen zurück. Schwupps ... schon war die kleine Katastrophe für einen „idealen" Einstieg passiert! Ohne Zögern nahm die Züchterin den Welpen und erklärte: „Sie sollte noch mal ‚Pipi' machen vor der Reise." Mit einer einzigen Handbewegung setzte sie die zerbrechlich wirkende Bella auf den Stubenteppich und das Hündchen gehorchte aufs Wort. Sprachlos entsetzt starrte ich auf den teelöffelgroßen nassen Fleck und dann in die Augen der Züchterin. Meine Augen müssen Bände gesprochen haben! Die Züchterin meinte nur: „Mach' ich immer so. Nach einem Wurf gibt's einen neuen Teppich. Das ist am unkompliziertesten." (Anzumerken ist, dass das Haus durch und durch gepflegt wirkte.)

Es blieb mir nicht viel Zeit zum Nachdenken, denn die Abreise drängte. Normalerweise wäre ich bei diesem Ereignis hängen geblieben ... aber das Leben lief unaufhörlich vorwärts. Ein Einstieg in unseren gemeinsamen Alltag, der bezeichnend werden sollte: Die kleine Hündin brachte Fluss in mein Leben. Der Augenblick, die Gegenwart wurde prägend, ein Stück Heilung hatte ihren Anfang gefunden.

5. Mittelalter

In der Mitte des Lebens – mitten im Leben?
Der Altersabschnitt von ca. 35–45 Jahren wird von zahlreichen Menschen als „Einschnitt" (Krisenzeit) erlebt, da ihnen bewusst wird, dass die Hälfte des Lebens eventuell schon vorbei ist. Die eigene Jugend ist längst Vergangenheit, die eigenen Kinder werden größer. Im Vordergrund stehen möglicherweise Erziehungsfragen und Schulprobleme der Kinder. Die Pubertät bahnt sich an und muss nicht nur von den Teenagern, sondern auch von deren Eltern durchgestanden werden. Diese Lebensphase ist eine Zeit des Einsatzes und der Fürsorge für andere. Die Herausforderung dabei ist es, sich selbst nicht aus den Augen zu verlieren.

In der Lebensmitte wird häufig neu nach dem Sinn gefragt: War das alles im Leben? Gibt es noch mehr?

Themen und Fragen aus diesem Lebensabschnitt:
- Weiterkommen in Familie und Beruf
- Karriere, evtl. mehrere Berufe
- Sollte noch einmal ein Arbeitsplatzwechsel gewagt werden?
- Lebensmotto: „Schaffe, schaffe, Häusle baue" oder ein anderes Motto?
- Partnerschaft/Ehebeziehung
- Single-Dasein akzeptieren und gestalten
- Sorgen um die Kinder
- Frage nach dem Lebenssinn
- Kinder als Selbstverwirklichung?
- Freizeit – Engagement (politisch, ehrenamtlich, sozial, in Vereinen …)

Jesus erzählt in seiner Bergpredigt ein Gleichnis zum Lebensfundament. Seine Erzählung lädt uns ein, über unsere eigene Lebensgrundlage nachzudenken: Baue ich auf Sand oder auf Fels?

Was geschieht mit mir und meinem Leben in stürmischen Zeiten? Was hält? Auf welchem Boden stehe ich?

Ein festes Fundament
Wer meine Worte hört und danach handelt, ist klug. Man kann ihn mit einem Mann vergleichen, der sein Haus auf felsigen Grund baut. Wenn ein Wolkenbruch niedergeht, das Hochwasser steigt und der Sturm am Haus rüttelt, wird es trotzdem nicht einstürzen, weil es auf Felsengrund gebaut ist. Wer sich meine Worte nur anhört, aber nicht danach lebt, der ist so unvernünftig wie einer, der sein Haus auf Sand baut. Denn wenn ein Wolkenbruch kommt, die Flut das Land überschwemmt und der Sturm um das Haus tobt, wird es aus allen Fugen geraten und krachend einstürzen.

Als Jesus seine Rede beendet hatte, waren die Zuhörer von seinen Worten tief beeindruckt. Denn anders als ihre Schriftgelehrten sprach Jesus mit einer Vollmacht, die Gott ihm verliehen hatte. (Matthäus 7,24-29)

Jesus ermutigt uns, unser Leben von ihm her bestimmen zu lassen und Gott den ersten Platz und die erste Priorität in unserem Leben einzuräumen. Dieses Fundament hält und wirkt sich auch auf unsere Beziehung zu uns selbst und zu anderen Menschen aus, so wie es in Matthäus 22,37.39 formuliert wird: *Du sollst den Herrn, deinen Gott, lieben von ganzem Herzen, mit ganzer Hingabe und mit deinem ganzen Verstand! ... Liebe deinen Mitmenschen wie dich selbst.*

Josua und Salomo: Männer mit klarer Orientierung
Josua, unter dessen Führung das Volk Israel ins verheißene Land einzieht, hält am Ende seiner Mission vor dem Volk einen Rückblick und erinnert sich, wie wunderbar Gott sie durch die Geschichte hindurch mit Zeichen und Wundern bewahrt und versorgt hat. Er weist auf Gottes Treue hin und stellt die Israeli-

ten vor die Entscheidung: entweder dem lebendigen Gott – dem Herrn „Ich bin bei dir" – zu dienen oder den Göttern. Was ihn betrifft, so hat Josua seine klare Entscheidung getroffen: *Ich aber und meine Familie, wir wollen dem Herrn dienen.* (Josua 24,15)

König **Salomo** wurde u. a. durch seinen Tempelbau berühmt (1. Könige 5-6; 2. Könige 25; 2. Chronik 1-5; Jeremia 52). Sein Vater, König David, hatte während seiner Regierungszeit den großen Wunsch, Gott ein Haus zu bauen. Doch Gott sagte ihm, dass nicht er diesen Tempel bauen würde, sondern sein Sohn Salomo (1. Könige 5,17-19; 2. Samuel 7,13). Als Salomo als König regierte, war es endlich so weit: Der Bau konnte beginnen. Im vierten Jahr von Salomos Herrschaft (ca. 957 v. Chr.) begann der Tempelbau, dessen Bauzeit sieben Jahre betrug (1. Könige 6,38). Es war ein großes Projekt, das viel Zeit, Planung, Arbeitskräfte und Material beanspruchte. Ein noch größeres Projekt stellten Salomos eigene Häuser dar, denn daran baute er sogar dreizehn Jahre lang!

Salomo weihte Gott den Tempel vor einer großen Versammlung. Gottes Antwort an ihn lautete: *Ich habe dein Flehen erhört. Diesen Tempel, den du gebaut hast, habe ich als einen heiligen Ort erwählt, an dem ich für immer wohnen will. Mein Blick wird stets auf ihm ruhen, denn mein Herz hängt an ihm.* (1. Könige 9,3)

Unser Glaubensfundament

Beim Lebensfundament geht es auch und vor allem um den Glauben. Was glaube ich? An wen glaube ich? Was ist Glaube überhaupt? Wie passen Glaube und Wissenschaft zusammen?

Der, dem ich glaube, muss selbst sicher, zuverlässig, tragend und treu sein, sonst vertraue ich dem Falschen. Gott wird in der Bibel als absolut treu und zuverlässig bezeichnet. Auf ihn ist Verlass. Er hält seine Verheißungen. Es lohnt sich immer, ihm zu vertrauen! Glaube ist Vertrauen. Das biblische Wort für Glauben (griechisch *pisteuo*) bedeutet nicht nur zu *glauben* und überzeugt zu sein, dass etwas so ist und existiert, sondern auch zu *vertrauen*. Man glaubt dem, auf den man sich *absolut verlassen* und auf den man *bauen* kann. Glauben meint auch *etwas zu erwarten* und jemandem etwas *zuzutrauen*, es bedeutet *anerkennen, sicher erwarten, hoffen* und *zuversichtlich annehmen*.

Innehalten

Um Klarheit darüber zu erhalten, was bzw. woran man glaubt, hilft es, einmal das eigene Glaubensbekenntnis bzw. einen Glaubenstext niederzuschreiben. Hier ein Beispiel:

WAS und WARUM ich GLAUBE:
Ich vertraue Gott,
  weil er mich schon kannte, bevor ich gezeugt war,
  und weil er mich im Mutterleib bereitete.
Ich glaube an ihn,
  weil er mich wollte und will und bedingungslos liebt.
  Er hat mich wunderbar geschaffen,
  schenkte mir das Leben und gab diesem einen tiefen Sinn.
Ich kann mich sicher darauf verlassen,
  dass er immer und überall bei mir ist,
und **ich glaube fest**,
  dass er mich versorgt und mir in den Lebenstälern vorausgeht.
Ich bin davon überzeugt, dass Gott Interesse und Zeit für mich hat,
  denn **ich weiß**, dass er meinen Namen kennt
  und sogar jedes einzelne Haar auf meinem Kopf.
Ich habe mich von Gott überzeugen lassen,
  dass er mich liebt und dass ich wertvoll in seinen Augen bin.
  Ich bin ihm sogar so viel wert, dass er selbst Mensch wurde.

Weil Gott **absolut vertrauenswürdig und treu ist**,
    schenke ich ihm mein Vertrauen und wage den Sprung,
    weil er mich mit seinen Vaterarmen auffängt.
    Was er sagt, das hält er gewiss!
Ich baue auf Jesus, weil er ein sicherer Fels ist.
Ich vertraue mich Gott an,
    weil ich weiß, dass ich bei ihm sicher bin,
    nicht weil ich dann nicht mehr leiden müsste
    oder der Wohlstand gesichert wäre,
    sondern weil im Sturm der Welt,
    im Leiden, in Schmerz und in Angst jemand da ist,
    der mich hält und der dafür sorgt, dass ich nicht zerbreche.
Ich traue auf ihn, weil er der „ICH BIN DA" ist.
    Diese Gegenwart übersteigt jede menschliche Beziehung,
    denn gerade da, wo Menschen mich enttäuschen,
    mich nicht verstehen oder mich verlassen,
    ist Gott bei mir und versteht meine innersten Gedanken.

Ich halte es für wahr, dass Gott die Welt geschaffen hat,
    auch den Menschen – dich und mich –
    und dass er mit der Menschheit damals, heute und morgen
    Geschichte macht – auch mit dir und mir.
Ich bewundere Gott, dass er uns die Freiheit gab, uns
für oder gegen ihn
    zu entscheiden,
    und dass er dies sogar in dem Wissen tat,
    dass der Mensch mit seinem trotzigen Herzen rebellieren
    und aus Machtgier und dem Streben nach Anerkennung
    „Nein" zu Gott sagen würde.

Ich sehe, dass Gott keine Marionetten oder Sklaven wollte,
    sondern dich und mich als verantwortungsbewusste Menschen.
Ich bin traurig,

dass der Mensch seine Macht missbraucht und die Schöpfung zerstört,
anstatt sie zu bewahren.
Deswegen all das Leid!
Der Mensch zerfleischt sich selbst und andere.
Aber ich traue Gott zu,
dass er auch noch das „sinkende Schiff Erde" hält,
und ich bin gewiss, dass er noch jetzt jeden Menschen
– dich und mich – zu einer Entscheidung ruft –
für oder gegen ihn!
Ich erwarte von ihm,
dass er jedem Menschen zwei- oder dreimal in seinem Leben begegnet
und ihn vor die Entscheidung stellt.

Weil Gott mich zuerst liebte,
als ich mich noch gegen ihn auflehnte,
weil er mich suchte,
als ich noch vor ihm davonlief,
weil er auf mich wartete,
als ich ihm den Rücken kehrte,
weil er nach mir Ausschau hielt,
als ich noch weit entfernt von ihm war, und
weil er JA zu mir sagte,
als ich noch schrie: „Kreuzige ihn!"…

darum heißt meine Antwort heute:
HERR, **ich schenke dir meinen Glauben.**
Ich überlasse mich dir vertrauensvoll.
Ich vertraue dir mein Wertvollstes **an**: Mich selbst!

Ich brauche Vergebung, die nur du mir geben kannst!
Ich erkenne an, dass du mein rebellisches, egoistisches, stolzes, gieriges, zerstörerisches, verbittertes … Wesen
besiegt hast, und ich kapituliere vor dir.

Nimm du meine Hand und führe mich weiter,
Schritt für Schritt.
Ich erwarte, dass du mich **sicher** führst und an dein Ziel
bringst.
Ich hoffe, dass du mich veränderst – mehr und mehr in dein
Bild –
so wie du mich gewollt, gemeint und geschaffen hast.

Du verwandelst
    Rebellion in Glauben
    Egoismus in Nächstenliebe
    Stolz in Demut
    Gier in ein schenkendes Herz
    Gewalt in Sanftmut
    Bitterkeit in Liebe!

Zuversichtlich nehme ich deine Vergebung **an** und **verspreche
dir**:
Bei dir will ich bleiben!
Und sollte ich mich doch wieder von dir entfernen,
so lass mich in deine Arme zurückkehren.
Ich weiß gewiss: Du liebst mich noch immer!

DAS und DARUM GLAUBE ich!

Sabine Herold

Anmerkung: Die fettgedruckten Wörter geben die Bedeutung des griechischen Wortes für glauben (πιστευω, gesprochen pisteuo) wieder.

Erziehung: Vater oder Mutter werden und sein

Sobald ein Kind unterwegs und auf der Welt ist, kommen Mütter und Väter automatisch mit dem Thema Erziehung in Berührung. Erziehung ist ein uferloses Thema, und inzwischen gibt es dazu eine Fülle von Theorien und Strategien für mehr oder weniger verzweifelte Eltern.

Wer einen Erziehungsratgeber sucht, ist womöglich beim Überangebot der Literatur völlig überfordert, denn Ratgeber zur Erziehung gibt es in Hülle und Fülle. Die Erziehung in der Praxis ist dann jedoch ein anderes Thema, da jedes Kind verschieden ist und seine Eltern vor individuelle Herausforderungen stellt.

 Eine Geschichte aus der Schatztruhe des Lebens

Als ich mit dem ersten Kind schwanger war, wurde ich mit Unmengen von Büchern, Heften, Zeitschriften und Artikeln zum Thema Schwangerschaft konfrontiert. Es war manchmal schwer, aus der Fülle von Informationen die wichtigsten Punkte für mich herauszufiltern. Noch schwieriger waren dann die Berge von Erziehungsratgebern, die meine Unsicherheit oft noch vergrößerten, als dass sie mir weiterhalfen. Als ich schließlich drei Kinder hatte, merkte ich, wie unterschiedlich die Charaktere sind, wie jedes seine eigene Persönlichkeit hat und jedes neben der Liebe und Annahme, Versorgung und dem Schutz durch die Eltern Verschiedenes brauchte. Der eine weinte schon, wenn ich ihn nur böse anschaute, den anderen schien es gar nicht zu stören, wenn ich ausrastete und so laut wurde, dass ich es selbst unerträglich fand ...

Erziehungsratgeber Bibel
Kinder sind eine Gabe Gottes, heißt es in der Bibel (Psalm 127,3). Wenn Gott uns Menschen Kinder anvertraut, dann sind wir ihm gegenüber verantwortlich, wie wir sie erziehen, begleiten und fördern. Und jede Person, die erzieht, ist herausgefordert, die vom Kind geforderten Werte und Verhaltensweisen selbst vorzuleben, also Vor-Bild zu sein. Jede erziehende Person sollte

selbst in der Erziehung und Schule Gottes sein und von seiner Liebe erfüllt und geleitet werden.

Erziehen bedeutet vom hebräischen Wort her „züchtigen" und „lehren". Es geht dabei um ein Handeln von Person zu Person. Auch das griechische Wort (παιδευειν / *paideuein* – davon leitet sich auch der Pädagoge ab) beinhaltet *züchtigen, zurechtweisen, anleiten.*

Der altmodische Begriff „züchtigen" ist in unserer heutigen Zeit sehr negativ belastet, da er häufig nur auf körperliche Strafen, d. h. Prügel und Schläge, reduziert wurde, was ja mittlerweile – glücklicherweise – gesetzlich verboten ist.

Doch schauen wir uns einmal Gott als Erzieher an: Gott selbst ist der Pädagoge schlechthin. Er leitet uns an, gibt Anweisungen, setzt Grenzen. Bei Gott steht die Züchtigung nicht an erster Stelle, sondern sein Ja zu uns, seine Liebe, sein Erbarmen, sein Trost. Und wenn Gott züchtigt – oder besser ausgedrückt: zurechtweist –, ist es wohl vor allem zu unserem Schutz und Besten. Gott mutet uns nicht etwas Schweres zu, weil ihm das gut gefällt, sondern weil er uns vor Schaden bewahren will.

Es ist wie bei einem Hirten, der seinen Schafen zum Teil wehtun muss – z. B. bei der Klauenpflege, beim Verarzten, beim Verabreichen von Medikamenten oder beim Befreien aus Zäunen, Gestrüpp oder Gruben. Wenn er sie nicht durch diese Maßnahmen schützt, müssten die Tiere die logischen Konsequenzen tragen, wenn sie ihre eigenen Wege gehen und Grenzen testen bzw. überschreiten wollen. Denn so mancher Zaun hat es in sich ... Es geht also vielmehr um natürliche oder logische Folgen anstatt um brutale Strafen, auch wenn das aus Sicht des Schafes vielleicht nicht immer nachvollziehbar ist. Und aus dieser Perspektive ist Gott der beste Hirte bzw. der beste Vater!

Ich persönlich weiß nicht, wo ich heute wäre, wenn Gott mir nicht hier oder dort Grenzen gesetzt hätte. In manchen Momenten war ich wirklich sauer oder auch traurig, wenn eine Tür zuging, aber im Nachhinein wurde ich dankbar, weil ich nach einer gewissen Zeit einsehen konnte, dass dieser oder jener Weg nicht gut für mich gewesen wäre.

Folgende Bibelstellen beschreiben Gott als Erzieher sowie seine „Erziehungsmethoden":

Nur für eine kurze Zeit habe ich dich verlassen. Ich will dich wieder zu mir holen, denn ich liebe dich immer noch. Im Zorn habe ich mich für einen Augenblick von dir zurückgezogen. Doch ich habe Erbarmen mit dir, und meine Liebe wird nie mehr aufhören. Das verspreche ich, der Herr, dein Erlöser. (Jesaja 54,7-8)

Du, Herr, du bist unser Vater. „Unser Erlöser" – so hast du von jeher geheißen. (Jesaja 63,16)

Ich habe euch schon immer geliebt, darum bin ich euch stets mit Güte begegnet. (Jeremia 31,3)

Denn der Herr verstößt uns nicht für immer. Er lässt uns leiden, aber dann erbarmt er sich wieder, denn seine Gnade ist groß. Wenn er uns straft und Leid über uns bringt, so schmerzt es ihn selbst. (Klagelieder 3,31-33)

Mein Sohn, wenn der Herr dich zurechtweist, dann sei nicht entrüstet, sondern nimm es an, denn darin zeigt sich seine Liebe. Wie ein Vater den Sohn erzieht, den er liebt, so erzieht dich auch der Herr. (Sprüche 3,11-12; vgl. auch Hebräer 12,5-7)

Darum knie ich nieder vor Gott, dem Vater, und bete ihn an, ihn, dem alle Geschöpfe im Himmel und auf der Erde ihr Leben verdanken und den sie als Vater zum Vorbild haben. (Epheser 3,14-15)

Die Unterschiede in der göttlichen und der menschlichen Erziehung

Das Ziel von Gottes Erziehung ist immer sein Heil, Bewahrung und letztlich die Umkehr zu ihm. Was unsere Kindschaft und

Gottes Vaterschaft angeht, so ist der Unterschied bei Gott, dass wir immer mehr *mit ihm* und *aus ihm* bzw. in der Abhängigkeit von ihm leben sollen. Bei „menschlichen" Eltern und Kindern geht es hingegen darum, dass die Kinder eines Tages das Elternhaus verlassen und auf eigenen Füßen stehen und selbstverantwortlich handeln.

Gott teilt uns seine Werte mit. In Jesus hat er uns gezeigt und vorgelebt, wie ein Leben nach seinem Sinn gelebt werden kann. So sind wir eingeladen, in den Spuren von Jesus zu laufen und dadurch selbst zum Vorbild zu werden und andere einzuladen, in denselben Spuren zu laufen.

Vielleicht ist es bei den eigenen Kindern am schwierigsten, Vorbild zu sein und den Glauben einladend zu leben, denn unsere Kinder erleben uns nicht nur, wenn wir zu anderen freundlich, höflich und nett sind, sondern auch dann, wenn wir nicht mehr können und wollen, wenn wir traurig und schlecht gelaunt, wütend oder sogar unmöglich sind.

Und doch gibt uns die Bibel auch hier einige wichtige Richtlinien, wie z. B.:

Epheser 6,1-4:

Ihr Kinder, gehorcht euren Eltern! So erwartet es der Herr von euch. „Ehre deinen Vater und deine Mutter!" Dies ist das erste Gebot, das Gott mit einer Zusage verbunden hat: „... damit es dir gut geht und du lange auf dieser Erde lebst." Ihr Väter, behandelt eure Kinder nicht ungerecht! Sonst fordert ihr sie nur zum Widerspruch heraus. Eure Erziehung soll sie vielmehr in Wort und Tat zu Gott, dem Herrn, hinführen.

Die Aufgabe von Eltern ist, ihre Kinder zu erziehen, zu lehren, zu versorgen, zu beaufsichtigen und vor allem: zu lieben! Die Gefahr ist, dass Eltern ihre Kinder entweder vernachlässigen oder im Gegenteil zu sehr binden und behüten. Schade ist es, wenn Kinder ungleich und ungerecht behandelt werden, wenn eines dem anderen vorgezogen wird oder eines bewusst übergangen wird. Doch es ist andererseits fast nicht möglich, mit jedem haargenau gleich und gerecht umzugehen, weil das eine Kind etwas ganz anderes braucht als das andere, und was das eine gerne hat, mag das andere vielleicht überhaupt nicht. Und schließlich: Auch Eltern sind nur Menschen und demzufolge mit menschlichen Stärken und Schwächen behaftet, die sich auch in der Erziehung zeigen.

Einige traurige Beispiele

In der Bibel werden uns auch misslungene Beispiele von Eltern berichtet, die eines ihrer Kinder bevorzugten, mehr liebten und dies auch lebten, sodass der Neid und die Missgunst der anderen Geschwister geweckt wurde. Jakob, der Josef allen anderen Söhnen vorzog, habe ich bereits erwähnt (vgl. Kapitel zu Jugend; 1. Mose 37,3-4). Jakob selbst hatte es aber nicht anders erlebt. In seinen jungen Jahren bevorzugte sein Vater Isaak seinen erstgeborenen Zwillingsbruder Esau. Seine Mutter Rebekka hatte Jakob lieber, zog ihn auf ihre Seite und benutzte ihn für ihre Pläne (1. Mose 25,28; 1. Mose 27, vgl. Kapitel zu Kindheit). Bei König David bekommt man den Eindruck, dass er einige seiner Söhne besonders ins Herz geschlossen hatte, z. B. den Erstgeborenen Sohn Amnon, den schönen Absalom oder Salomo, dass er sich aber um seine anderen Kinder herzlich wenig kümmerte. Als seine Tochter Tamer von Amnon vergewaltigt wird, bleibt eine klare Stellungnahme aus, weil er Amnon gern hat und dieser sein Erstgeborener ist. Er wird lediglich zornig, was Tamar nicht viel hilft (2. Samuel 13,21).

Unsere Aufgabe als Eltern

Als Eltern sind wir herausgefordert, unsere Kinder auf ihrem Weg zu begleiten und ihnen so viel es geht zu ermöglichen, damit sie in die Lebensaufgabe hineinwachsen, die Gott für sie bereit hat. Wir dürfen sie ermutigen, ihre Gaben und Fähigkeiten zu entwickeln und für Gott und andere einzusetzen – letztlich Gott zu dienen.

Im Grunde genommen erziehen nicht nur die Eltern ihre Kindern, sondern ebenso können auch Kinder Korrektur anbringen, wo die Möglichkeit dazu besteht: Kinder sind nämlich wie ein Spiegel. Dies kann wehtun, aber wenn wir einmal genauer hinschauen und offen sind für das Feedback unserer Kinder, dann müssen wir in vielen Fällen zugeben: „Ja, du hast recht …"

 Eine Geschichte aus der Schatztruhe des Lebens

Als meine Kinder noch nicht in der Pubertät waren, fuhren sie immer wieder gerne mit mir in den Gottesdienst. Einmal predigte ich über Martha, das nächste Mal über Maria (Lukas 10,38-42). Nachdem ich über Martha gepredigt hatte und auf dem Heimweg war, sagte unser ältestes Kind: „Mama, nicht wahr, heute hast du über dich selbst gepredigt!" Nach einem ersten Schreckmoment musste ich lachen und zugeben: Ja, da steckte viel Wahrheit drin …

Kinder schauen in unser Herz
Kinder prüfen uns auf unseren Echtheitsgrad. Sie merken schnell, wenn wir nicht authentisch sind, und erkennen den Unterschied in unserem Verhalten zu Hause und außerhalb der eigenen vier Wände sofort.

Es ist wertvoll, wenn wir uns immer wieder von unseren Kindern spiegeln lassen, wie sie uns empfinden. Manchmal braucht es da vielleicht eine ordentliche Portion Demut – und von den Kindern braucht es Mut, offen und ehrlich uns Eltern gegenüber zu sein, nicht nur höflich …

Gott als Vater und Mutter!
Nicht alle hatten gute Eltern.

Manche erlebten ihre Eltern als schlechte Eltern.

Manche werden von ihren Kindern als schlechte Eltern erlebt.

Manche hatten in ihrer Kindheit eine bessere Beziehung zur Mutter, andere zum Vater.

Bei den einen ist die Elternbeziehung verletzt, zerrüttet, gestört, bei anderen konnte eine gute Beziehung zu den Eltern wachsen.

Doch eine Tatsache steht fest: Wir bleiben immer Sohn oder Tochter unserer Eltern, und sobald wir selbst Eltern sind, bleiben wir immer Vater oder Mutter unseres Kindes bzw. unserer Kinder.

Und als Eltern verweisen wir selbst immer auch auf Gott, der väterlich und mütterlich uns gegenüber ist, der Vater aller Vaterschaft, der tröstet, wie eine Mutter tröstet. Er ist uns dadurch Vorbild, obwohl klar ist, dass wir an ihn niemals heranreichen. Doch wir dürfen tagtäglich von ihm lernen.

Ich erwähne noch einmal, was ich in Kapitel 2 zur Kindschaft bei Gott geschrieben habe, diesmal jedoch unter dem Aspekt der Elternschaft:

Gott selbst wird in der Bibel als „rechter Vater" bezeichnet. Der Apostel Paulus schreibt in Epheser 3,14-15:

*Darum knie ich nieder vor **Gott, dem Vater**, und bete ihn an, ihn, dem alle Geschöpfe im Himmel und auf der Erde ihr Leben verdanken und **den sie als Vater zum Vorbild haben**. (Hoffnung für alle)*

*Deshalb beuge ich meine Knie vor **dem Vater, von dem jede Vaterschaft** in den Himmeln und auf Erden **benannt wird**. (Rev. Elberfelder Bibel)*

*Deshalb beuge ich meine Knie vor **dem Vater, der der rechte Vater ist über alles**, was da Kinder heißt im Himmel und auf Erden. (Luther 1984)*

Doch was ist, wenn Menschen mit Gott als Vater – und überhaupt mit dem Vaterbild – aus dem Grund Schwierigkeiten haben, weil sie nie einen liebenden, fürsorglich versorgenden Vater gehabt haben? Weil ihr Vater vielleicht entweder gar nicht da war

– abwesend oder unbekannt – weil sie durch ihren Vater nichts als Gewalt, Strafen, Härte, Schmerzen und Demütigungen – vielleicht sogar Missbrauch – oder Ablehnung erlitten haben oder weil ihr Vater so charakterschwach und unterdrückt war, dass sie für diesen Elternteil nichts als Verachtung übrig hatten ... Aus diesen vielfältigen Gründen steht für viele fest: *Ich kann nicht an Gott als meinen mich liebenden Vater glauben.*

Die Frage kommt dazu, ob diese Person selbst ein guter Vater (oder eine gute Mutter) sein kann, wenn sie Vater oder Mutter – oder sogar beide – negativ erlebt hat und diese als einziges Vorbild hatte.

Gottes väterliche Liebe

Es ist nur allzu verständlich, wenn eine solche Person Mühe mit einem männlichen, ja sogar väterlichen Gottesbild hat. Wenn wir von Gott als Vater hören oder lesen, dann ziehen wir unbewusst die Verbindung zu unserem eigenen Vater. Je nachdem, welche Erfahrungen wir schon mit diesem als Kind gemacht haben, beeinflusst dies auch unser Gottesbild sowie unser eigenes Elterndasein. Spätestens wenn wir selbst Eltern sind, lernen wir auch die andere Perspektive kennen und merken, wie schwierig es ist, ein guter Vater bzw. eine gute Mutter zu sein.

Vielleicht könnte es helfen, sich bewusst zu machen, dass Gottes Vater-Sein in einer echten und guten Vaterschaft besteht. In der Bibel wird Gott als guter Vater beschrieben, der seine Kinder liebt, mit guten Gaben versorgt, der sie erzieht, schützt, führt und trägt. Doch manchmal helfen alle Bibelstellen, Argumente und der Verweis auf Gott als den besten Vater herzlich wenig.

Gottes mütterliche Liebe

Die Bibel stellt uns Gott nicht nur als Vater vor, sondern gebraucht auch durch und durch weibliche bzw. mütterliche Bilder für ihn.

Im ersten Schöpfungsbericht in 1. Mose 1 steht von Gott, dass er den Menschen als sein Ebenbild schuf, und zwar „männlich *und* weiblich". Wenn nun der Mensch in seinem Dasein als Mann und Frau auf Gott hinweist, dann teilt uns dies mit, dass auch Gott selbst männlich *und* weiblich ist und auch solche Eigenschaften – eben *männliche und weibliche, väterliche und mütterliche* – in sich trägt.

Und nach und nach offenbart Gott Bilder und Wesenszüge von sich, die zutiefst mütterlich bzw. weiblich sind – auch wenn er weder Mann noch Frau ist. Bei allem Vergleichen muss uns bewusst bleiben, dass alle unsere menschlichen Bilder über Gott letztlich darüber hinaus verweisen und zeigen, dass er Gott ist und eben nicht wie unsere Väter oder Mütter oder wie wir selbst als Väter oder Mütter.

In Hosea 11,9 macht er klar: *Ich bin Gott und nicht ein Mann!* Wie schon in Kapitel 2 erwähnt, wählen die meisten Bibelübersetzungen an dieser Stelle den Begriff „Mensch". Im hebräischen Text steht an dieser Stelle der Begriff *'isch*, der zwar mit „Mensch" übersetzt werden kann, allerdings eindeutig eine männliche Form darstellt. Für den neutralen Begriff „Mensch", der sowohl Frauen als auch Männer umfasst, wird in der hebräischen Bibel meistens *adam* verwendet.

An anderer Stelle beschreibt Gott sich als mütterlicher Tröster und sagt: *Ich will euch trösten wie eine Mutter ihr Kind.* (Jesaja 66,13)

Gottes übermenschliche Liebe

Die Bibel macht aber auch klar, dass Gott mehr ist als Vater und Mutter. Wo Vater und Mutter versagen oder aufgeben, ist Gott noch da. Wo wir selbst als Eltern versagen, ist Gott noch da: *Wenn Vater und Mutter mich verstoßen, nimmst du, Herr, mich doch auf.* (Psalm 27,10)

Gott ist der Herr, und dieses „Herr" meint eigentlich den geheimnisvollen Namen „JHWH". JHWH heißt „Ich bin, der ich bin", „Ich werde sein, der ich da sein werde", „Ich bin da", oder persönlich ausgedrückt: „Ich bin immer für dich da! – väterlich, mütterlich, versorgend, tröstend, ermutigend, nährend, heilend, schützend, segnend."

Gott ist väterlich *und* mütterlich! Er ist unser Vorbild sowohl in seiner *väterlichen* als auch in seiner *mütterlichen Art*. Von ihm dürfen wir als Söhne und Töchter, aber auch als leibliche oder geistliche Eltern lernen. Er ist der treue Gott!

INNEHALTEN

Wer bin ich?
Ein Mensch am Ende,
mit zerbrochenem Herzen,
wissend, niemals vor Gott zu bestehen, nichts bringen zu können,
und doch hoffend, von ihm angenommen
und umarmt zu werden –
väterlich, mütterlich?

Bin ich ein Kind des Vaters,
das endlich umgekehrt ist, heimgekehrt
an den Ort, wo mein Hunger satt wird;
zu der Fülle, die größer ist, als ich zu hoffen wage;
zu der Quelle, die über mein Verlangen hinaus
meinen Durst stillt;
in die Arme, die mir Halt geben und wo Tränen fließen dürfen;
wo Scham und Schuld von meinen Schultern genommen werden;
wo ich loslassen muss, was ich am liebsten festhalten möchte: mich
selbst!
Es ist der Ort am Herz des Vaters ...
Wo bin ich?

Wer bin ich?
Ein Mensch zu Hause –
mit offenem Herzen für den anderen?
Mit offenen Augen, seine Not zu sehen?
Mit offenen Armen, die ihn aufnehmen und an sich drücken?
Mit offenen Ohren, die ihn auch wirklich hören?
Bin ich anderen ein Vater?
Ein Vorbild in Gottes Familie, väterlich, gütig, weitherzig?
Bin ich anderen eine Mutter,
die selbst nach Hause gefunden hat
und anderen Heimat gibt?
Liebevoll, mitfühlend und unterstützend?

Gott, der Vater aller Vaterschaft, sucht Kinder,
die zu ihm nach Hause kommen – so wie sie sind –
und die sich von ihm nach Hause lieben lassen.
Gott sucht Väter und Mütter,
die anderen Heimat geben und ihre Herzenstüre weit öffnen.
Gott sucht uns – dich und mich!
Wo bist du?

Sabine Herold

(Gedanken zu Lukas 15: Von den verlorenen Söhnen und vom barmherzigen Vater)

 Schatztruhen-Zeit

Persönliche Fragen zum Nachdenken / Impulse zum Vertiefen
  ⇨ Welche Themen sind mir zurzeit besonders wichtig, und warum? Was beschäftigt mich?
  ⇨ Was habe ich bisher erreicht? Was fehlt mir? Was vermisse ich? Was will ich gerne noch erreichen?
  ⇨ Was genieße ich? Was freut mich? Wofür bin ich dankbar?

- ⇨ Welches ist mein tragendes Fundament?
- ⇨ Wer bin ich? Wie sehe und erlebe ich mich selbst als Frau/Mann?
- ⇨ Wie geht es mir als Partner/in bzw. Ehefrau/Ehemann in meiner Beziehung?
- ⇨ Wie fühle ich mich als Mutter/Vater?
- ⇨ Wo stehe ich in meinem Beruf?
- ⇨ Wo stehe ich im Glauben an Gott?
- ⇨ Wo stehe ich im Leben? Auf welches Fundament habe ich bisher gebaut? Wo braucht es eine Veränderung, Renovierung, einen Umbau oder gar Neubau?
- ⇨ Wer oder was steht bei mir an erster Stelle?
- ⇨ Kann ich den Satz Josuas von Herzen aussprechen: „Ich aber und meine Familie, wir wollen dem Herrn dienen"? Wo habe ich dabei Mühe? Wem diene ich in meinem Alltag?
- ⇨ Welche Projekte fordern meine Zeit, meine Kraft, mein Geld?
- ⇨ Wie viel davon ist für Gott? Wie viel für mich selbst?
- ⇨ Worin besteht der Unterschied, ob ich ein Projekt für Gott mache und ihm anvertraue oder für mich selbst wirke?
- ⇨ Was hat mich selbst als Kind in meinem Elternhaus geprägt?
- ⇨ Wie habe ich meine eigenen Kinder wohl geprägt? Wenn ich sie frage, was würden sie möglicherweise sagen? (Wie wäre es, die eigenen Kinder danach zu fragen?)
- ⇨ Steht mir eines meiner Kinder besonders nahe? Besteht zwischen einem Kind und mir eine große Distanz? Sind wir uns fremd? War dies schon in der Kindheit so? Wie kam es zu dieser Nähe bzw. Distanz?
- ⇨ Habe ich eines meiner Kinder vernachlässigt oder bevorzugt? Was würden meine Kinder dazu sagen? Was könnte ich ändern?
- ⇨ Wie habe ich meine Schwangerschaften mit meinen Kindern erlebt?
- ⇨ Woran erinnere ich noch von den Geburten? Wie war die Zeit danach?

⇨ Welches sind meine schönsten Erinnerungen mit unseren Kindern?
⇨ In welchen Situationen habe ich von meinen Kindern ein ehrliches Feedback erhalten? Welche Rückmeldungen haben mich gefreut? Welche waren schwierig?

Vielleicht könnte ich in den nächsten Tagen einen Brief bzw. Briefe an meine Kinder schreiben und ihnen ein ermutigendes, wertschätzendes Feedback geben.

Falls meine Eltern noch leben, kann ich diesen Brief auch als Sohn oder Tochter an ein oder beide Elternteile schreiben. Wie kann ich ihnen meine Wertschätzung ausdrücken, aber auch ein ehrliches Feedback geben, wenn dieses wichtig ist?

Falls ich keine eigenen Kinder habe:

⇨ Welche Erfahrungen habe ich mit Nichten oder Neffen, mit Patenkindern oder Nachbarskindern gemacht? Welches sind schöne Erinnerungen?
⇨ Wie geht es mir damit, kinderlos zu sein? Wie gehe ich damit um?

 Zwei Geschichten aus der Schatztruhe des Lebens

Edith erzählt:

Unser Sohn kam vor bald 25 Jahren genau drei Monate zu früh zur Welt. Glücklicherweise war er bereits in der Lage, mithilfe von zugeführtem Sauerstoff selbständig zu atmen, und er war mit rund einem Kilogramm Geburtsgewicht auch ziemlich schwer. Doch ob dies zum Überleben reichte? Als Erstes bangten wir, ob er den ersten Tag überstehen würde, dann die erste Woche, und schließlich erklärte uns der zuständige Arzt, dass wir während des ganzen ersten Monats mit allem rechnen müssten. Täglich besuchte ich, meistens auch mein Mann, unseren winzigen Sohn in der Universitätsklinik, um die abgepumpte Milch vorbeizubringen und wenigstens ein paar Stunden in seiner Nähe sein zu können. In die Arme schließen konnten wir unser Kind während des ersten Monats nicht, nur Berührungen durch das geöffnete Fensterchen des Inkubators waren möglich. Gegen Ende des ersten Lebensmonats erlebten wir nochmals bange Stunden. Daniel benötigte plötzlich sehr viel mehr Sauerstoff und stand kurz vor dem Intubieren, also der künstlichen Beatmung. In dieser Zeit des Hoffens und Bangens konnte ich nicht mehr beten, irgendwie empfand ich mich wie in einem Vakuum. Und doch fühlte ich mich getragen, wusste mich geborgen in den Händen Gottes.

Trotz einiger Defizite und einer nicht sehr einfachen Schulzeit entwickelte sich unser Sohn zu einem gesunden, selbstständigen jungen Mann. Dafür bin ich von ganzem Herzen dankbar! Allerdings kann ich im Nachhinein nicht behaupten, dass ich dies als eine gute Erfahrung in meinem Leben verspüre. Es war halt einfach so. Zudem blieb Daniel unser einziges Kind. Gerne wären wir eine große Familie geworden. Auch dies war halt einfach so. Mein Mann und ich mussten lernen, dies anzunehmen.

Kurz nach Daniels Geburt wurde bei meinem Vater Alzheimer diagnostiziert. Wir bauten einige Zeit nach der Diagnose mein Elternhaus aus, sodass meine kleine Familie nun mit meinen Eltern in zwei getrennten Wohnungen unter einem Dach leben konnte. Die gemeinsamen Jahre mit meinem kranken Vater waren oftmals sehr schwierig. Zumindest in unserer Gegend gab es zu diesem Zeitpunkt weder geeignete Einrichtungen für Alzheimer-Patienten, noch wussten Ärzte und Pflegepersonal genügend Bescheid über diese Krankheit. Einzig eine Selbsthilfegruppe für Angehörige konnte wertvolle Hilfe verschaffen. Mein Vater, der ursprünglich ein sehr liebenswürdiger Mann war, veränderte sich durch die Krankheit zu einem oftmals boshaften Menschen; ja, ich hatte manches Mal sogar Angst vor ihm. Hierbei war mir der kleine Daniel mehrfach ein Vorbild: Er wusste, dass sein Großvater krank war und diese Stimmungsschwankungen dazugehörten. Wenn er beschimpft und weggejagt wurde, kam er meistens etwas später zu mir und sagte: „Ich gehe mal nachschauen, ob es Großpapi wieder besser geht."

Einige Jahre später erkrankte meine Schwiegermutter ebenfalls an

Alzheimer. Zwar blieb sie meistens die liebenswürdige Frau, die sie zuvor schon gewesen war, doch es gab Momente, wo auch sie richtig böse werden konnte. Da spürte ich, dass mein „Konto" in dieser Hinsicht bereits prallvoll war – ich ertrug dieses Verhalten kaum mehr.

Es gab in meinem bisherigen Leben noch einige andere, nicht ganz einfache Zeiten, aber auch Phasen, in denen alles sehr einfach und glücklich verlief. Und ich gehe davon aus, dass ich von beiden Seiten noch Rationen abbekommen werde …

Ich empfinde mich wie einen Baum, der schon etliche Jahre gewachsen ist. Vor meinem inneren Auge sehe ich eine Kiefer, die vielleicht durch den Druck des Windes etwas schief gewachsen ist. Möglicherweise sieht ihr Stamm auch ein bisschen knorrig aus und die Rinde mag einige Kerben haben. Doch diese Kiefer ist trotzdem (oder vielleicht gerade deswegen?) schön.

Am Ende meines Lebens möchte ich einmal mit allem und trotz allem Erlebten zufrieden und nicht verbittert sein. Auch wenn ich Schweres nicht verstehe und vielleicht auch nichts Gutes darin zu erkennen vermag, möchte ich immer wieder sagen können: Es ist nun halt so, es gehört zu mir.

* * *

Anna erzählt aus ihrem Leben:

Wir waren eine ganz „normale" Familie bis zu dem Moment, als durch einen Notfall Pflegekinder, drei Geschwister, in unsere Familie kamen. Wir hatten mit unseren eigenen Kindern diese Situation besprochen und waren gemeinsam zu dem Schluss gekommen, diese Kinder bei uns aufzunehmen – ohne zu wissen, wie dies unsere ganze Familie verändern sollte. Unsere beiden eigenen älteren Kinder hatten sich schon ziemlich von daheim gelöst. Unser jüngstes Kind war zur damaligen Zeit gerade erst in die weiterführende Schule eingetreten.

Als die Pflegekinder zu uns kamen, hatte uns Gott die Verheißung gegeben, dass er all unseren Mangel ausfüllen würde: „Gott aber wird all eurem Mangel abhelfen nach seinem Reichtum …"

(Philipper 4,19) und dass er auch in den schwierigsten Situationen bei uns sein würde: „Wenn du durch Wasser gehst, will ich bei dir sein, wenn du durch Ströme gehst – sie werden dich nicht überfluten …" (Jesaja 43,2a). Trotz diesen sehr starken Verheißungen war uns kaum bewusst, was die neue Aufgabe für unsere ganze Familie bedeuten würde. Unsere Herzen waren einfach offen, die uns anvertrauten „neuen Kinder und neuen Geschwister" aufzunehmen, ohne tatsächlich zu ahnen, was das ganz praktisch mit allen Konsequenzen heißen würde.

Unsere Pflegekinder brachten eine unglaublich schwierige Geschichte mit. Sie waren schwer traumatisiert und brauchten die volle Aufmerksamkeit, Liebe und Zeit von uns Pflegeeltern. Unsere drei eigenen Kinder halfen mit, wenn wir Hilfe brauchten. Sie kümmerten sich um die Pflegegeschwister, wenn wir Eltern wegmussten. Wir erlebten großes Verständnis von unseren Kindern. Gerade unser Jüngster half den neuen Geschwistern viel und auf verständnisvolle Art bei den Aufgaben für die Schule. Dass dabei aber sein eigener emotionaler Tank weitgehend leer blieb und durch uns Eltern nicht weiter aufgefüllt wurde, blieb im sehr ausgefüllten Alltag irgendwie unbemerkt.

Da unser jüngster Sohn gut in der Schule mitkam und selbständig und auch sehr stark schien, lief er irgendwie in der Familie nebenbei mit, ohne dass wir damals wirklich wahrnahmen, dass auch er mit seinen zwölf Jahren ohne Zweifel noch ein großes Maß an Zuwendung gebraucht hätte. Oder war es einfach die zeitweise große Überforderung von uns Eltern, die diese Sicht nicht zuließ?

Während die Pflegekinder in unserer Familie immer tiefere Wurzeln schlugen (auch im Verwandten- und Freundeskreis), wurde der emotionale Graben zwischen uns und unserem jüngsten eigenen Sohn immer tiefer, die Mauer zur Kommunikation immer höher und unsere gegenseitige Beziehung immer distanzierter und kälter.

Wenn ich heute auf diese sehr einschneidenden Jahre zurückschaue, muss ich mich traurig fragen, warum ich das alles nicht bewusst wahr- und aufgenommen und daran gearbeitet habe. Was bei den „neu zu uns gekommenen" Kindern damals selbstverständlich war –

weil sie noch klein und sehr hilfsbedürftig waren – wurde unserem jüngsten eigenen Kind gegenüber immer schwieriger. Warum habe ich nicht bewusst auch ihn jeweils einfach in den Arm genommen? Ich dachte irgendwie, dass das vom Alter her nicht mehr gehen, nicht mehr passen oder auch nicht gewünscht würde.

Auch ließ es unsere Situation tatsächlich kaum noch zu, dass mit unserem Jüngsten alleine und ganz speziell für ihn und mit ihm etwas unternommen hätte. Heute frage ich mich, warum ich oft gar nicht fähig war, ihm von ganzem Herzen meine Liebe zu zeigen, obwohl sie im Übermaß doch da war. Ich glaube, manchmal hielten mich auch meine „Gerechtigkeitsgefühle" davon ab, damit sich die Pflegekinder nicht weniger geliebt oder gar im Nachteil vorkamen.

Dann kamen die Jahre der Berufswahl unseres jüngsten Sohnes. Wir hatten ihn bis dahin unterstützt, dass er das Gymnasium und das Abitur schaffte. Wir sprachen ihm auch immer wieder zu: „Wir beten für dich!" Äußerlich konnten wir ihm viel ermöglichen, z. B. Reisen, Sprachaufenthalt, sodass seiner Ausbildung nichts im Wege stand. Doch Wärme und Zuwendung fehlten ihm offensichtlich oder er spürte sie ganz einfach nicht. An seinen persönlichen Festen (Geburtstagen) wollte er z. B. kein Fest und teilte mir mit, dass das für mich sowieso zu viel Arbeit bedeuten würde. Es schien, als könnte er vor allem von mir als Mutter nichts mehr annehmen.

Zu seinem 20. Geburtstag hatten wir Eltern zusammen mit der ganzen Familie für unseren Sohn als Überraschung ein Fest geplant. Alle machten mit Begeisterung und vielen guten Ideen mit. So luden wir ohne sein Wissen seine Freunde ein, die ihm nahestanden. Tatsächlich war der ganze Abend mit allen Details dann auch eine große Überraschung für ihn. Er war sichtlich gerührt und zeigte ausgelassene Freude mit und an seinen Gästen.

Doch nach diesem Fest blieb für mich ein Wermutstropfen zurück. Eine Kollegin von unserem Sohn bemerkte zu mir: „Aber man kann mit so einem Fest nicht wiedergutmachen, was man versäumt hat, seinem Kind in der Kindheit zu geben." Das tat sehr weh.

Auch nach diesem besonderen Fest wuchsen die Wand der Ablehnung sowie die Distanz zwischen uns weiter. Unser Sohn zog sich mehr und mehr zurück (was ja von der Ablösung her auch eigentlich normal war), doch er wurde zeitweise auch sehr verletzend. Dies wohl zu seinem eigenen Schutz. Für ihn waren daheim offenbar so viel Kälte und Mauern, dass er nicht mehr der sein konnte, der er wirklich war, und ich als Mutter konnte es genauso wenig.

Über lange Zeit gaben wir nach außen ein perfektes Bild ab. Unser Sohn wurde in seinem Umfeld als sehr liebenswürdiger junger Mann wahrgenommen und wir Eltern wurden bewundert für unseren Einsatz mit den Pflegekindern. Wir gaben eine gute Fassade ab! Doch wie wir in Wirklichkeit litten – dies wurde nach außen kaum sichtbar und nur von engen und mittragenden Freunden wahrgenommen. Auch von unseren Pflegekindern versuchten wir diesen Konflikt fernzuhalten, denn sie sollten niemals das Gefühl haben, es würde an ihnen liegen. Und sie fühlten sich in unserer Familie und auch im Verwandtenkreis wirklich aufgenommen.

Und dann kam eines Nachts die Wende – der Arm Gottes hat sich bewegt, ich kann das gar nicht anders beschreiben ...

In jener Nacht im Sommer 2002 saß ich weinend und über die Bibel gebeugt in der Küche. Ich konnte nicht einschlafen, ich hielt die Situation zu diesem einen Kind nicht mehr aus. Ich schrie zu Gott, dass er irgendwie auf seine Art eingreifen möge. Meine Verzweiflung und Schmerz waren unendlich groß. Nicht nur wegen mir, auch darum, weil ich ja spürte, dass auch unser Kind im Ganzen sehr litt.

Was ich zu jenem nächtlichen Zeitpunkt am Küchentisch nicht wusste, war, dass zur gleichen Zeit unser Sohn zwei Stockwerke über mir ebenfalls nicht schlafen konnte, an seinem PC saß und einen langen Brief an uns Eltern schrieb:

„Liebe Mama, lieber Papa, eigentlich ist es schon spät und ich hatte schon das Licht ausgeknipst, aber ich musste noch einmal aufstehen, um diesen Brief zu schreiben. Jemand hat mir einmal gesagt: ‚Wenn Gott dir zeigt, dass du etwas tun sollst, dann tue es möglichst in den nächsten zehn Minuten, sonst machst du es vermutlich überhaupt nicht!' Darum schreibe ich euch jetzt, weil ich diese Zeilen morgen wohl nicht mehr schreiben würde ... Also, es geht um unsere

Familie. Es kommt mir so vor, dass sie langsam aber sicher auseinanderbricht. Und das ist sehr schlimm! Das möchte ich auf keinen Fall! Bevor dies jedoch passiert, sollten wir versuchen miteinander zu kommunizieren. Und ich muss mit euch ins Reine kommen. Ich bin einer, der anderen keine Mühe machen will, der die anderen nicht belasten will, und deswegen wollte ich euch auch nicht anklagen oder euch Vorwürfe machen. Und genau das muss ich jetzt machen: Ihr habt euch zu wenig Zeit für mich genommen, gerade dann, als wir unsere Beziehung hätten festigen müssen – und genau das kann man nicht beschönigen. Und das Zweite ist: Ich muss euch vergeben. Ich dachte immer, ich hätte das schon längst gemacht, aber das kann nur Jesus Christus. Und er hat euch vergeben! Nun liegt es an mir, dies auch noch in Ordnung zu bringen. Deshalb musste ich euch vorhin noch bewusst anklagen, um euch nun vergeben zu können. Ich möchte dies jetzt offiziell machen und es soll irgendwie ein Anfang sein ..." Er schrieb noch viel mehr und ganz offen, was die Beziehung zwischen ihm und vor allem mir als Mutter betraf.

Am Morgen nach dieser Nacht verließ unser Sohn ohne viele Worte das Haus, um ins Gymnasium zu gehen.

Im Laufe des Morgens setzte ich mich irgendwann ahnungslos an den Computer und fand eine Mail von unserem Sohn, was sonst kaum je der Fall war. Als ich realisierte, um welche Uhrzeit diese Mail geschrieben worden war, war ich tief berührt. Normalerweise hätte mich ein solches Schreiben total niedergeschmettert, aber da ich es als Antwort und Eingreifen Gottes sah, konnte ich den Inhalt sogar einfach mit großer Dankbarkeit annehmen.

In meiner umgehenden Mailantwort schrieb ich an diesem Morgen meinem Sohn von meiner Verzweiflung am Küchentisch in der Nacht zuvor und meinem Schreien zu Gott, er möge doch auf irgendeine Art helfend eingreifen:

„Weißt du, als mir unsere Situation in den letzten Monaten immer mehr bewusst wurde, habe ich angefangen, Gott Vorwürfe zu machen: ‚Wieso gibst du, Gott, uns eine so große Aufgabe und lässt dabei unsere Familie kaputtgehen?' ... Ja, ich glaube, ich muss ein neues

Ja zu meiner Situation finden. Doch ich fühle mich manchmal total überfordert mit all den Fragen, mit den Kindern und fühle mich in all dem auch wie alleine gelassen von Gott. Wegen uns beiden (Sohn und mir) bin ich am Beten, dass wir irgendwie den Weg zueinander wieder finden können. Das Schmerzvollste für eine Mutter ist, ein Kind zu verlieren – auf welcher Ebene auch immer. Und in der letzten Zeit war das genau mein Schmerz…"

In diesen Tagen kam ein heilender Prozess in Gang, in dessen Kommunikation sich auch mein Mann von Herzen mit hineingegeben hat. Wir konnten uns gegenseitig um Vergebung bitten, und die praktische gegenseitige Vergebung durfte mit Gottes Hilfe auch in einem langsam wachsenden Prozess zur weiteren Heilung gelangen.

Zur Weihnachtszeit legte unser Sohn uns Eltern eine Karte hin mit dem Bild einer blühenden Rose, deren Blätter außen herum vom Frost gefroren waren. Er schrieb:

„… Ihr habt mir ermöglicht, das zu werden, was ich jetzt bin. Ihr habt mich unterstützt, v. a. finanziell, aber auch dadurch, dass ihr mir nie im Weg standet. Aber besonders tatkräftig durfte ich auch dich, Mutti, erfahren – u. a. mit der ganzen Haushaltung … Die Rose auf der Karte spiegelt mich in unserer Familie wider. Oft bin ich recht kalt, steif, ausdruckslos. Manchmal taue ich ein wenig auf, aber es gefriert schnell wieder. Die Sonne kann scheinen, alles ist gut, und doch überzieht mich eine Eisschicht. Doch das andere auf der Karte ist die wunderschöne Rose, die unter der Eisschicht blüht. Sie bekommt alles mit, was um sie herum geschieht, aber sie kann nicht reagieren. Doch sie bewahrt alles auf, und wenn die Sonne genug geschienen hat, kann sie wieder reagieren und ihren süßen Duft verbreiten …"

Die Situation in unserer Familie veränderte sich nicht von einem Tag auf den andern und es gab oft weiter sehr angespannte Momente, umso mehr, als auch die Pflegekinder unterdessen in die Pubertät gekommen waren. Diese Zeit brachte zusätzlich neue und andere

Probleme mit sich: Die herausfordernde Identitätsfindung der Kinder begann und auch ihre ersten Freundschaften brachten oft „Unruhe ins Haus". Dadurch gab es häufig schwierige Momente in unserer Familie. Ich kam immer wieder an die Grenzen meiner Kräfte.

Bei einer Familienaussprache, die unsere zwei ältesten eigenen Kinder organisiert hatten – die schon nicht mehr zu Hause wohnten – und an der alle Kinder teilnahmen, gab es ganz viel klärende und helfende Gespräche untereinander und auch ein gemeinsames gutes „Vorausschauen".

Zu einem runden Geburtstag von meinem Mann und mir erhielten wir eine weitere Karte von unserem jüngsten Sohn, die unendlich befreiend war:

„Gell, wir haben inzwischen nicht nur einfache Zeiten hinter uns, und es war ein langer Prozess der Heilung, den Gott an uns gewirkt hat. Könnt ihr euch noch an die Karte mit der gefrorenen Rose erinnern? Das Eis ist jetzt abgetaut, und dafür bin ich Gott von Herzen dankbar! Vor einem Jahr bekamen wir unsere Familie neu geschenkt, und darüber freue ich mich so. Es ist vor allem schön für mich zu sehen wie ihr, Mama und Papa, es wieder besser miteinander habt und nun auch wieder Zeit und Freude habt, ab und zu zusammen auszugehen."

Ja, Gott hat uns durch einen langen Prozess der Heilung durchgeholfen und an uns Wunder gewirkt. Das ist für uns als Eltern ein riesiges Geschenk von Gottes Liebe und erfüllt uns mit unendlicher Dankbarkeit: Er hat das, was wir als Eltern vor allem bei diesem einen Kind versäumt haben – oft aus Überforderung und Unvermögen –, auf seine Art ausgefüllt und in Segen verwandelt!

In all dem habe ich nie den Gedanken daran gehabt, dass die Pflegekinder an dem ganzen schuld wären. Es war vor allem eine Lebensschule für meinen Mann, unseren jüngsten Sohn und mich. Unser Sohn war ja, bis er zwölf Jahre alt war, „unser Nesthäkchen" gewesen und hatte bis dahin uneingeschränkte Zuneigung von uns erhalten. Als er dann plötzlich mit den drei „kleinen Geschwistern" alles teilen musste – vor allem die Liebe seiner Mutter bzw. Eltern – war das sehr schwer für ihn. Und wir haben dem zu wenig Rechnung getragen.

So hat es schlussendlich von allen ein ganz ehrliches Hinschauen und Wahrnehmen gebraucht und das ehrliche Einsehen von Fehlern. Unser Sohn hat uns berechtigt angeklagt. Es war, als ginge eine Eiterbeule auf, sodass ein Heilungsprozess beginnen konnte, der über Jahre ging und noch immer nicht abgeschlossen ist.

Noch zwei Anmerkungen:

Wir sprechen in unserer Familie nie von „unseren Pflegekindern". Diesen Ausdruck habe ich in diesen Aufzeichnungen nur für das bessere Verständnis gebraucht. Alle sind einfach unsere Kinder – unterdessen sind noch Schwiegerkinder und Enkelkinder dazugekommen – die wir sehr, sehr lieb haben.

Und als „Rat" an Mütter/Eltern, die vielleicht in einer ähnlichen Situation sind: Als meine Nöte mich zu erdrücken drohten, habe ich bei einer ausgebildeten Seelsorgerin Hilfe und Begleitung gesucht. Das hat mir sehr geholfen, auch wenn es damals nicht so leicht gewesen ist, „über meinen Schatten zu springen und meine Grenzen anzuerkennen". Aber es war für mich und für die ganze Familie sehr wichtig und hilfreich, diese Möglichkeit in Anspruch zu nehmen.

Exkurs: Lebenskrisen und Umgang mit Krisen

INNEHALTEN

Ausbruch –
manchmal muss man aus Gefängnissen,
die Leben verunmöglichen, ausbrechen
Einbruch –
manchmal muss man es wagen,
in einen neuen Lebensbereich einzubrechen,
um wieder Weite und Freiheit zu erleben
Zusammenbruch –
manchmal muss man erst zusammenbrechen,
um ein neues Leben zu beginnen
Abbruch –
manchmal ist es dran,
Zelte, Beziehungen, Bindungen ... abzubrechen
Unterbruch –
manchmal reicht eine kurze oder lange Unterbrechung,
um wieder Atem zu holen
Umbruch –
manchmal soll im Lebensbuch
eine Seite weitergeblättert werden,
um mit einer neuen Geschichte zu beginnen
*das ist **AUFBRUCH**!*

Sabine Herold

Krisen mitten im Leben
Nicht nur in einer bestimmten Lebensphase, sondern immer wieder kann es im Lauf des Lebens zu Schwierigkeiten und Krisen kommen – seien diese von außen oder von innen bedingt. Im Folgenden nenne ich verschiedenste Situationen, die eine Krise darstellen oder in eine Krise führen können. Die Aufzählung erhebt allerdings nicht den Anspruch auf Vollständigkeit und kann durchaus fortgesetzt bzw. ergänzt werden. Auch ist mir bewusst, dass an dieser Stelle die Themen nur kurz und oberflächlich angesprochen werden können. Zu jedem der Themenbereiche gibt es zahlreiche Bücher, die sich jeweils ausführlich mit der Problematik befassen und dies auch häufig aus christlicher Perspektive tun. Ich möchte darüber hinaus ermutigen, sich bei Problemen seelsorgerliche und fachliche Unterstützung zu suchen, ebenso wie Vertrauenspersonen, die uns im Gebet begleiten.

Arbeitslosigkeit
Ohne Arbeit zu sein bedeutete in biblischen Zeiten, nichts zu essen kaufen zu können. Es ging im wahrsten Sinn des Wortes um die Existenz, ums Überleben. Jesus erzählt ein Gleichnis von den Arbeitern im Weinberg: Ein Weinbergbesitzer holt sich Tagelöhner vom Markt und handelt mit ihnen einen Tageslohn für ihre Arbeit bei ihm im Weinberg aus. Viele Tagelöhner aber warten noch am Mittag auf Arbeit. Daheim hofft die Familie, dass sie am Abend einen Lohn nach Hause bringen, damit sie zu essen haben. Auch am späten Nachmittag sind noch einige Männer ohne Arbeit geblieben, vielleicht auch ohne Hoffnung.

Persönliche Fragen zum Nachdenken / Impulse zum Vertiefen
- ⇨ Habe ich in meinem Leben schon die Erfahrung gemacht, meine Arbeitsstelle, eine Aufgabe oder Tätigkeit zu verlieren – sei es, dass sie mir weggenommen wurde oder dass ich selber gekündigt habe?
- ⇨ Wie fühlt sich diese Situation an, „des Amtes enthoben zu

werden" bzw. aus persönlichen oder anderen Gründen gehen zu müssen?
⇨ Ich lese das Gleichnis Jesu von den Arbeitern im Weinberg in Matthäus 20,1-16 nach und versetze mich in die verschiedenen Gruppen von Tagelöhnern. Was kommt mir in den Sinn? Wo habe ich schon Ähnliches erlebt, z. B. Warten auf Arbeit, Angst um Lohn/Existenz, empfundene Ungerechtigkeit?

Mobbing – Verfolgung
Zu biblischen Zeiten gab es den Begriff „Mobbing" noch nicht, doch die Bibel spricht vom Anfang bis zum Ende von Ungerechtigkeit, von Schmähungen, Verachtung, Verfolgung, das bewusste Verbreiten von Lügen und Gerüchten. Mobbing ist eine sehr subtile Form der Verfolgung, die nur schwer nachzuweisen ist, weil sie eben so manipulativ und verdeckt daherkommt. Das Motiv dahinter ist oft Machtgier, Eifersucht, Missgunst und Narzissmus.

David wurde von König Saul verfolgt und musste immer wieder fliehen (1. Samuel 18-26). Später floh er sogar vor seinem Sohn Absalom (2. Samuel 15-18). Erst der Tod der Gegner beendete die jeweilige Verfolgungssituation.

Über Jesus wurden immer wieder Lügen verbreitet, und schließlich wurde er sogar zu Unrecht angeklagt und hingerichtet. Falsche Zeugen wurden herbeigezogen, die das böse Spiel gegen ihn mitspielten, oder Menschen, die sich von der Masse mitreißen und manipulieren ließen und mitriefen: *Kreuzige ihn!* (Matthäus 26-27).

Viele der ersten Christen, von denen die Apostelgeschichte uns berichtet, wurden verfolgt. Der Christenverfolger Paulus wurde selbst Christ und schließlich auch verfolgt (Apostelgeschichte 7 – 8,3; 12; 16).

Persönliche Fragen zum Nachdenken / Impulse zum Vertiefen

⇨ Kenne ich das Thema „Mobbing" aus meinem eigenen Leben – aus der Kindheit oder Jugend, in der Schule oder in anderen Situationen? Gab es Mobbing im beruflichen Umfeld?

⇨ Wo kommt in meinem Leben das Thema „Verfolgung" vor im Sinn von Spott, Verachtung, gezielten Ungerechtigkeiten, Gerüchten über mich …?

⇨ Gibt es Menschen in meinem näheren Umfeld, die sich in einer derartigen Situation befinden? Wie könnte ich ihnen beistehen?

⇨ Wo kenne ich bei mir selbst die Neigung, bei Mobbing gegen andere mitzumachen? Ich lasse mir von Gott die Augen für meinen Anteil daran öffnen.

⇨ Ich bringe diese Situationen zu Gott, vergebe den Menschen, die mir Unrecht getan haben, bitte um Vergebung, wo ich anderen Unrecht getan habe, und lasse sein heilendes Wirken an mir zu.

Konkurrenz/Rivalität

Konkurrenz kann in gewisser Weise gut und förderlich sein, vor allem dann, wenn sie eine Person anspornt und motiviert, sich selbst mehr einzubringen und zielorientiert vorwärtszugehen – dies im Vergleich mit anderen, die dasselbe Ziel erreichen wollen (z. B. unter Geschwistern, in der Schulklasse, im Studium, bei der Ausbildung, am Arbeitsplatz, im Sport).

Auch in der Bibel werden Konkurrenzkämpfe häufig erwähnt, vor allem zwischen Geschwistern oder eng Vertrauten (Kain und Abel, Lea und Rahel, Jakob und Esau, Jakobs Söhne, die Jünger Jesu).

Lea und Rahel kämpfen um die Liebe ihres Mannes Jakob. Ihr Ziel ist es, ihrem Mann möglichst viele Söhne zu gebären. Lea hat in Sachen Liebe nicht viele Chancen, da sie Jakob von ihrem Vater untergejubelt worden ist. Jakob liebt Rahel. Doch Gott schenkt Lea viele Söhne, und die Namen, die sie ihren Söhnen gibt, zeugen davon, dass sie sich in ihrer Not und Verzweiflung an Gott hält und von diesem Hilfe erwartet (vgl. 1. Mose 29-30).

Die Jünger von Jesus streiten immer wieder miteinander, wer von ihnen der Größte sei (Lukas 9,46; 22,24; Matthäus 20,25-28; Markus 10,42-45). Jesus versucht ihnen klarzumachen, dass es nicht darum geht, berühmt zu werden, zu herrschen oder Ehre zu erlangen, sondern wie ein Kind zu werden, zu dienen, sich zu erniedrigen. Doch die Jünger brauchen sehr lange, um diese Lektion zu lernen.

Persönliche Fragen zum Nachdenken / Impulse zum Vertiefen
➪ Wie habe ich bis jetzt das Thema Konkurrenz und Rivalität in meinem Alltag erlebt? Mit wem stand oder stehe ich im Konkurrenzkampf?
➪ Was kann ich von Jesus lernen? Welchen persönlichen Tipp könnte er mir für meine Situation geben?

Burn-out
Bei den vielen Angeboten, Anforderungen, der Geschwindigkeit und den unzähligen Möglichkeiten, die sich uns heute bieten, besteht die Gefahr auszubrennen. „Burn-out" – eine Modeerscheinung der heutigen Zeit?

Schon zu biblischen Zeiten gab es Situationen, die die Menschen an den Rand ihrer Kräfte brachten. Große Erfolge zogen manchmal ebenso große Tiefs nach sich.

Der Prophet Elia bricht nach seinem bzw. Gottes Sieg über den Gott Baal und die Baal-Priester zusammen, als Königin Isebel droht, sie werde ihn am nächsten Tag töten. Das ist der Tropfen, der bei Elia das Fass zum Überlaufen bringt. Elia flüchtet in die Wüste und bricht unter einem Wacholderbusch zusammen. Er sagt zu Gott: *Herr, ich kann nicht mehr! Lass mich sterben! Irgendwann wird es mich sowieso treffen, wie meine Vorfahren. Warum nicht jetzt?* (1. Könige 19,4)

Gott kümmert sich liebevoll um seinen Propheten, gibt ihm Schlaf, Essen, Trinken und einen klaren Auftrag: Elia soll sich bewegen und bis zum Berg Horeb laufen. Dort begegnet Gott ihm auf sanfte Art und Weise und bereitet die Übergabe seines Amtes vor.

Persönliche Fragen zum Nachdenken / Impulse zum Vertiefen
⇨ Wo erlebe ich mich am Ende meiner Kraft und mag nicht mehr?
⇨ Was hilft mir in dieser Situation? Was braucht mein Körper?
⇨ Wo brauche ich Stärkung, Ermutigung, einen Auftrag von Gott?

Armut, finanzielle Not, Verschuldung

Geldnöte sind eine große Belastung. Das kann verschiedene Ursachen haben: einmal, wenn zu wenig Geld reinkommt, d. h. wenn der Monatslohn nicht reicht oder zu knapp ist, oder andererseits, wenn Geld übermäßig ausgegeben wird. Dies geschieht schnell bei einer Sucht (Esssucht, Bulimie, Kaufsucht, Spielsucht, Alkoholsucht, Drogen) oder wenn durch Krankheiten oder Schicksalsschläge auf einmal oder kontinuierlich übermäßig hohe Rechnungen bezahlt werden müssen.

In der Bibel gehören Witwen und Waisen zu den Ärmsten der Gesellschaft. Es gab damals noch keine Sozialversicherung, und so mussten diese Menschen betteln gehen oder kamen in die Sklaverei. Immer wieder wird von Witwen berichtet, denen durch Gott oder Propheten Hilfe zuteil wurde. So zum Beispiel Elia bei der Witwe zu Zarpat (1. Könige 17,8-24); Elisa, der das Öl der Witwe mehrt (2. Könige 4,1-7) oder Jesus, der den Sohn der Witwe zu Nain vom Tod auferweckt (Lukas 7,11-17). Mit den ersten Christen wurde auch ein diakonischer Hilfsdienst für Witwen eingerichtet (Apostelgeschichte 6,1-5).

Persönliche Fragen zum Nachdenken / Impulse zum Vertiefen
- ⇨ Wo ich selbst Geldnöte und Armut (selbst verschuldet oder unschuldig) erlebe, darf ich mich zuallererst in meiner Verzweiflung an Gott wenden! Ich lese die Bibelstellen über arme Witwen (auch wenn ich keine Witwe bin) und die erteilte Hilfe durch Gott nach.
- ⇨ Ich informiere mich über Schuldenberatungsstellen in meiner Nähe und nehme eine derartige Finanzberatung in Anspruch.
- ⇨ Ich gehe regelmäßig zur Seelsorge oder treffe mich mit einer Person meines Vertrauens zum Reden und Beten. Wem kann ich mich in meiner Situation anvertrauen?

Beziehungsende durch Ehekrisen, Trennung, Scheidung oder Tod des Ehepartners

Auch Ehekrisen bzw. Beziehungsschwierigkeiten kosten viel Kraft und können in eine tiefe persönliche Krise führen. Während Scheidung vor 60–80 Jahren noch die große Ausnahme war und man lieber eine schlechte Ehe führte als auseinanderzugehen, steigt die Scheidungsrate in der heutigen Zeit. Eine Scheidung gilt gesellschaftlich längst nicht mehr als Makel oder Schande. Frauen bleiben nicht mehr selbstverständlich bei ihren Männern, weil sie sonst keine andere Versorgungsgrundlage haben. Sie können sich selbst versorgen und sind nicht mehr bereit, Gewalt, Demütigungen, Ausbeutung zu ertragen oder als billige Arbeitskraft gehalten zu werden. (Dies soll jedoch nicht heißen, dass es nicht auch Ehen gibt, in denen Männer leiden!) Mit der Emanzipation gab es in dieser Hinsicht eine gewisse Befreiung für die Frau, was allerdings auch neue Schwierigkeiten und Konflikte mit sich brachte, sowohl für den Mann als auch für die Frau. In der Regel gehören zu jedem Konflikt, zu jeder Krise zwei oder mehrere Personen, und jede/r ist herausgefordert, den eigenen Anteil zu erkennen, dafür Verantwortung zu übernehmen und Schritte der Veränderung zu gehen.

Krisen in Beziehungen sind immer eine Einladung, genauer hinzuschauen und sich mit den aufgebrochenen Themen auseinanderzusetzen. Doch manchmal sind die Verletzungen so groß, sind die Fronten so verhärtet oder die Situation untragbar, dass eine Trennung und schließlich Scheidung nicht zu vermeiden ist.

Wenn ich zu diesem Thema in die Bibel schaue, dann frage ich mich so manches Mal, was für eine Art von Ehe wohl Isaak und Rebekka geführt haben. Diese „Liebesgeschichte mit Heiratsvermittler" wird in 1. Mose 24 sehr schön erzählt. Die beiden scheinen auch zu Beginn im Glauben einig gewesen zu sein, denn wir lesen, dass Isaak Gott für seine Frau Rebekka bat, weil sie unfruchtbar war. Doch die beiden Söhne, die in ihrem Bauch heranwuchsen, stritten schon in ihrem Leib. Je größer sie wurden, desto parteiischer wurden die Eltern (1. Mose 25,28). Hatten sich Isaak und Rebekka wohl mit den Jahren auseinandergelebt und konzentrierten sie sich jeder auf sein Lieblingskind, um es für seine Zwecke zu benutzen? Führten Isaak und Rebekka mit ihren Söhnen einen unterschwelligen Kampf gegeneinander? (1. Mose 27-28)

Und was für eine Ehe haben wohl David und Michal geführt? Michal half David zu Beginn bei seiner Flucht vor König Saul (gegen ihren eigenen Vater, vgl. 1. Samuel 19,8-17), doch später verachtete sie ihn, als er bei der Bundeslade vor Gott tanzte und sich in ihren Augen lächerlich machte (2. Samuel 6).

Auch der Tod bzw. Verlust des Ehepartners / der Ehepartnerin kann in eine Krise führen, denn der Tod führt zur endgültigen Trennung. Es ist ein großer Unterschied, ob ein Ehepaar Zeit hatte, voneinander Abschied zu nehmen, sich zu versöhnen und alles Wichtige vor dem Tod des Partners zu regeln oder ob der Tod den anderen plötzlich aus dem Leben riss, ohne dass sich das Paar darauf vorbereiten konnte. Besonders schmerzhaft ist der plötzliche Tod, wenn ein ungelöster Konflikt, Streit und Verletzungen bestanden und wenn Versöhnung nicht mehr möglich war.

Als Pfarrerin habe ich im Trauergespräch jeweils dazu ermutigt, dem verstorbenen Partner bzw. der Partnerin einen Brief zu schreiben und alles, was noch gesagt werden muss, niederzuschreiben. Dies geschieht nicht in der Meinung, dass die gestorbene Person den Brief noch lesen könnte, sondern ist eine Hilfe für die zurückgebliebene Person, sich alles Unausgesprochene und Unklare von der Seele zu schreiben. Der Brief kann mit ins Grab gegeben und Gott überlassen werden oder zu einem späteren Zeitpunkt verbrannt oder vergraben werden. Wenn Menschen noch die Möglichkeit bekommen, vor Gott um Vergebung zu bitten und zu vergeben – auch wenn dies nicht mehr im Gespräch unter vier Augen stattfinden kann –, dann entlastet und befreit dies dennoch.

Persönliche Fragen zum Nachdenken / Impulse zum Vertiefen
- Wie sieht es in meiner Ehe/Beziehung aus? Was erlebe ich gut? Was ist schwierig? Wo haben wir immer wieder Konflikte? Stehen wir in einer Krise?
- Ich nehme meinen eigenen Anteil an der Krise wahr. Wozu fordert mich dieser Konflikt auf? An welchen Verhaltensweisen soll und darf ich arbeiten? Wer oder was kann uns helfen?
- Was geht mir durch Kopf und Herz, wenn ich an den Tod meines Partners / meiner Partnerin denke?
- Wie wäre es, wenn ich das Gespräch suche und ungeklärte Dinge in unserer Beziehung anspreche, bereinige, um Vergebung bitte – alles in dem Bewusstsein, dass uns der Tod jederzeit trennen könnte?
- Falls mein Partner / meine Partnerin schon gestorben ist oder falls nach einer Scheidung noch Unausgesprochenes zwischen uns steht, kann ich mir nun alles von der Seele schreiben – in Gottes Gegenwart.

Kinderlosigkeit oder der Verlust eines Kindes
So verschieden die Frauen sind, die es betrifft, so unterschiedlich sind die Ursachen, die zu Kinderlosigkeit führen. Manchen Frauen ist es nicht möglich, ein Kind zu empfangen; andere durchleiden – häufig mehrfach – Fehl- oder Totgeburten, weil sie kein Kind austragen können. Wieder andere erleiden durch Unfall oder Krankheit den Tod eines Kindes. Nicht zu vergessen sind die Frauen, die – gewollt oder nicht gewollt – ledig bleiben und damit zumeist auch den Wunsch nach eigenen Kindern aufgeben müssen.

Kinderlosigkeit oder der Verlust eines Kindes stellten zu biblischen Zeiten eine große Not dar, denn ohne Kinder hatte man keine Altersversorgung. Doch, auch wenn es heutzutage nicht mehr existenzbedrohend ist, leiden viele Paare unter Kinderlosigkeit oder unter dem Verlust eines Kindes.

Die Bibel berichtet an verschiedenen Stellen von Frauen, die darunter litten, dass sie keine Kinder bekommen konnten. Ihnen half es, dass sie mit ihrer Not vor Gott kamen oder von Gott eine Verheißung erhielten. Dies erlebten Abraham und Sara, Isaak und Rebekka, Hanna, die Mutter Samuels, die Schunemiterin (2. Könige 4,8-17), Zacharias und Elisabeth (Lukas 1) und viele andere Paare. Andere unfruchtbare Frauen versuchten es mit alternativen Methoden oder verbitterten über ihrem Schicksal wie Rahel (1. Mose 30) oder Michal (2. Samuel 6,23).

Die Witwe von Nain stand erst einmal vor dem Nichts, als ihr Sohn starb und sie ihn zu Grabe tragen musste. Als Jesus diese Frau sah, packte ihn tiefes Erbarmen und er sprach ihr Leben zu. Er sagte zu dem Toten: *Ich befehle dir: Steh auf!* Der Junge stand auf. Jesus gab dieser leidgeplagten Frau Leben zurück, ihr Kind und mit diesem ihre Altersversorgung (Lukas 7,11-17).

Beispiele von Frauen, die trotz Gebet und Glauben kinderlos blieben, finden wir in der Bibel nicht explizit erwähnt. Wir finden jedoch viele Menschen – Frauen und Männer –, die in schweren Lebensführungen ihre Hoffnung auf Gott setzten und von ihm nicht verlassen wurden.

Persönliche Fragen zum Nachdenken / Impulse zum Vertiefen

⇨ Ich versetze mich in die Frau von Nain hinein, deren Sohn gestorben ist. Sie hat nun weder Mann noch Kind. Wo brauche ich selbst Jesu Erbarmen und Mitleid? Welche Worte, welchen Zuspruch wünsche ich mir von Jesus? Wie kann Gott mir Leben schenken oder zurückgeben?

⇨ Ich nehme Lea zum Vorbild und wende mich in meiner Trauer an Gott. Was sage ich ihm? Ich klage ihm mein Leid, stelle ihm meine Fragen …

Probleme mit den Kindern

Eltern geraten häufig in eine Krise, wenn sie mit den eigenen Kindern Probleme bekommen, wenn diese z. B. schwer erziehbar sind, in der Pubertät Schwierigkeiten machen, die über das „Normale" hinausgehen, oder wenn erwachsene Kinder den Eltern das Leben mit Forderungen, Druck und Psychoterror schwer machen. Hier könnte man leichthin sagen: Was ein Mensch sät, das wird er ernten. Also: Was Eltern ihren Kinder an Gutem und Schlechtem mitgegeben und eingeprägt haben, das kommt eines Tages wieder zurück.

Doch ganz so einfach ist es nicht. Denn es gibt durchaus Kinder, die wohl geraten und ihren Eltern später keine Schwierigkeiten bereiten, obwohl sie eine furchtbare Kindheit hatten. Und ebenso gibt es Kinder, die überwiegend Gutes erfahren und mitbekommen haben und die trotzdem zu egoistischen Herrschern den Eltern gegenüber werden (vgl. hierzu auch die Ausführungen zum Vater- oder Mutter-Dasein in Kapitel 5).

Dazu müssen wir nur in die Bibel schauen: Obwohl Isaak Esau bevorzugte, erlebte er später, dass Esau ganz bewusst gegen den Willen seiner Eltern gottlose Frauen heiratete (1. Mose 26,34-35; 28,6-9) und dass diese Schwiegertöchter Isaak und Rebekka viel Herzeleid bescherten.

Jesus erzählt ein Gleichnis, das alle Eltern und vor allem Väter einlädt, ihre Kinder immer wieder daheim willkommen zu heißen: Der verlorene Sohn (Lukas 15).

Wir haben es als Eltern nicht vollständig in der Hand, wie unsere Kinder geraten. Wir möchten unseren Kindern in der Erziehung an Liebe, Versorgung, Geborgenheit geben, was wir können, aber unsere eigene Liebe reicht oft nicht sehr weit. Doch unsere Chance ist es, dass wir uns von Gottes Liebe füllen lassen und diese dann weitergeben, dass wir uns von Gott die Wunden aus unserer eigenen Kindheit heilen lassen, um nicht die Fehler unserer Eltern zu wiederholen, sondern es anders zu machen. Wir dürfen Gott als Vorbild nehmen, wenn es ums Elterndasein und um Erziehung geht. Und schließlich dürfen wir unsere Kinder Tag für Tag den Händen Gottes überlassen, der allein den Überblick hat, der unsere Kinder begleitet und ihnen beisteht. So dürfen wir unsere Kinder – und übrigens auch unsere Partnerin / unseren Partner – tagtäglich Gottes Schutz und Segen anvertrauen. Das entlastet.

Bei schwerwiegenden Problemen rate ich zusätzlich, professionelle Hilfe in Anspruch zu nehmen, z. B. Seelsorge, Familientherapie oder Erziehungsberatung. Gerade auch im christlichen Bereich gibt es dazu sehr gute Angebote.

Persönliche Fragen zum Nachdenken / Impulse zum Vertiefen
- ⇨ Welche Probleme mit meinen Kindern machen mir zurzeit zu schaffen?
- ⇨ Wie kann ich damit umgehen? Was ist hilfreich?
- ⇨ Ich nehme mir Zeit, um über mich selbst als Mutter/ Vater nachzudenken. Ich lasse mir von Gott zeigen, wo ich mein Kind verletzt habe bzw. wo mein Kind mich verletzt hat. Ich bitte um Vergebung und bitte Gott, mir im weiteren Umgang mit meinem Kind / meinen Kindern zu helfen.

Kinder verlassen das Elternhaus

Wenn die Kinder ausziehen und ein „leeres Nest" zurückbleibt, kann dies sehr schwierig für Eltern sein. Mütter leiden vermutlich noch mehr darunter, vor allem dann, wenn sie nicht berufstätig sind und so das leere Haus noch stärker wahrnehmen. Doch dies ist der natürliche Weg, und nur wenn sich ein Kind vom Elternhaus gelöst hat (nicht nur geografisch, sondern vor allem auch innerlich), ist es auch fähig und reif, eine tragende Beziehung einzugehen. *Das erklärt, warum ein Mann seinen Vater und seine Mutter verlässt und sich an seine Frau bindet und die beiden zu einer Einheit werden.* (1. Mose 2,24; Neues Leben. Die Bibel)

Persönliche Fragen zum Nachdenken / Impulse zum Vertiefen
⇨ Wie geht es mir mit der Situation, dass meine Kinder ausfliegen, ausgeflogen sind oder bald das Elternhaus verlassen werden?
⇨ Was macht mir Angst? Was tut mir weh?
⇨ Welche guten Möglichkeiten ergeben sich aus dieser neuen Situation? Wie sehe ich meine Zukunft?
⇨ Wie kann ich einen gesunden Kontakt zu meinen Kindern pflegen, ohne mich an sie zu klammern oder zu hohe Erwartungen an sie zu stellen?

Die kleinen und großen Konflikte des Alltags

Menschen erleben tagtäglich die unterschiedlichsten Konflikte: ob in der Familie, mit Nachbarn, in der Schule, am Arbeitsplatz oder sonstige. Von klein auf machen wir unsere Erfahrungen mit diesem Thema. So unterschiedlich die Menschen sind, so verschieden ist auch ihr Umgang mit diesen Konflikten. Viele sind harmoniebedürftig und möchten Konflikte möglichst vermeiden, da sie sehr darunter leiden. Sie suchen Harmonie um jeden Preis. Anderen macht es nichts aus, Meinungsverschiedenheiten auszutragen, zu streiten, zu diskutieren oder Konflikte anzugehen und zu lösen.

Konflikte sind in der Regel zwischenmenschlich und kosten uns viel Kraft. Es gibt kleine, leicht lösbare Konflikte; es gibt aber auch schwerwiegende, für die es kaum eine Lösung gibt und manchmal nur eine geografische Trennung, ein Verzicht, die Auflösung eines Vertrags oder der Rechtsweg hilft.

Die Hirten von Abram und Lot geraten immer wieder in Streit (1. Mose 13). Die Herden werden immer größer, das Weideland wird zu klein. Abram berät mit seinem Neffen Lot über eine Lösung und macht ihm einen großzügigen Vorschlag: Lot darf das Land wählen, das er für seine Herden möchte. Natürlich wählt sich Lot das Land, das auf den ersten Blick üppig und fruchtbar aussieht, und zieht in die gottlose, verdorbene Stadt Sodom. Für Abram bleibt der Rest übrig. Abram gibt nach, kämpft nicht um sein Recht oder Land, sondern vertraut Gott, dass er ihn versorgen wird. Gott verheißt ihm daraufhin noch mehr Land und Nachkommen so zahlreich, wie der Staub auf Erden – wenn das kein Trost ist!

Einen Konflikt erleben auch die Missionare Paulus und Barnabas miteinander. Dieser entsteht wegen einem jungen Mitarbeiter namens Johannes Markus. Barnabas möchte Johannes Markus gerne auf die nächste Missionsreise mitnehmen. Paulus will das nicht, weil dieser die erste Reise abgebrochen und nach Jerusalem zurückgekehrt ist. Johannes hat sie im Stich gelassen und ist keine Hilfe gewesen. Dies will Paulus kein zweites Mal riskieren. Barnabas hingegen will Johannes nochmals eine Chance geben. Die Apostelgeschichte berichtet: *Sie stritten so heftig miteinander, dass sie sich schließlich trennten.* Barnabas zieht alleine mit Johannes Markus los, und Paulus nimmt Silas mit (Apostelgeschichte 15,36-41).

Manchmal braucht es ein Nachgeben und Entgegenkommen, manchmal die intensive Auseinandersetzung, manchmal ist Trennung dran, manchmal ist es wichtig, dennoch miteinander auf dem bisherigen Weg weiterzugehen.

Persönliche Fragen zum Nachdenken / Impulse zum Vertiefen
- ⇨ Wie gehe ich persönlich mit Konflikten um? Welcher Typ bin ich? Bin ich harmoniebedürftig oder brauche ich die offene Auseinandersetzung, auch wenn es hart hergeht?
- ⇨ Welche Konflikte habe ich schon durchgestanden? Wie wurden diese jeweils gelöst? Was habe ich selbst dazu beigetragen? Welche ungelösten Konflikte sind noch in der Luft? Was könnte ich diesbezüglich tun?

⇨ Die Frage ist: Wie ist mein Fundament? Auf wen oder was baue ich? Auf wen oder was bin ich ausgerichtet?
⇨ Wem vertraue ich in dieser Angelegenheit? Wem vertraue ich mich an?

Schwerkrankes oder behindertes Kind

Wenn Eltern ein krankes oder behindertes Kind haben, dann ist dies eine besondere Herausforderung, die Kraft, Zeit, Ausdauer, Geduld und noch viel mehr braucht. Wenn ein Vater oder eine Mutter mit einem Kind über Jahre immer wieder Krankenhausaufenthalte hat und in der beständigen Unsicherheit lebt, ob das Kind überlebt oder nicht, dann kann dies an die Grenzen der Kraft führen.

Immer wieder kamen verzweifelte Eltern mit oder ohne ihr Kind zu Jesus, schilderten ihm die Krankheit und baten ihn um Heilung. Jesus kümmerte sich jeweils um die Eltern *und* das Kind. Mit jedem und jeder Person ging er anders um, ging persönlich auf sie ein. Er hörte zu, fragte nach, sprach, gab Anweisungen. Manchmal ließ er sich trotz anfänglichem Nein dennoch überzeugen, manchmal berührte er das Kind ... Bei Jesus gibt es kein Schema in seinem Vorgehen. Es wird auch nicht erwähnt, wie viele Kinder nicht geheilt, wie viele Eltern nicht getröstet wurden, aber eines ist immer gleich: Die Eltern wandten sich in und mit ihrer Not an Jesus.

Und dies dürfen wir als Eltern, Großeltern, Verwandte oder Freunde auch tun. Gott hat immer ein offenes Ohr für uns und unsere Anliegen. Wie wissen zwar nicht, wie Gott reagiert, ob er heilt oder eingreift, wir bekommen auch nicht immer eine Antwort auf unsere Fragen nach dem Warum und Wieso und Wozu, aber wir dürfen immer und überall unser Herz bei Gott ausschütten!

Persönliche Fragen zum Nachdenken / Impulse zum Vertiefen
⇨ Was macht mir in Bezug auf mein Kind oder ein anderes Kind Sorgen? Was belastet mich?

⇨ Was will ich Gott sagen, fragen, bitten? Ich darf ihm mein Herz ausschütten!
⇨ Wo kann ich konkrete Hilfe und Unterstützung bekommen – durch Pflegedienste, Nachbarn, Verwandte, Gemeinde?

Schwere eigene körperliche oder psychische Erkrankungen, Behinderungen, Einschränkungen, Unfälle und ihre Folgen, Depressionen …

Auch für eigene Erkrankungen oder Schwierigkeiten gilt die Einladung, dass wir unser Herz bei Gott ausschütten dürfen, dass er immer ein offenes Ohr für uns hat. Der Apostel Petrus ermutigt dazu: *Alle eure Sorge werft auf ihn (Jesus Christus), denn er sorgt für euch!* (1. Petrus 5,7; Luther 1984)

König Saul hatte in regelmäßigen Abständen Angstzustände, Wutausbrüche und aggressive Anfälle. Die Bibel berichtet, dass ihn ein böser Geist von Gott ängstigte (1. Samuel 16,14). Für Saul war in solchen Momenten Musik hilfreich und beruhigend. Der Hirtenjunge David (der zu dieser Zeit schon zum Nachfolger von Saul gesalbt war) wurde an Sauls Hof geholt, um dem König auf der Harfe vorzuspielen. Dadurch ging es Saul besser. *Immer wenn der böse Geist über Saul herfiel, griff David zur Harfe und begann zu spielen. Und immer wieder brachte die Musik Saul Erleichterung. Er fühlte sich besser, und der böse Geist ließ ihn in Ruhe.* (1. Samuel 16,23)

Die Evangelisten berichten von einer Frau, die jahrelang unter Blutfluss leidet (vgl. Matthäus 9,20-22; Markus 5,24-34; Lukas 8,43-48). Sie versucht alles und gibt ihr Geld für alle möglichen und unmöglichen Ärzte, Quacksalber, Therapien, Heilmittel und Methoden aus. Nichts hilft. Sie leidet weiter unter ihrer Krankheit und wird damit zu einer Unreinen, Geächteten, Unberührbaren, denn wer sie berührt, der wird nach den jüdischen Gesetzen automatisch unrein.

In ihrer Verzweiflung macht sie noch einen letzten Versuch und begibt sich in die Nähe von Jesus. Von hinten tritt sie an ihn heran und berührt den Saum seines Gewandes, denn sie sagt bei sich selbst: *Wenn ich wenigstens seine Kleider berühren kann, werde ich bestimmt gesund.* (Matthäus 9,21)

Sofort hört der Blutfluss auf und sie wird von ihrer Plage geheilt. Jesus will aber nicht, dass sie sich einfach aus dem Staub macht, sondern sucht die Person, die ihn berührt hat. Die Frau gibt sich zu erkennen und sagt ihm die ganze Wahrheit. Zum Abschied sagt Jesus zu ihr: *Meine Tochter, dein Glaube hat dir geholfen. Gehe in Frieden. Du bist geheilt.* (Markus 5,34)

Persönliche Fragen zum Nachdenken / Impulse zum Vertiefen
- Worunter leide ich? Welche Ängste, Sorgen, Wut, Fragen, Schmerzen, Krankheiten oder Ähnliches machen mir zu schaffen?
- Wer oder was hilft mir im Moment der Angst, Schmerzen, Fragen?
- In welchen Bereichen bin ich verzweifelt und habe längst aufgegeben?
- Wonach sehne ich mich? Welche Möglichkeiten gibt es noch?
- Habe ich mich in dieser Angelegenheit schon Jesus genähert? Habe ich ihm die ganze Wahrheit in dieser Sache anvertraut?
- Wie könnte Jesus reagieren? Was würde er mir wohl antworten?

Umgang mit Krisen
So vielfältig und individuell das Leben ist, so unterschiedlich sind auch die Krisen, die uns treffen und betreffen. Sicherlich gibt es noch andere Themen, die uns zu schaffen machen und die in diesem Kapitel nicht erwähnt worden sind.

Jeder Mensch geht in und mit Krisen individuell um. Jede und jeder verhält sich anders. Jede Person hat eine eigene Widerstandsfähigkeit (Resilienz), d. h. geht unterschiedlich mit schwierigen Ausgangsbedingungen und Schicksalsschlägen um.

Meines Erachtens ist ein wichtiger Aspekt, auf wen oder was

man sich in einer Krise und Schwierigkeit ausrichtet: Schaue ich wie hypnotisiert auf das Problem oder die Menschen, die es mir schwer machen? Kann ich nichts anderes mehr denken als an diese Problematik, die mein Herz, meinen Kopf, meine Zeit, mein aktuelles Leben ausfüllt und um die ich ständig kreise? Worauf kann ich mich sonst ausrichten? Auf wen oder was kann ich mich konzentrieren, das mich ermutigt, mich ablenkt, mir neue Kraft schenkt, das mein Problem sogar löst und mir die (Er-)Lösung zuteilwerden lässt?

Asaf, ein Psalmendichter der Bibel, kommt in einer persönlichen inneren Krise und einem Gespräch mit Gott zu dem Schluss: *Dennoch bleibe ich stets an dir, denn du hältst mich bei meiner rechten Hand ...* (Psalm 73,23; Luther 1984)

Asaf entscheidet sich, mitten in der Krise an Gott festzuhalten und auf Gott ausgerichtet zu bleiben. Wen hat er denn sonst, der wirklich Halt gibt? Doch sein *Dennoch* beinhaltet eine Auseinandersetzung mit seiner Krise, ein Abwägen und sich Bewusstmachen, was er will. Es beinhaltet eine grundlegende Entscheidung. Asaf entscheidet sich bewusst – vielleicht auch gegen seine Gefühle? –, sich an der Hand Gottes festzuklammern.

Wir sind herausgefordert und eingeladen, uns in Krisen und Schwierigkeiten immer wieder auf Gott auszurichten und uns an ihm festzuhalten – nach dem Vorbild der vielen Glaubensväter und -mütter vor uns, die es damals nicht einfacher hatten als wir heute. Wir dürfen uns auf *den* Gott ausrichten, der unser Friede ist, und auf Jesus Christus, den Friedefürst – mitten in allen Konflikten und Krisen (Richter 6,24; Jesaja 9,5; Johannes 14,27).

Mit dem Thema Krisen und Konflikte ließe sich ein Buch, wenn nicht sogar mehrere Bücher füllen, und es ist spannend, der Frage der Konfliktlösung und des Krisenmanagements in der Bibel nachzugehen. Wie sind die verschiedenen Charaktere mit Konflikten und Krisen umgegangen? Was war für sie eine hilfreiche Lösung? Was können wir von ihnen lernen?

Persönliche Fragen zum Nachdenken / Impulse zum Vertiefen
- ➪ Welches Krisenthema fehlt mir in diesem Kapitel?
- ➪ Welche Krise erlebte oder erlebe ich selbst? Wie bin ich damit umgegangen? Was hat mir dabei geholfen? Gibt es eine biblische Parallele dazu?
- ➪ Auf wen oder was bin ich in Krisen und Schwierigkeiten ausgerichtet?
- ➪ Was löst das Wort „Dennoch" aus Psalm 73,23 in mir aus? Ich setze mich mit diesen Worten und mit meiner eigenen Situation auseinander und entscheide mich selbst, an wem und woran ich mich festhalten will.

INNEHALTEN

Gott mit uns

Schmerzen
hinterlassen Spuren im Leben,
graben tiefe Furchen des Leides,
erinnern an die Schwachheit eines Menschen.

Krisen
fordern heraus,
treiben bis an die Grenzen menschlicher Kraft,
führen vor eine Entscheidung.

Leid
ist Teil des Lebens.
Ohne Regen vertrocknet ein Land,
ohne Leid wird ein Mensch oberflächlich.

*Im Leid
können wir entscheiden,
ob wir es als Strafe sehen,
als ungerechte Qual eines fernen Gottes –
oder als Chance, neuen Tiefgang zu gewinnen.*

*Wir können im Schmerz
eine Maske tragen – immer lächelnd –
und so tun, als sei alles in Ordnung,
doch schmerzverzerrt hinter der Fassade.*

*Wir können in der Krise
verbittern,
Gott täglich anklagen,
die Faust ballen und rebellieren.
Dann werden wir hart,
doch der Schmerz bleibt.*

*Das JA des Menschen zu seiner Schwachheit,
ein Akzeptieren seiner Abhängigkeit von Gott
verleiht dem Schmerz eine tiefere Dimension.*

*Gott ist mit uns
im Schmerz, in der Krise, im Leiden.
Er selbst wurde ein Mensch der Schmerzen.
Er kennt die Krise. Er weiß, was Leiden heißt.
Er – IMMANU-EL – Gott mit uns!*

Sabine Herold

Vier Geschichten aus der Schatztruhe des Lebens

Abigail erinnert sich:
Nach meiner Berufsausbildung zur Büroangestellten fing ich an zu arbeiten. Drei Jahre später nahm ich einen Monat Urlaub und einen Monat unbezahlten Urlaub, um in England meine Sprachkenntnisse an einer Sprachschule zu vertiefen. Eines Abends saß ich im Park auf einer Wiese bei Sonnenuntergang, als mein zukünftiger Mann in mein Leben spazierte: ein richtiger Engländer (dabei wollte ich mich doch so gern auf Französisch verlieben)! Ein Jahr später heirateten wir in genau der Stadt und lebten dort für ungefähr ein Jahr. Unsere Beziehung war von Anfang an sehr schwierig, denn wir hatten beide viel Schweres in unserer Kindheit erlebt. Doch wir waren jung und sehr verliebt. Ich war sicher, dass wir alles wunderbar schaffen würden! Ich war sogar davon überzeugt, dass seine Alkohol-, Drogen- und Gewaltprobleme sich schon lösen würden, wenn wir erst einmal verheiratet wären. Welch eine Illusion!

Sechs Tage vor unserer Hochzeit kam ein einschneidendes und auch trennendes Erlebnis in unsere Situation: Wir gingen zu einer Evangelisation. Der Weg zu Jesus wurde dort so klar und einleuchtend erklärt, dass ich mein Leben voll Freude Jesus übergab. Mein „Noch-nicht-Mann" hatte dieses Erlebnis allerdings nicht, was er mir bedauernd mitteilte. Ein paar Tage später gingen wir zum Evangelisationspastor und fragten ihn, ob er für uns eine kirchliche Trauung machen würde. Bevor er zusagte, fragte er meinen „Fast-Mann", ob er Gott denn auch suchen wolle. Er bejahte, und so fand eine schlichte, schöne Trauung unter Gottes Segen statt. Lange kam mein Mann aus Liebe zu mir zu Gottesdiensten und Bibelabenden mit. Aber eigentlich wartete er sehnsüchtig darauf, dass diese meine Glaubensphase endlich ein Ende hätte. Er sagte auch, ich solle doch wieder auf seinen Weg ohne Gott zurückkommen. Doch das konnte und wollte ich niemals.

Er wollte wirklich ein besseres Leben führen, aus Liebe zu mir, jedoch ohne Gott. Er arbeitete und gab sich anfangs auch Mühe. Doch bald gab es immer wieder Situationen, wo er mit seiner Unpünktlichkeit aneckte und einige Male fast die Arbeit verlor.

Mein Mann wollte unbedingt Kinder haben, ich nicht; ich hatte Angst, dass er mir verbieten würde, ihnen den Glauben weiterzugeben. In dieser Zeit ermahnte mich eine Pastorenfrau, auf seinen Wunsch einzugehen, da ich ihm doch gehorchen müsse. So ging ich heim und brachte mein Anliegen vor den Herrn: „Bitte mach mich bereit, freudig ein Kind zu empfangen, da es (anders als ich selbst) ein Wunschkind sein soll." Gott erhörte mein Gebet: Im Abstand von eineinhalb Jahren bekamen wir 2 wunderbare Töchter geschenkt! Sie brachten (und bringen noch heute) unendlich viel Freude in unser Leben. Doch kampflos ging es nie in unserer Ehe, weil wir einfach nicht denselben Geist haben und nie alles wirklich miteinander teilen konnten. Natürlich war mein Mann alles andere als begeistert, dass ich meinen Töchtern von Gott erzählte; doch ich sagte ihm, dass ich Gott mehr gehorchen müsse als ihm.

Für mich war unsere Beziehung immer von Angst geprägt. Wir hatten auch gute, schöne und lustige Zeiten, doch leider waren sie immer viel zu kurz. Alkohol, Gewalt, Vertrauensmissbrauch und Lügen machten alles so schwer. Natürlich reagierte ich auch oft falsch und emotional, obwohl ich doch Christin bin.

Als wir 25 Jahre verheiratet waren, entschied mein Mann sich, uns zu verlassen und auch aus der Arbeitswelt auszusteigen. Nun hat er die große Freiheit, ist aber trotzdem nicht glücklich und eben gefangen und gebunden. Ich bete weiterhin von ganzem Herzen für ihn! Doch auch nach fünfeinhalb Jahren gefällt mir der Status als getrennt lebende Frau nicht. Es tut immer noch weh. Aber ich sehe auch, dass viel Frieden in mein Leben gekommen ist: Ich kann angstfrei leben, mich im Glauben frei bewegen und entfalten und staunen über all das, was Gott für mich bereithält.

Ich selber fing also ein paar Tage vor der Hochzeit an, die Bibel zu lesen. Nach der Heirat wurde mir dabei schnell vieles klar, zum Beispiel: Wenn man weiß, dass man auf unterschiedlichen Glaubenswegen unterwegs ist –, also wenn einer glaubt, der andere nicht – sollte man keine Ehe eingehen. Das Happy End bleibt nämlich in den meisten Fällen nur ein unerfüllter Traum. Doch ich erlebe auch immer wieder Ehen, die in die Brüche gehen, obwohl beide Christen sind.

Was mir durch die schwere Zeit geholfen hat, war im Grunde allein der Glaube an Jesus Christus, den einzigen Weg zu Gott, dem Vater. An ihn durfte ich mich immer wenden. Ihn zu spüren und zu erfahren war für mich im Alltag sehr real: Ich hatte z. B. keine Verbrennungen, als ich wegen eines Tischgebets mit meiner kleinen Tochter eine Tasse Tee über den Kopf geschmissen bekam. Ich hatte keine blauen Flecken, als ich von einer Ecke der Küche in die andere geworfen wurde. Ich blutete nicht, als mein Kopf an einem meiner Geburtstage mehrmals gegen die Schrankkante geschlagen wurde (ich hatte nur den ganzen Tag Kopfweh, aber nichts Gefährliches). Ja, da erlebte ich Gottes Schutz ganz konkret. So kann ich nur ermutigen, die Psalmen zu lesen: Da ist so viel von Gottes Wohlwollen seinen Kindern gegenüber die Rede. Natürlich war ich nicht immer nur fröhlich; doch ich bin dankbar, dass Gott mir ein fröhliches Grundwesen geschenkt hat.

Mein größter Traum war es, dass mein Mann und ich auf Gottes Basis unsere Ehe neu gestalten könnten. Doch ich musste schmerzlich lernen: Nicht alle unsere Wünsche werden erfüllt; nicht all unsere Probleme nimmt Gott einfach so weg, auch wenn wir ihm gehören – doch er trägt uns wirklich durch und zeigt jeden neuen Schritt, wenn wir uns auf ihn verlassen. Das macht Mut, trotz unbeantworteter Fragen und unerfüllter Wünsche in seinem Schutz fröhlich weiterzugehen, bis wir am Ziel sind.

Was ich mir und anderen immer mehr vor Augen halten möchte, ist dieses: Nur Jesus kann uns allen Mangel ausfüllen, alle Ängste nehmen, vergeben und vergebungsbereit machen und uns trotz Schmerz und Traurigkeit mit seinem liebenden Segen umhüllen; so können wir froh in seinem Licht kleine Lichter für ihn und unsere Mitmenschen an unserem jeweiligen Platz sein.

* * *

Maria erzählt aus ihrem Leben:
Ganz allmählich entglitt die Atmosphäre im beruflichen Umfeld in eine mobbinghafte Entwicklung. Ich war innerlich wie erstarrt

und unfähig, dagegen rechtzeitig aufzustehen und mich angemessen zur Wehr zu setzten. Doch es sollten gleich mehrere Sandkörner dem sanften Innenleben der Muschel zusetzen. Fast zeitgleich waren die Laborwerte so alarmierend, dass sich eine Gebärmutteroperation vor dem 40. Lebensjahr nicht umgehen ließ. Zuerst betrachtete ich die Tatsache der Operation eher als Chance für eine Auszeit. Erst nach und nach überrollten mich die Gefühle: Es war nun eine unumstößliche Tatsache, dass ich nie Mutter werden würde.

Ich erholte mich schwer von der großen Operation und befand mich gleich in der Fortsetzung einer schier endlos scheinenden Abfolge von Stress. Es folgte die Kündigung. Wie wenn nicht schon genug Leid über mich hereingebrochen wäre, befand ich mich fast wöchentlich in einem ungesunden Dialog mit unserer damals sehr leistungsorientierten Kirchengemeinde wieder. Schließlich ging ich aus Erschöpfung und Frustration gar nicht mehr in die Kirche. Ich hatte in kaum einem Jahr scheinbar alles verloren: meine berufliche Integration, meine körperliche Unversehrtheit und die Dazugehörigkeit in einer christlichen Gemeinschaft.

In dieser kompletten Resignation und Verzweiflung fand ich einen neuen Rückzugsort, indem ich Gott mein Leid nur so herausschrie. Mein sonst so harmoniebedürftiges Wesen fand in dieser scheinbar unwirklichen leblosen Landschaft die Wüste, welche sich in meiner Seele ausgebreitet hatte. Ich schrie mein Leid in Worten und wortlos zu einem Gott, von dem ich im Moment nicht wusste, ob er weit weg oder ganz nah war – ich konnte ihn nicht wahrnehmen. Meine Fotokamera, ein einfaches Modell, trug ich in meiner Tasche immer mit mir herum. Und auf einmal sah ich sie, genau diese Steine, die meiner Not Ausdruck verliehen: zersprengt, aufgebrochen, zerschnitten, mit tiefen Furchen übersät, abgesplittert, zerschlagen lagen sie da. Sie schienen meiner Not Ausdruck zu verleihen, sie reflektierten das, wozu mir manchmal die Worte fehlten. Große Tränen rollten beim Fotografieren über mein Gesicht und die ganzen Emotionen fanden eine Ausdrucksform. Was ich in dieser Zeit nicht wissen konnte, war das Wunder des noch verborgenen Wachstums. Wie der Baum Jahrring um Jahrring dazugewinnt, begann Gott mir „wohlzutun".

In meinem Herzen setzte ein Genesungsprozess ein, sodass Gott mit jedem Bild, mit jedem Spaziergang meine Wahrnehmung leicht veränderte. Ich fand „Stolpersteine" oder „Zeitzeugen". Gerade in den Versteinerungen entdeckte ich zum ersten Mal wieder mit noch sehr bruchstückhaftem Mut, dass es ein „Davor" und ein „Danach" geben musste. Und dann passierte ohne große bewusste Wahrnehmung der Sprung ins Kunstvolle, ja – Abstrakte: Ich sah in den Steinen Figuren. Zum Beispiel das kindliche Wesen angelehnt in der großen Hand. Oder gleich etwas später den ersten Stein mit Witz und Charme: Zwei kleine Zähne schmückten sein blickloses Gesicht, aber er lächelte. Und genau darum zauberte er ein erstes Lächeln auf mein Gesicht. Erst jetzt merke ich, dass meine Gebete viel ruhiger geworden waren.

Allmählich zeichnete sich eine neue berufliche Integration ab. Doch meine sonntäglichen Spaziergänge in die Steingrube blieben und ich begann ins Staunen zu wechseln. Es waren kristalline Einschlüsse, ausgefallene Formen und schier unglaubliche Optiken, die nun zur absoluten Faszination wurden; immer mit der Kamera in der Hand. Ich bemerkte erst nach einer gewissen Zeit, dass ich unterdessen Gottes Größe ganz real sah und erlebte. Ich hörte in mir längst vergessene Lieder, voller Staunen, Dank und sogar Anbetung. Es bedurfte noch einiger Korrekturen, bis ich die berufliche Integration in einem deutlich langsameren Umfeld fand. Und hier wurde – obwohl es beruflich wie ein Abstieg klingen mag – etwas vom Wunder der Perle sichtbar: Ich hörte so oft die Worte: „Schön, dass du da bist!" – „Wir haben auf dich gewartet", oder es folgte eine liebevolle Umarmung. Ich fand auch in einer neuen kirchlichen Gemeinschaft Anschluss und meine Gesundheit begann sich zu stabilisieren. Heute, mit deutlich geringerem Lebenstempo, kann ich viel mehr Schönheiten des Lebens wahrnehmen. Immer wieder mal gelingt mir ein Schnappschuss mit meiner einfachen Kamera und die Leute sind überrascht, wie ich diese Optik überhaupt wahrnehmen kann. Alle Berufe – ich habe drei Abschlüsse – kann ich heute wundervoll miteinander verweben. Es gibt sie immer noch, diese kurzen Momente, wo ich meiner gescheiterten Berufskarriere nachtrauere oder die verlorene Kirchgemeinde beweine. Dazu habe ich aber etwas Spannendes gelernt: Aus den vielen Steinfotos ist ein einmaliges Fotobuch entstanden! Ich kann es bewusst in die Hand nehmen und öffnen, darin verweilen oder es ganz bewusst schließen und mich einem neuen Projekt zuwenden. Das hilft mir sehr. Ich bin noch nicht so weit, dass ich diese Erfahrung nicht missen möchte – es war zu schmerzhaft – aber mir wurde die Gnade zuteil, die aktuelle Situation als Geschenk sehen zu können. Und ich denke, das sind die kleinen Augenblicke, wo sich die Muschel öffnet und schließt und ich schon einen Hauch von der Schönheit einer eingelagerten Perle erhaschen darf ...

* * *

Sr. V. Bodmer berichtet:

Wenn ich heute auf mein Leben zurückblicke, kann ich nur staunen, wie Gott mich geführt hat. Mit 22 Jahren hat er mir durch ein eindrückliches Erlebnis gezeigt, dass er mich liebt und mich vor dem frühen Tod bewahren will. So jedenfalls habe ich seine Bewahrung in einer Lawine gedeutet.

Das geschah so: Ich war von zu Hause weggelaufen, weil meine Stiefmutter mich nicht mochte. Auch andere Menschen enttäuschten mich so sehr, dass ich in meiner Not und Verlassenheit zu Gott schrie. Ich wollte wissen, ob er mich liebt. Ich betete zu Gott um eine klare Antwort auf diese Frage. Und drei Tage später kam ich beim Skifahren auf der normalen Piste in eine Lawine. Vor mir überquerten Skifahrer dieselbe Stelle und kamen unbeschadet davon. Plötzlich hörte ich ein Donnern. Ich sah von oben eine Schneelawine auf mich zukommen. In Sekundenschnelle wurden meine Skier von der Geröllmasse in die Falllinie gedrückt. Ich rutschte mit den Skiern hinunter. Im Moment wusste ich: Jetzt bist du verloren, wenn Gott dich nicht rettet! Durch ein Wunder konnte ich mich selber aus dem Schnee befreien. Zu meinem Erstaunen war ich ohne einen Kratzer heil aus dieser Lawine herausgekommen. Auf der Stelle dankte ich Gott für die Bewahrung – und übergab ihm mein Leben. Das war der Anfang von meinem neuen Weg mit Gott.

Ich hatte damals noch keine nähere Beziehung zu Gott, und Jesus

Christus war für mich nicht mehr als nur ein guter Mensch. Doch dieses Erlebnis veränderte mein Leben. Weil ich mich nun neu orientieren wollte, ging ich wieder einmal in einen Gottesdienst. Dort hörte ich in der Predigt, dass Jesus Christus mein Leben in seine Hand nehmen möchte. Der Pfarrer sagte: „Wenn Sie im Leben nicht klarkommen und jemanden brauchen, der Sie führt, dann kommen Sie zu Jesus Christus. Er möchte Ihr Führer werden und Ihnen im Leben den rechten Weg zeigen."

Diese Aussage traf bei mir ins Schwarze. Ich wagte den Schritt im Glauben zu Jesus Christus hin. Von der Stunde an kam eine nie gekannte Ruhe in mein Herz. Ich wusste: „Jetzt bist du in den besten Händen!"

Seit jenem Erlebnis sind viele Jahre vergangen. Ich habe diesen Schritt nie bereut. Im Gegenteil, ein spannender Weg hat für mich damals in der Nachfolge Jesu begonnen. Ich fing an mit Gott zu reden wie mit einem Freund und im Wort Gottes Antworten auf meine Fragen zu suchen. Zuerst zeigte er mir meine Sündhaftigkeit. Ich durfte ihm alle Schuld bekennen. Er vergab sie mir und nahm mich als sein Kind an. Es war nun mein Verlangen, Gott an dem Ort zu dienen, den er für mich vorgesehen hatte. Durch verschiedene Gottesworte und Gebete sowie durch Menschen, die mich kannten, machte er mir den Weg in die Diakonie frei.

Als ich diesen Weg eingeschlagen hatte, wurde ich innerlich ruhig. Ich bekam Kraft und Freude für diesen Dienst. Mir wurde eine Aufgabe in der Verwaltung zugeteilt. Auch durfte ich viele Jahre den Kindern am Sonntag die biblischen Geschichten weitererzählen. Ich habe mich mit ganzer Hingabe in diese Aufgaben eingebracht. Ich wollte ja Gott und den Menschen dienen. Auch die unscheinbaren Dinge tat ich aus Liebe zu Jesus und den Menschen, die mir begegneten. Das war eine schöne Zeit. Die Arbeit im Büro war nicht immer einfach, aber sie machte mir Freude.

Die Aufgaben vergrößerten sich mit der Zeit immer mehr. Es kamen auch äußere Umstände dazu, die mich sehr forderten. Ich wollte es allen recht machen und konnte nur schwer Nein sagen. Dabei achtete ich nicht auf meine Grenzen. Bei aller Bereitschaft, Jesus nachzufolgen, führte ich mich doch lange Zeit selbst und überforderte mich damit. Mit der Zeit zeichnete sich eine Erschöpfung ab. Ich machte meine Arbeit nur noch automatisch. Ich konnte immer schlechter schlafen, es wurde alles sehr mühsam. Meine Spannkraft war nur noch klein. Die kleinsten Schwierigkeiten brachten mich zum Weinen.

Es ging so lange, bis mich der Arzt krankschrieb. Jetzt folgten Jahre, die nicht einfach waren, weder für mich noch für meine Umgebung. In der Erholungszeit musste ich lernen, den Tag in kleine Abschnitte einzuteilen. Nach dem Frühstück musste ich eine halbe Stunde draußen in der frischen Luft spazieren gehen, dann wieder eine Stunde ruhen, dann wieder aufstehen und zum Essen gehen, dann wieder ruhen, dann zum Arzt gehen, dann wieder ruhen usw.

So verging ein Monat. Nach diesen vier Wochen kam ich aus der Kur zurück in das Mutterhaus. Aber es war unmöglich, dass ich schon wieder arbeiten konnte. So schickte mich der Arzt nochmals weg. Ich durfte für weitere vier Wochen zu einer Freundin. Es ging im obigen Stil weiter. Nach dieser Zeit konnte ich langsam wieder mit Arbeiten beginnen.

Leider wiederholte sich die Situation nach einigen Jahren. Allerdings waren auch äußere Faktoren die Auslöser für eine neue Erschöpfung. Ich konnte einfach nicht mehr, doch ich wollte dies nicht wahrhaben. So mühte ich mich weiter. In dieser Zeit hatte ich das Gefühl, dass meine Gebete nur noch bis zur Decke reichten. Als ich tief unten war, sprach auch das Wort Gottes nicht mehr zu mir. Das war schwer zu ertragen, ich litt sehr unter diesem Zustand. Der Arzt tröstete mich, indem er mir sagte: „Das ist im Moment so, Sie sind jetzt krank und müssen Geduld mit sich selber haben." Diese Geduld wurde bei mir hart auf die Probe gestellt.

Rückblickend kann ich sagen, dass mich Gott auch in diesen Zeiten nicht fallen gelassen hat. Er ließ mir auch in ausweglosen Situationen immer wieder kleine Zeichen des Trostes und der Liebe zukommen. Ich bin Gott und vielen Menschen dankbar, die mich aushielten und mir immer wieder Mut machten, auf Gottes Hilfe zu warten. Das Wort aus Jesaja 58,11 hat sich in meinem Leben buchstäblich erfüllt. Der Herr hat meine Seele und meinen Leib tatsächlich in der Dürre *gesättigt und gestärkt. Es brauchte lange, bis ich wieder beten konnte. Doch mit der Zeit kam alles wieder, Gott sei Dank!*

Im Nachhinein möchte ich diese schweren Zeiten nicht missen. Sie haben mich näher zu Gott hingeführt und ich habe erlebt, wie treu Gott ist. Ich musste lernen, meine Eigenwilligkeit abzulegen, meine Vorstellungen von ihm korrigieren zu lassen und mit meinen Kräften haushälterisch umzugehen. Ich kann jetzt auch Menschen in ähnlichen Situationen besser verstehen. Als Früchte dieser schwierigen Zeit sehe ich die kreativen Fähigkeiten, die bei mir langsam zum Vorschein gekommen sind. Ich habe Freude an Kalligrafie und dem Aquarellmalen bekommen. Das gibt mir sehr viel. Ich kann mich dabei ganz vergessen und viel Freude mit den Gemälden und den Karten weiterschenken.

Inzwischen durfte ich verschiedene Aufgaben an andere übergeben. Dafür bin ich sehr dankbar. Ich mache mehr Pausen zwischen den Aufgaben, die mir jetzt noch gestellt sind. Ich gehe, so viel es mir möglich ist, in der Natur wandern, um innerlich zur Ruhe zu kommen. Auf Spaziergängen begegnet mir Gott auf seine Weise, ich kann ihm alle meine Sorgen und Ängste sagen. Ich habe gelernt, mit meiner eigenen Seele freundlich zu reden und sie mit Worten aus den Psalmen oder mit Liedern zu trösten. Das macht mich froh und zuversichtlich. Nach solchen Wanderungen komme ich mit einer neuen Einstellung und mit Dankbarkeit zurück.

*Der Herr wird dich immerdar führen
und deine Seele sättigen in der Dürre
und deine Gebeine stärken;
und du wirst sein wie ein gewässerter Garten
und wie eine Wasserquelle, welcher es
nimmer an Wasser fehlt. (Jesaja 58,11)*

* * *

E.S. berichtet:

Welches Glück ist es, starke Wurzeln zu haben! Dies weiß ich ganz sicher, wenn ich mein Leben betrachte. Dies ist der größte Schatz, den ich in meinem Elternhaus bekommen habe.

Aufgewachsen auf einem Bauernhof in einer wunderschönen Gegend, wurde ich schon bald mit verschiedenen Höhen und Tiefen des Lebens konfrontiert. Ich war in unserer Familie die Erstgeborene. Als ich viereinhalb war, bekam ich eine Schwester und sechseinhalb Jahre später noch einmal. So wuchsen wir drei Mädchen zusammen mit unseren Eltern, Großeltern und noch einem Onkel auf – umgeben von Natur pur und vielen verschiedenen Tieren. Ich empfand dies alles als Paradies, denn auch spielen konnten wir überall.

Schon früh wurden wir in die Arbeit in Haus, Stall und Feld eingebunden, es gehörte einfach dazu. Nur manchmal im Sommer störte es uns, wenn unsre Schulkameradinnen baden gehen konnten und wir beim Heuen oder anderswo mithelfen mussten. Oftmals waren bei uns noch Hilfskräfte angestellt. Es kamen auch junge Männer und Frauen, die für ein paar Wochen vom Gymnasium in Basel Landdienst leisteten. Diese Sommerzeit war für uns immer voller Abwechslung und sehr schön! Hin und wieder kehrten auch Obdachlose bei uns ein, die froh waren, bei uns am Tisch Platz nehmen zu dürfen. So lernte ich schon früh, mit den unterschiedlichsten Menschen umzugehen, sie zu achten und zu verstehen. Wir machten keine Unterschiede zwischen den Leuten, auch nicht zwischen verschiedenen Konfessionen.

Als ich vierzehn Jahre alt war, starb meine Großmutter, etwa ein halbes Jahr später mein Onkel. Vier Jahre später, ausgerechnet an meinem 18. Geburtstag, folgte mein Großvater, den wir intensiv gepflegt hatten. Dies waren auf der einen Seite schlimme, traurige, kräfteraubende Erlebnisse für mich und meine Familie, und doch waren dies Erfahrungen, die mir später wieder halfen, da man damals noch Abschied von den Verstorbenen nahm. Die Toten waren aufgebahrt, Freunde und Verwandte nahmen Abschied. Man fuhr mit Ross und Wagen von dem Hof, wo wir wohnten, ins Dorf auf den Friedhof und die Leute gingen im Trauerzug hinterher. Das war eine Art Verarbeitung vom Sterben. Sterben empfand ich von da an nicht mehr als bedrohlich, sondern als etwas, das zum Leben gehört, und diese Erfahrungen stärkten mich für mein Leben.

Es folgten die Jahre, in denen ich daheim auf dem Bauernhof arbeitete. Ich hätte sehr gerne eine Lehre als Handarbeitslehrerin gemacht, aber da wir drei Mädchen waren und es immer zu wenig Leute daheim hatte, entschied ich mich, den Weg zur Bäuerin einzuschlagen. Nach der Schule begann ich ein Haushaltsjahr, gefolgt von einem bäuerlichen Lehrjahr, dann die Bäuerinnenschule. In dieser Zeit ging ich auch in eine Jugendgruppe. In diese Jugendgruppe ging auch mein zukünftiger Mann. Irgendwann spielten wir ein Theaterstück „Unsere kleine Stadt". Wir beide spielten die Hauptrolle (inklusive Hochzeitsszene), woraus eine feste Beziehung begann.

Mein Freund war ursprünglich Eisenwarenhändler. Nach der Lehre holte er das Gymnasium nach und begann mit einer diakonischen Ausbildung. Da man während der Ausbildung keine Freundin haben durfte, heirateten wir vorher und zogen in die Gegend auf einen Bauernhof, wo wir mit den Besitzern in einer WG lebten. Es war eine wunderschöne Zeit, in der auch unser erstes Kind geboren wurde.

Mein Mann bekam nach Abschluss der Ausbildung eine Stelle in der Gegend, in der ich selbst aufgewachsen war. Ich begann mich intensiv in der Kirche zu engagieren und ein offenes Haus zu haben, was ich von meiner Kindheit her schon kannte. Diese Zeit erlebten wir als sehr schön, abwechslungsreich und intensiv. Nach neun Jahren kam unser zweites, lang ersehntes Kind auf die Welt, ein Sohn.

In der Kirchengemeinde waren drei Pfarrer und ein Diakon tätig. Es gab viele personelle Wechsel, und mein Mann übernahm immer wieder auch Pfarreraufgaben. Schließlich ließ er sich zum Pfarrer ausbilden. In diesem Zusammenhang mussten wir die Gemeinde wechseln. Der Ortswechsel war ein großer Einschnitt für unsere Familie. Wir wohnten mitten in den Bergen in einem kleinen Dorf und mussten jedes Mal den Kopf heben, um überhaupt den Himmel zu sehen. Auch die Leute waren eher eng und wenig offen. Gerade für unsere Tochter war es eine große Herausforderung, im Alter von zwölf Jahren von der Stadt ins Dorf zu wechseln, alle Freundinnen zurückzulassen und sich neu orientieren zu müssen. Und doch gab es auch viele positive und wertvolle Erfahrungen.

Nach sieben Jahren zog es uns wieder in unsere alte Gegend zurück, wo mein Mann eine Stelle fand. Unsere Verwandten, Bekannten und Freunde freuten sich auf unsere Rückkehr, auch wenn der Abschied von meinen neuen Bekannten nicht einfach war, doch die Freude überwog. Wir mussten Abschied nehmen vom Skifahren im Winter, vom Wandern im Sommer, von den Leuten und Aufgaben, mit denen wir intensiv beschäftigt waren. Abschied ist einerseits eine schwierige Zeit (alles aufgeben), und doch gilt es, sich aufs Neue einzustellen mit allen Vor-Freuden, Ängsten und Erwartungen … Wir waren hin- und hergerissen zwischen diesen beiden Welten.

Doch auch am neuen Ort waren wir rasch wieder integriert, sowohl in der Kirchengemeinde als auch in Vereinen. In dieser Zeit besuchte ich einen Theologiekurs und begann mit der Katechetinnenausbildung, sodass ich in der Schule unterrichtete. All das waren durch und durch gute Erfahrungen, doch mein Mann kam mit gewissen Umständen und Entwicklungen nicht zurecht.

Ich selbst war in den ersten Jahren unserer Ehe eher im Hintergrund tätig gewesen und wirkte erst bei der ersten Pfarrstelle mehr in der Öffentlichkeit und zunehmend im Vordergrund. Ich entwickelte mich ständig weiter, auch im theologischen Bereich. Einerseits war ich für meinen Mann sehr wichtig und er fragte mich regelmäßig nach meiner Meinung. Vermutlich wurde ich für ihn jedoch mit der Zeit zu selbstständig und zu selbstbewusst, weil ich selbst dachte, selbst entschied, eine eigene Meinung hatte und meinen Weg ging.

Schließlich gab es einen großen Einschnitt in meinem Leben: Schon am vorigen Ort hatte ich bemerkt, dass mein Mann ein Verhältnis mit einer anderen Frau hatte, es war sogar eine ehemalige Konfirmandin von ihm. Diese zog nach einiger Zeit auch in unsere Nähe. Zu dieser Zeit begann mein Mann Motorrad zu fahren und war immer häufiger alleine unterwegs. Ich merkte, dass gewisse Sachen komisch waren. Eines Tages fand ich einen Brief von dieser Frau. Da bekam ich einen Wutanfall, der für mich sonst ziemlich unüblich war, doch da mein Mann behauptete, die Beziehung sei vorbei, fand ich mich mit dieser

Situation erst einmal ab und versuchte unsere Ehe zu retten. Dieses Abfinden dauerte etwa zehn Jahre lang. Ich konnte zwischendurch alles vergessen, da ich so viele Lebensbereiche positiv erlebte.

Kurz nachdem unsere Tochter ihr erstes Kind zur Welt brachte – sie war damals schon sechs Jahre lang verheiratet und lebte ziemlich weit weg –, kam der große Knall, als mein Mann eines Tages zu mir sagte: „Ich muss mit dir reden!"

Und dann teilte er mir mit, seine Freundin habe auch ein Kind bekommen, und zwar in einem Krankenhaus, in dem auch jemand von unserem Dorf arbeitete. Deshalb hatte wohl mein Mann das Gefühl, er müsse es mir sagen, bevor ich es von anderen Leuten erfuhr.

Ich sagte erst einmal nichts, bekam dann aber meinen zweiten Schreianfall. Was sollte ich tun? Wie sollte es für mich weitergehen? Leere. Leere. Leere! Was nun?

Ich musste mich entscheiden. Ich wusste, dass unsere Beziehung nun endgültig vorbei war. Es gab für mich zwei Möglichkeiten: Entweder ich würde nicht mehr weiterkommen und in ein tiefes Loch fallen – oder ich würde so weitermachen, wie ich es bis jetzt gemacht hatte.

Ich entschied mich weiterzugehen, da ich an der Situation nichts mehr ändern konnte. Meine Kraft zum Weitergehen gab mir u. a. die Tatsache, dass ich Kinder hatte. Für sie wollte ich stark sein und keine verbitterte Mutter und Großmutter. Zum Teil ergaben sich sogar gute Gespräche und die Leute kamen dennoch auf mich zu und waren für mich da, da sich die Geschichte inzwischen im Dorf herumsprach.

Etwa einen Monat nach dem schlimmen Bericht gab mir mein Mann seinen Ehering zurück. Er zog mir auch meinen Ring vom Finger und schenkte mir stattdessen einen sehr schönen Ring mit Diamanten und mit seinem Namen darin. Dazu sagte er mir: „Mein letztes Geschenk. Du bist nicht schuld, es tut mir leid!" Da kamen von meiner Seite her nur Tränen!

Das nächste Mal trafen wir uns beim Anwalt und vier Jahre später bei der Scheidung. Danach brach sein Kontakt zu mir ab, auch zu unseren Kindern und zu unseren Freunden. Mein Mann zog zu seiner Freundin, ich blieb mit unserem Sohn alleine zurück. Meine Tochter litt in der Ferne mit ihrem kleinen Töchterchen, sie kam aber häufig zu uns, denn wir brauchten einander. Von der Kirchengemeinde bekam ich von Anfang an Unterstützung. Es war ein großes Geschenk, so viele Freunde zu haben und Menschen, die einfach da waren. Deswegen war mir auch klar, dass ich bleiben würde. Es half mir, mit Freunden zu reden, ich konnte meine neue schöne Wohnung genießen, meiner Arbeit nachgehen, die mich erfüllte, und meinen Sohn unterstützen, der in dieser Zeit viele Probleme hatte und mich brauchte.

Wenn ich zurückblicke, kann ich sagen:

Ich durfte trotz allem viel, viel Gutes und Erfüllendes erfahren, was mich gestärkt hat und durch das ich immer wieder auftanken konnte. Es kam immer wieder Neues in mein Leben und gute Kontakte zu den verschiedensten Menschen. Ich war in einem Beziehungs-Netz gehalten und getragen. Durch die Anforderungen meines Sohnes war ich auch abgelenkt, was manchmal sehr gut war.

Meine Tochter ging tapfer und stark ihren Weg, und ich besuche sie und ihre Kinder regelmäßig und kann bei ihnen jederzeit auftanken. Sie geben mir viel. Meine Enkelkinder kommen nun schon alleine zu mir in die Ferien.

Ich habe weiterhin gearbeitet, hatte gute Teams, habe mich in verschiedenen Gremien engagiert, die mir sehr viel Freude gemacht und mich erfüllt haben. Es war aber vor allem der Rückhalt durch den Glauben, der mich durch diese schwere Zeit hindurchgetragen hat. Es gab immer wieder Lichtblicke und schöne Sachen, an denen ich mich freuen konnte und die mich aufbauten. Dankbar bin ich auch ganz fest für meine gute Gesundheit.

Es ist für mich ein großes Geschenk, dass ich auf all die Erlebnisse, auf mein Leben zurückschauen kann, ohne dass ich daran zerbreche oder bitter werde. Und immer wieder gibt es neue Lichtblicke: Meinen Sohn sehe ich nach 20 Jahren glücklich und erfüllt vom Leben. Ich glaube fest, dass er seinen Weg gefunden hat.

In allem Schweren, das ich bewältigen musste, hatte ich immer das Gefühl: Ich bin getragen. Ich werde getragen. Gott trägt mich! Und ich konnte regelmäßig denken: „Und die Sonne scheint immer wieder!" Denn die Sonne ist für mich extrem wichtig. Ich brauche die Wärme und das Licht!

6. Reifezeit

Älter werden
Mit 50+ ist ein Mensch nicht mehr jung, aber auch noch nicht alt. Die Haare werden – oder sind schon länger – grau, die körperlichen Kräfte und Leistungen lassen nach. Vielleicht zeigen sich schon die ersten gesundheitlichen Schwierigkeiten, möglicherweise Auswirkungen von einem ungesunden Lebensstil in jungen Jahren. Zudem macht der Körper nicht mehr alles mit, was verlangt wird. Das jugendliche Aussehen und ein jugendlicher Körper gehören der Vergangenheit an (Gesichtsfalten, Menopause). In unserer Gesellschaft und Kultur lernen wir zwar, wie wichtig es ist, lange jung bleiben und jung aussehen zu müssen, aber wir lernen nicht, alt zu werden und uns auf die schönen Seiten des Alters zu freuen und sie zu lieben. Für manche Frauen ist mit dem sichtbaren körperlichen Altern ein gewisser Statusverlust verbunden, da sie nicht mehr als attraktiv gelten – vor allem, wenn sie bisher viel Wert auf Äußerlichkeiten gelegt haben.

Doch gerade die Verhaltensweisen und der Lebensstil aus dem mittleren Erwachsenenalter wirken sich in starkem Maß auf die Gestaltung des Alters aus.

In dieser Lebensphase ist oft noch die Verantwortung für die jüngere Generation da (Kinder oder Enkelkinder) und zugleich für die ältere Generation (betagte Eltern). Auch hier gibt es Einschnitte, so z. B. wenn die eigenen Kinder das Elternhaus verlassen und das leere Nest zurückbleibt. Mit dem Auszug der eigenen Kinder setzt die nachelterliche Lebensphase ein. Die Eltern bleiben als Ehepaar oder sogar allein zurück (bei alleinerziehenden Elternteilen).

Einschneidend ist auch, wenn die eigenen Eltern pflegebedürftig werden und sterben. Nun gehört man bald selbst zur „älteren Generation" und steht an der Spitze des Generationengefüges. Vielleicht stirbt der Partner / die Partnerin. Möglicherweise stellen sich nach und nach Gebrechen und Krankheiten ein sowie existenzielle Probleme und Anforderungen.

Das Ende des Berufslebens

Mit der Pensionierung endet schließlich die Ausübung des Berufes, der bei vielen mehr als die Hälfte des Lebens gedauert und viel Zeit in Anspruch genommen hat. Das Einkommen wird reduziert, evtl. auch soziale Kontakte. Der Renteneintritt stellt vor neue Aufgaben und lädt zur Auseinandersetzung mit einem möglichen Engagement für das Gemeinwesen, dem Altwerden und eigenen Sterben ein.

Vielleicht bleibt eine Leere zurück. Erneut stellt sich die Sinnfrage: Wozu? Wozu das Ganze?

Sicherlich ist es eine Chance, in dieser Phase eine weitere Standortbestimmung vorzunehmen, Rückblick und Ausblick zu halten, eine ehrliche Bilanz zu ziehen und das eigene Leben neu auszurichten. Wer die bisher im Leben getroffenen Entscheidungen akzeptiert und das Leben so annimmt, wie es ist, kann sich selbst wohlwollender und dem Leben gegenüber zufriedener begegnen, als wenn ständig die Unzufriedenheit und das Bedauern über falsche Entscheidungen im Vordergrund steht.

Die Frage, die sich stets, egal in welchem Alter stellt, lautet dabei: Wie gehe ich mit der jeweiligen Lebensphase um? Was mache ich daraus?

Es ist nicht selbstverständlich, dass eine Person über 50 auch eine reife Persönlichkeit ist, und doch ist es wertvoll, wenn man spätestens in diesem Lebensabschnitt zu einer gewissen Reife findet.

Sieben Impulse zu Reife und Weisheit

Die Psychologin Dr. Boglarka Hadinger nennt in einem Vortrag über die menschliche Reife verschiedene Merkmale, woran man die Reife eines Menschen erkennt.

Reife Menschen würden:
- sich den schwierigen Themen in ihrem Leben stellen und diese reflektieren. Sie seien offen für Veränderungen;
- ihre eigenen Fähigkeiten und Kräfte einsetzen – auch für andere;
- offen für das bleiben, was über den Verstand hinausgeht;
- die Schöpfung achten und sich in ihrem Reden und Reagieren zurückhalten;
- nach Weisheit streben.[9]

Beim Lesen dieser Merkmale fiel mir auf, dass diese teilweise auch in der Bibel erwähnt werden. Deswegen versuche ich, einige biblische Aspekte von menschlicher Reife und Weisheit zu nennen und auszuführen. Wichtig zu erwähnen ist mir dabei, dass Reife und Weisheit nicht ans Lebensalter gebunden sind, sondern an die Bereitschaft, sich der eigenen Lebens-Wahrheit zu stellen und sich von Gottes Wahrheit korrigieren und verändern zu lassen, sich von Gottes Weisheit füllen zu lassen.

Woran also kann man merken, ob ein Mensch reif bzw. weise ist?

Impuls 1: Ein reifer Mensch weiß, wer er ist und wozu er lebt: ein von Gott geliebter Mensch, als Kunstwerk geschaffen, von Gott gewollt und an einem bestimmten Platz in diese Welt gesetzt, um mit und für Gott zu leben und zu wirken (Psalm 100,2; Psalm 139; Jesaja 43,1.4; Matthäus 28,18-20). Als Geschöpf und Kunstwerk Gottes geht er entsprechend behutsam und verantwortungsvoll mit der Schöpfung um.

---

[9] Diese Merkmale sind nachzulesen in einer Zusammenfassung des Vortrags, die verlinkt ist unter:
http://www.franklzentrum.org/index.php?show=1211&id=37

Impuls 2: Ein reifer Mensch ist reflektiert und weiß, was er tut und warum. Er handelt nicht aus Eigennutz, sondern verantwortungsvoll und verantwortungsbewusst. Er ist bereit, über sein Reden und Tun Rechenschaft abzulegen und Verantwortung zu übernehmen, weil er weiß, dass Verdrängen, Ausreden oder Leugnen keine Lösungen sind.

Die erste Frage, die Gott dem Menschen stellt, lautet: *Wo bist du?* (1. Mose 3,9) Kain wird nach dem Brudermord von Gott gefragt: *Warum hast du das getan?* (1. Mose 4,10) Abrahams Magd wird vom Engel des HERRN gefragt: *Woher kommst du, und wohin gehst du?* (1. Mose 16,8)

Gott lädt den Menschen – auch uns – immer wieder ein, über seine Vergangenheit, Herkunft und seine Ziele, über sein Leben und Handeln, über seine Entscheidungen und Taten nachzudenken und Verantwortung dafür zu übernehmen. Wo stehe ich persönlich? – Diese Frage dürfen und sollen auch wir uns immer wieder stellen. Reife Menschen sind bereit, sich mit ihrem Leben ehrlich auseinanderzusetzen und auch schwierige Lebensthemen anzugehen.

Impuls 3: Reife Menschen erkennen, wie reich sie von Gott beschenkt sind und entdecken zunehmend die inneren Schätze und Kostbarkeiten.

Gott hat jeden Menschen mit besonderen Gaben und Fähigkeiten ausgestattet. Sie sind Geschenk und nicht selbst hervorgebracht. Diese Gaben sollen in unserem Leben zu ihrer Zeit werden, wachsen und sich entfalten. Die Bibel spricht von der Frucht des Geistes, die in einem Menschen sichtbar wird, der mit Gott lebt: *Lasst euer Leben von Gottes Geist bestimmen.* (Galater 5,16) *Dagegen bringt der Geist Gottes in unserem Leben nur Gutes hervor: Liebe und Freude, Frieden und Geduld, Freundlichkeit, Güte und Treue, Besonnenheit und Selbstbeherrschung.* (Galater 5,22-23)

Impuls 4: Reife Menschen lassen sich von der Not ihrer Nächsten und vom Elend in der Welt berühren, ohne davon aufgefressen zu werden, ohne in Emotionen oder Trauer zu versinken. Sie sind bereit, dort und so zu helfen, wo und wie es in ihren Möglichkeiten steht. Die Bibel nennt dies Erbarmen bzw. Barmherzigkeit. Jesus ist uns das beste Vorbild im Erbarmen. Er hat sich für die Schwächsten und Ärmsten eingesetzt, wusste jedoch auch klar, wann und wo er sich abgrenzen muss. Er forderte die Menschen dazu auf (Lukas 6,36): *Seid so barmherzig wie euer Vater im Himmel!* (Matthäus 14,14.23; Lukas 7,13; 19,41)

Impuls 5: Ein reifer Mensch muss nicht alles im Griff haben und weiß auch, dass er nicht alles be-greifen kann, dass er begrenzt ist. Aber er ist von Gott „er-griffen" und in seiner Hand geborgen, weil Gott ihn hält. Er muss nicht an seiner eigenen Ehre, an Menschen oder Dingen festhalten, sondern kann loslassen und das, was ihn beschäftigt und belastet, den Händen Gottes überlassen.

Jesus lädt uns dazu ein, mit unseren Lasten zu ihm zu kommen, uns nicht mehr selbst damit abzumühen, sondern mit den Sorgen und Nöten zu ihm zu kommen (vgl. Jesaja 58,6; Matthäus 11,28-30).

Impuls 6: Reife Menschen wissen, dass sie immer wieder schuldig werden und Vergebung brauchen. Sie sind sowohl schuldfähig als auch vergebungsbereit. Vergebung geht mit Demut einher, denn Vergebung hat mit dem Loslassen des eigenen Stolzes, der eigenen Ehre, der heilen Fassade zu tun. Vergebung verzichtet auf das Recht der Wiedergutmachung. Das Thema Schuld und Vergebung ist eine große Herausforderung für uns Menschen, denn es zeigt uns, dass wir eben doch nicht so toll sind, wie wir es gern wären. Unsere Gesellschaft und Welt kann mit diesen Themen nicht umgehen. Dies zeigt sich darin, dass Begriffe wie Sünde, Schuld, Buße, Vergebung ... kaum noch in unserem Sprachgebrauch vorkommen. Hingegen entwickeln wir positive Synonyme, welche die Wahrheit verwischen und höchstens umschreiben, aber nicht mehr beim Namen nennen. Gott will, dass wir Sünde klar benennen und bekennen. Was vor ihm offengelegt wird, vergibt er durch Jesus Christus gern (Matthäus 6,12; Lukas 6,37; Epheser 4,32; Kolosser 3,13; 1. Johannes 1,8.9).

Der nächste Schritt ist dann die Versöhnung. Wer mit Gott versöhnt ist, kann sich auch mit sich selbst und mit anderen versöhnen (2. Korinther 5,19-20).

Impuls 7: Ein reifer Mensch stellt sich selbst nicht in den Vordergrund. Er sagt nicht alles, was er sagen könnte. Er agiert und reagiert nicht impulsiv, wie er vielleicht im ersten Moment könnte. Reife Menschen halten sich weise zurück, warten ab, drängen sich und ihre Meinung anderen nicht auf und sind doch offen und gesprächsbereit, wenn es dran ist. Sie hüten ihre Zunge und achten auf das, was sie sagen (Psalm 34,14; 1. Petrus 3,10), denn Schweigen hat seine Zeit und Reden hat seine Zeit (Prediger 3,7).

Jakobus ermahnt in seinem Brief: *Seid immer sofort bereit, jemandem zuzuhören; aber überlegt genau, bevor ihr selbst redet. Und hütet euch vor unbeherrschtem Zorn!* (Jakobus 1,19)

Auch Jesus hat viel geschwiegen oder nicht reagiert, v. a. als es um die Rechtfertigung von sich selbst ging. Sein Schweigen hat jedoch genauso klar gesprochen … (Matthäus 15,23; 27,14; Johannes 19,9.10; 1. Petrus 2,23).

Ein reifer Mensch achtet auf sein Herz, auf seine Gedanken und Gefühle, auf sein Reden und Tun. (Sprüche 4,23)

Ein reifer Mensch ist ein weiser Mensch

Reife und Weisheit gehen Hand in Hand einher und gehören meines Erachtens zusammen. Der Weisheit wird in der Bibel, sowohl im Alten als auch im Neuen Testament ein großer Stellenwert beigemessen. So wird beispielsweise die Weisheit in den ersten neun Kapiteln der Sprüche Salomos gelobt. Die Bibel stellt klar, dass wahre Weisheit von Gott kommt, dass Weisheit mit der Ehrfurcht vor Gott beginnt, dass Weisheit besser ist als Gold und dass alle Schätze der Weisheit in Jesus Christus verborgen liegen (vgl. Hiob 28,28; 38,36; Psalm 110,10; Sprüche 2,6; 16,16; Kolosser 2,3).

Jakobus beschreibt zwei Arten von Weisheit. Er unterscheidet klar zwischen irdischer bzw. menschlicher Weisheit und Weisheit, die von oben kommt. Er schreibt in Jakobus 3,13-18 (Neue Genfer Übersetzung):

Hält sich jemand unter euch für weise und verständig? Dann soll er zeigen, dass er das auch tatsächlich ist, indem er ein vorbildliches Leben führt und Dinge tut, die von Weisheit und Bescheidenheit zeugen. Wenn aber euer Herz bitter ist vor Eifersucht und wenn ihr selbstsüchtige Ziele verfolgt, dann prahlt nicht „mit eurer Weisheit"; ihr würdet damit lügen und euch gegen die Wahrheit stellen. Eine solche Weisheit kommt nicht von oben, sondern spiegelt das Denken dieser Welt wider und ist ganz auf das Irdische ausgerichtet; sie ist dämonischen Ursprungs. Denn wo Eifersucht und Selbstsucht herrschen, da herrscht auch Unfrieden, Unordnung und Aufruhr, und das Böse kann sich ungehindert ausbreiten. Die Weisheit hingegen, die von oben kommt, ist in erster Linie rein und heilig, dann aber auch friedfertig, freundlich und bereit, sich etwas sagen zu lassen. Sie ist voll Erbarmen und bringt eine Fülle von Gutem hervor; sie ist unparteiisch und frei von jeder Heuchelei. Die Früchte, die vor Gott bestehen können, wachsen dort, wo Friedensstifter eine Saat des Friedens säen.

Wie kommt ein Mensch aber dahin, dass er weise wird?

Auch hierzu gibt Jakobus eine Antwort. Er rät (Jakobus 1,5.-6; Neue Genfer Übersetzung):

Wenn es aber einem von euch an Weisheit fehlt, bitte er Gott darum, und sie wird ihm gegeben werden; denn Gott gibt allen gern und großzügig, und er macht „dem, der ihn bittet," keine Vorhaltungen. Doch soll der Betreffende seine Bitte in einer Haltung des Vertrauens vorbringen ...

Wir dürfen Gott immer wieder darum bitten, dass er uns weise macht, und wir dürfen darauf vertrauen, dass er es zu seiner Zeit tun wird – Stück für Stück.

Alt und Alter in der Bibel

Mit dem Alter wird in der Bibel in der Regel das Lebensalter bezeichnet. Älteren Menschen gegenüber wird auf eine große Ehrerbietung Wert gelegt, weil ihnen Weisheit und Einsicht zugeschrieben werden. Die ältesten Männer im Volk Israel hatten in der Regel wegen ihrer Lebenserfahrung eine leitende Funktion inne.

Wenn ein Mensch alt werden darf und alt wird, dann gilt dies als Geschenk von Gott und ist nicht selbstverständlich. Wir haben es nicht in der Hand, ob wir alt werden, wie alt wir werden – höchstens, wie wir alt werden.

Der Mensch ist nicht einmal fähig, sein Leben um einen kurzen Augenblick zu verlängern. Jesus sagt zu seinen Zuhörern (Matthäus 6,27): *Und wenn ihr euch noch so viel sorgt, könnt ihr doch euer Leben um keinen Augenblick verlängern.* In der Neuen Genfer Übersetzung wird es so ausgedrückt: *Wer von euch kann dadurch, dass er sich Sorgen macht, sein Leben auch nur um eine einzige Stunde verlängern?*

Wenn in der Bibel erwähnt wird, dass ein Mensch an Alter zunimmt, beinhaltet dies zugleich, dass er zur geistlichen Reife heranwächst und weise wird. So heißt es von Jesus in Lukas 2,52: *So wuchs Jesus heran. Sein Wissen und sein Verständnis nahmen zu, und er war geliebt von Gott und den Menschen.*

Weisheit und Reife sind also nicht grundsätzlich an ein bestimmtes Lebensalter gebunden, sondern können sich auch schon in der Kindheit und Jugend entwickeln.

Die Altersreife ist das, was einen Erwachsenen von einem unmündigen Menschen, der leicht zu beeinflussen und zu verführen ist, unterscheidet.

Das soll dazu führen, dass wir alle in unserem Glauben und in unserer Kenntnis von Gottes Sohn zur vollen Einheit gelangen und dass wir eine Reife erreichen, deren Maßstab Christus selbst ist in seiner ganzen Fülle. (Epheser 4,13; Neue Genfer Übersetzung)

Begegnet alten Menschen mit Achtung und Respekt, und ehrt mich, den Herrn, euren Gott! (3. Mose 19,32)

Graues Haar ist ein würdevoller Schmuck – angemessen für alle, die Gottes Geboten folgen. (Sprüche 16,31)

Ich darf das Gebet aus Psalm 71,18 zu meinem eigenen machen und Gott bitten, Tag für Tag bei mir zu sein, auch wenn ich alt werde und alt bin:

Lass mich auch jetzt nicht im Stich, o Gott, jetzt, wo ich alt und grau geworden bin! Gib mir noch so viel Zeit, dass ich auch meinen Kindern und Enkeln noch erzählen kann, wie groß und mächtig du bist!

So spricht Gott, der HERR: *Ich bleibe derselbe; ich werde euch tragen bis ins hohe Alter, bis ihr grau werdet. Ich, der Herr, habe es bisher getan, und ich werde euch auch in Zukunft tragen und retten.* (Jesaja 46,4)

Diese Verheißung darf ich auch für mich persönlich in Anspruch nehmen. Wie geht es mir mit dem Gedanken, dass Gott mich bis ins Alter tragen will?

Alter schützt nicht vor Gottes Auftrag!
Die Bibel berichtet uns von alten und von sehr alten Menschen. Im Alten Testament beginnt eine große Lebensaufgabe zum Teil erst, als die jeweilige Person schon im hohen Alter ist, wobei die Zeit- und Altersrechnung im ersten Buch der Bibel offen bleibt. Dennoch nehme ich die Altersangaben so, wie sie im Text ste-

hen. (Ich erwähne folgende Beispiele schon in diesem Kapitel und nicht erst in Kapitel 7, da es in unserer Zeit kaum noch vorkommt, dass eine 80- oder 90-jährige Person ein großes Projekt in Angriff nimmt.)

Doch wir können nur staunen, wie Gott einen fast „600-jährigen" Noah beauftragt, eine Arche zu bauen (1. Mose 6+7); einen Abraham im Alter von 75 Jahren aus seiner Heimat ruft und ihn noch jahrelang auf eine Wüstenwanderung schickt (1. Mose 12ff); einen 80-jährigen Mose beauftragt, das Volk Israel aus der Knechtschaft in Ägypten und schließlich nochmals 40 Jahre lang durch die Wüste zu führen (2. Mose; Apostelgeschichte 7,23-30).

Elisabeth und Zacharias wird noch im hohen Alter ein Kind – Johannes – geschenkt (Lukas 1). Die beiden Senioren Simeon und Hanna haben ihren Platz und ihre Aufgabe im Tempel in Jerusalem und dürfen dort ihrem Erlöser Jesus persönlich begegnen (Lukas 2,22-38).

All diesen Menschen ist gemeinsam, dass sie bis ins hohe Alter auf Gottes Stimme hörten und sich von Gott leiten und begleiten ließen. Nicht sie hatten die Führung ihres Lebens inne, sondern ein Größerer, dem sie vertrauten.

 Schatztruhen-Zeit

Persönliche Fragen zum Nachdenken / Impulse zum Vertiefen
- ➪ Wie geht es mir damit, dass ich nach und nach graue Haare bekomme oder schon ganz grau bin? Färbe ich meine Haare? Warum? Kann ich auch in grauen Haaren Schönheit entdecken? Was verbindet die Bibel mit grauen Haaren?
- ➪ Ich lese die Geschichten von Noah, Abraham, Mose, Elisabeth, Zacharias, Simeon, Hanna selbst in der Bibel nach. Was wird über ihre Lebensumstände, ihr Alter, ihre Familie, ihren Glauben, ihre Aufgabe berichtet?
- ➪ Welche biblischen Personen fallen mir sonst noch ein? Was kann ich heute von ihnen lernen?

➪ Was ist für mich schwierig am Prozess des Älterwerdens?
➪ Was erlebe ich als schön?
➪ Welche Herausforderungen kommen mit dem Alter? Was hilft mir, damit umzugehen?
➪ Welche Weisheit(en) möchte ich den nächsten Generationen gerne mit auf den Weg geben? Gibt es einen Bibelvers, ein Motto, einen Spruch, der mich in meinem Älterwerden begleitet?

Sechs Weisheiten/Lebens-/Altersweisheiten aus der Schatztruhe des Lebens

Vorbemerkung: Da ich die in diesem Kapitel behandelte Lebensphase nur vom Hörensagen kenne und mir diesbezüglich viele Erfahrungen fehlen, habe ich verschiedene Personen aus dieser Phase zum Thema Alter bzw. Älterwerden befragt. Doch anzumerken ist noch, dass letztlich jeder Mensch von Jahr zu Jahr älter wird und sich verändert und (hoffentlich) an Reife zunimmt, egal, wie jung oder alt er ist!

Edith erzählt:
Wenn ich auf mein Leben zurückblicke, dann fällt mir auf, dass ich heute schlechter zwischen An- und Entspannung wechseln kann als in jüngeren Jahren. In turbulenten Zeiten bleibe ich angespannt und kann dann oft nur sehr schlecht einschlafen. Vermutlich tragen die Wechseljahre auch nicht unbedingt zu einer Verbesserung der Situation bei. Irgendwann reagiert dann der Körper, beispielsweise mit einem Hexenschuss.

Als wertvoll empfinde ich, dass ich inzwischen meine Stärken und Schwächen kenne und heute bedeutend selbstbewusster bin als früher. Ganz besonders wichtig finde ich, jeden Tag bewusst und dankbar zu leben. Mit meinen 50 Jahren bin ich mir sehr wohl bewusst, dass die Jugend hinter mir und das Alter vor mir liegt beziehungsweise der Alterungsprozess längst begonnen hat. Aber ich bin zufrieden mit mir selber und weiß mich geliebt.

Was ich jüngeren Menschen gerne mit auf den Weg geben möchte, ist ein Text von Hermann Traub, in dem es heißt: „Dass dein Leben wie die ganze Schöpfung Gott preisen kann, wünsche ich dir!"

* * *

Susanne sagt zu diesem Thema:
Wenn man älter wird, geht es oft gesundheitlich nicht mehr so gut, es kommen Schmerzen, die Müdigkeit nimmt zu, weniger Kraft ist vorhanden. Der Anschluss an die junge, ultraschnelle Welt überfordert manchmal. Das Denken und Reagieren wird langsamer. Menschen, die früher einen interessanten Job hatten, vermissen ihn vielleicht, fühlen sich evtl. auf die Seite gestellt und nicht mehr gebraucht.
Das Schöne ist aber, dass man mehr Freizeit hat, auch mehr Freiheit, wie man den Tag gestalten will. Man kann auch mal ausschlafen! Wenn man noch gesund ist, sind noch neue Projekte möglich, vielleicht etwas, von dem man jahrelang geträumt hat. Als Christ kann man sich freuen, dass das Ziel näher rückt, es dauert nicht mehr so lange, bis man zu Hause angelangt sein wird!
Was sind Herausforderungen – was hilft, damit umzugehen?
Das Älterwerden fordert heraus, sich nicht gehen zu lassen, auch wenn man nicht mehr im Beruf ist, und dennoch immer noch das Beste aus dem Leben zu machen! Es ist meines Erachtens wichtig, nicht der Vergangenheit nachzutrauern, sondern nach vorne zu schauen und immer wieder Dinge zu planen, auf die man sich freut. Anstatt sich zurückzuziehen, ist es wertvoll, weiterhin Kontakte zu pflegen.
Mein Motto für jeden Tag hängt bei mir in der Küche:
„Begnüge dich nicht mit einem Leben ohne Hingabe, auch im Alter nicht!"

* * *

Lisbeth empfindet es so:
Ich bin sehr dankbar, dass es mir auch beim Älterwerden gesundheitlich gut geht. Ich habe bis jetzt keine Probleme und bin nirgends eingeschränkt. Dieses Geschenk schätze ich jeden Tag und sage: „Danke!"

Ich erlebe viel mehr Freiheiten, seitdem ich pensioniert bin, und kann sie genießen. Ich arbeite zwar häufig freiwillig in unserer Kirchgemeinde mit, denn dies bereitet mir viel Freude, aber ich kann auswählen, was und wie viel ich mache. Ich kann jederzeit zu meinen Kindern und Enkelkindern reisen, wandern gehen, einfach genießen, Kontakte pflegen und auch spontan Hilfe leisten nach meinen Möglichkeiten. Dies alles finde ich sehr schön. Ich vergesse dabei sogar manchmal, wie alt ich bin!

Als Herausforderung im Alter empfinde ich, sich mit der Tatsache zu befassen, dass schnell alles anders sein kann. Ich mache mir bewusst Gedanken über Krankheiten und Sterben. Es kommt in meinem Alter zunehmend vor, dass ich endgültig Abschied nehmen muss von Verwandten und Freunden. Dieser Umgang mit Verlusten ist für mich eine große Herausforderung. Ebenso der Gedanke, dass ja meine Eltern beide Anfang 70 nach schwerer Krankheit gestorben sind – da bin ich selbst nicht mehr weit weg.

Was mir hilft, ist meine positive Einstellung zum Leben und dass ich trotz allem das Gute und Schöne sehe – und dass die Sonne ja immer wieder über allem scheint! Auch meine Familie, meine Freunde und mein Glaube geben mir Kraft und Zuversicht und sind für mich sehr wertvoll. Gerne möchte ich die jüngeren Generationen ermutigen, dass sie Vertrauen ins Leben gewinnen, Verankerung im Glauben finden, ihre Mitmenschen achten, die Liebe von Familie und Freunden als wertvoll schätzen und positiv denkend durchs Leben gehen.

* * *

Sr. Daisy Tschanz erzählt:
Mir fällt auf, dass ich schneller ermüde und mich dann nicht mehr

so gut konzentrieren kann. Dazu habe ich auch körperliche Beschwerden wie z. B. Arthrose. Wunderbarerweise verschwinden die Schmerzen jeweils nach einiger Zeit wieder, sodass ich immer noch mit Freuden meinen Lieblingsbeschäftigungen nachgehen kann.

Schön ist, dass sich meine Beziehung zu Jesus vertieft hat. Täglich darf ich mich üben, ihm zu vertrauen und einfach froh und zufrieden zu sein, dass ich zu ihm gehöre. Von dort beziehe ich alles, was ich zum Leben und zum Dienen brauche. Für mich ist Gottes Wort, das Gebet und die Gemeinschaft mit andern Gotteskindern eine Quelle der Kraft, der Freude und der Zufriedenheit.

Den jüngeren Generationen möchte ich sagen: Es lohnt sich, sich Gott vorbehaltlos hinzugeben. Auf diese Weise fand ich Frieden und Freude, aber auch den Mut, etwas mit und für Gott zu wagen. So erlebte und erlebe ich auf vielfältige und wunderbare Art seine Hilfe und Führung.

* * *

Marianne berichtet:

Ich muss nicht mehr, sondern darf!

Ich schätze es sehr, dass ich mir Zeit herausnehmen kann für mich selber, meine Familie und „andere Mitmenschen" – und dass ich das tun kann, was mir Freude macht und immer wieder meinen Alltag bereichert. Ich genieße es, Zeit zu haben, um mit meinen Enkelkindern etwas zu unternehmen und zu erleben und mit ihnen so die Freuden und Sorgen ihres Lebens ein wenig teilen zu können und spüren zu dürfen.

Es ist schön, frei zu sein, um einfach mal, ohne es geplant zu haben, mit meinem Mann wegfahren zu können, wenn die Sonne scheint! Wertvoll ist es für mich auch, mit anderen Senioren oder Gleichgesinnten Zeit zu verbringen und auszutauschen.

Andererseits spüre ich, dass die Zunahme von körperlichen Beschwerden auch bei mir bereits Realität ist. Es gilt: Loslassen lernen auf allen Ebenen!

Herausfordernd sind für mich verschiedene Fragen und Sorgen, so z. B. die Sorge, ich könnte jemandem zur Last fallen, oder Angst vor dem Verlust meines Ehemannes. Oder der Gedanke, einmal Abschied nehmen zu müssen von meiner Familie, sie „zurücklassen zu müssen". Oder auch das Loslassen von ganz praktischen Dingen: Führerschein, Haus, Eigenständigkeit ... Und schließlich ist da die Frage: Bin ich „innerlich und äußerlich" bereit zum Sterben?

In all dem hilft mir, dass ich alle meine Sorgen auf Jesus werfen darf. Ich versuche, mich nicht schon im Voraus „zu sehr" zu sorgen, sondern auf seine Hilfe zu vertrauen, wenn es dann so weit ist. Und gleichzeitig möchte ich die Dinge in Ordnung bringen, die in meiner Verantwortung und Möglichkeiten liegen.

Ich nehme mir Zeit, um mit Gott und seinem Wort in Verbindung zu sein und zu bleiben. Ich pflege Freundschaften und schreibe Tagebuch.

Was mir am Herzen liegt und ich gerne weitergeben möchte, sind folgende Sätze oder Gedanken:

- Wenn deine Kinder klein sind, gib ihnen Wurzeln; wenn sie groß sind, gib ihnen Flügel! (Chinesisches Sprichwort)
- Spare nie mit dem Verschenken von Liebe!
- Gottes Gedanken und Wort leben – auch in der Erziehung – aber vor allem mit viel Barmherzigkeit, so wie es auch unser himmlischer Vater uns gegenüber tut.
- Den Humor und das Lachen nie verlieren!
- Die persönliche Entscheidung für Jesus nicht hinausschieben ...
- In jeder Phase des Lebens das „Jetzt" und die Gegenwart in gesunder Qualität und bewusst leben (anstatt sich von negativen Erfahrungen der Vergangenheit oder Angst vor der Zukunft in Unfreiheit oder unter Druck setzen und steuern zu lassen ...)
- Zeiten einplanen, um sich als Ehepaar und als Familie gegenseitig zuzuhören und miteinander zu reden, reden, reden – und Gefühle auszudrücken!

***

M. H. meint dazu:

In meinem Alter darf ich mich einer immer noch recht guten Gesundheit erfreuen. Dafür bin ich zutiefst dankbar. Natürlich gehören einige mehr oder weniger spürbare und auch für andere erkennbare „Alterserscheinungen" zu meinem Alltag. Ich lasse mich durch sie an die Endlichkeit meines Lebens erinnern.

Das Loslassen lieb gewordener Aufgaben war zwar nicht ganz einfach, doch die Entlastung und die neuen Freiräume empfinde ich als größeren Gewinn. Es ist echt wohltuend und motivierend, nicht mehr so eingespannt zu sein, nicht mehr zu müssen und doch für dies und jenes noch gebraucht zu werden.

Ich habe mir angewöhnt, langsamer und achtsamer unterwegs zu sein. Dabei entdecke ich Spuren von Gottes Gegenwart in der Schöpfung, bei Begegnungen mit Menschen und Tieren. Ich genieße es, Zeit zu haben zum Lesen, Musikhören und Spielen von einem einfachen Instrument ...

Wenn ich an meine nächsten Lebensjahre denke – soweit ich diese erleben darf –, dann werden mit großer Wahrscheinlichkeit gesundheitliche Einbußen, möglicherweise Einbrüche auf mich zukommen. Dazu Ja zu sagen, loszulassen und trotzdem nicht zu resignieren, Geduld mit mir selber haben, das wird meine tägliche Übung sein. Ich will meine irdischen Dinge regeln, Beziehungen pflegen, wo nötig und möglich klären und mich konkret auf die Ewigkeit einstellen.

Lebensweisheiten, die mir selbst geholfen haben und die ich gerne weitergebe, sind folgende:

- Es kommt nicht darauf an, wie alt man ist, sondern wie man alt ist. (Von unbekannt)
- Habe dein Schicksal lieb, denn es ist der Weg Gottes mit deiner Seele. (Dostojewski)
- Lass dir alles dazu dienen, dass es dich letztlich näher zu Gott bringt. (Von mir)

INNEHALTEN

Vater, du wartest auf mich!

*Wenn ich in einem Augenblick
mein Leben an mir vorüberziehen lasse,
so sehe ich mich
Berge von Arbeit bewältigen,
Terminen nachjagen,
Aufgaben erledigen
und Pflichten erfüllen.
Dir den Rücken zugewandt sehe ich dich nicht mehr
und meine sogar, keine Zeit
für einen Gedanken an dich übrig zu haben.*

*Aber nun kehre ich um und blicke zu dir:
Vater, du wartest auf mich.
Du hältst Ausschau nach mir –
jederzeit bereit,
mich in deine Arme zu schließen,
mich an dein Herz zu drücken,
mich bei dir willkommen zu heißen.*

*Du wartest. Du zwingst nicht.
Kommen muss ich selbst.
Du hast mich eingeladen –
hast mich von meinen Bergen der Arbeit weggerufen,
um mit dir am Tisch zu sitzen und ein Freudenfest zu feiern.
Auf deine Einladung zu antworten, liegt nun an mir.*

Vater, du wartest auf mich.
Deine Sehnsucht nach mir und meine Sehnsucht nach dir
ziehen mich hin zu dir.
Ich komme – nach Hause.
Vater, ich komme!

Sabine Herold

7. Alt und lebenssatt

Alter und Weisheiten
Paul Tournier schreibt zum Thema Ruhestand:

„Ich sah auch solche, die sich zuerst auf den Ruhestand freuten und darauf, gerade das tun zu können, was ihnen bis jetzt verwehrt gewesen war, die aber dann, als es so weit war, nichts von alledem taten. Alles erschien ihnen farblos, sie wurden nicht mehr von der Routine des Lebens mitgerissen. Noch andere wieder freuen sich nur ganz kurze Zeit an ihrer Pensionierung und beginnen schon sehr bald an ihrem inhaltslosen Leben zu leiden. Die kleinen erträumten Beschäftigungen kommen ihnen plötzlich gemacht vor, dem wirklichen Leben fremd. Am glücklichsten ist, wer begreift und annimmt, dass sich das Leben mit dem Alter ändern muss, dass das, was man … noch tun kann, immer mehr an Bedeutung verliert, und dass es von nun an hauptsächlich auf das Innenleben ankommt. Solche Menschen sind weniger anfällig für dieses schreckliche Gefühl der Nutzlosigkeit, das die meisten Leute so schwer drückt und woran die ganze Auffassung unserer modernen Welt, wo in erster Linie die Leistung zählt, mitschuldig ist.“[10]

Es ist schade, wenn einem Menschen erst im hohen Alter bewusst wird, dass er oder sie vieles versäumt hatte bzw. anders hätte machen sollen. Es ist nicht möglich, die Zeit zurückzudrehen und noch einmal von vorn zu beginnen. Das wünscht sich manch einer am Ende seines Lebens. Aber wäre es nicht so viel hilfreicher, wenn wir jetzt und heute schon einmal innehalten und unser Leben daraufhin überprüfen würden?

---

10 aus: Paul Tournier. Die Jahreszeiten unseres Lebens, Gütersloh 1987.

Innehalten

Schon heute
*Wenn ich mein Leben noch einmal von vorne beginnen könnte,
dann würde ich ...*
... *mehr* genießen: ein Kinderlachen, den Flug eines
Schmetterlings, den Tanz der Schneeflocken, das Rauschen der
Bäume, den Sonnenstrahl, der mich kitzelt, die Tasse Tee am
Nachmittag, einen guten Film
... *mehr* Gefühle herauslassen: weinen, wenn mir danach
zumute ist; lachen, wenn niemand lacht; schimpfen wie ein
Rohrspatz; die Wut nicht mehr hinunterschlucken
... *mehr* Verrücktes und Außergewöhnliches wagen
... *mehr* Fehler zulassen und zugeben,
denn Fehler gehören zum Leben und zum Menschsein
... *mehr* Gutes sagen als Schlechtes, mehr Not-wendendes als
Überflüssiges – und doch weniger reden und mehr zuhören
... *mehr* vergeben und um Vergebung bitten,
anstatt auf meinem Recht zu beharren.
Keine bittere Wurzel soll in mir wachsen
... *mehr* von der Liebe Gottes reden und von seiner
Vergebung als von Strafen und Gericht

*Wenn ich mein Leben noch einmal von vorne beginnen könnte,
dann würde ich ...*
... *weniger* sparen und mehr verschenken, weil ich ohnehin
nichts auf die letzte Reise mitnehmen kann
... *weniger* darüber sinnieren, was wohl die anderen über
mich denken und reden, weil sie dies sowieso tun –
oder auch nicht ...
... *weniger* durchs Leben hetzen und mehr trödeln. Jede
Stunde meines Lebens ist ein Geschenk. Es liegt an mir, sie zu

verschwenden, auszukosten, mit Stress auszufüllen ...
oder totzuschlagen

Doch weil ich mein Leben nicht noch einmal von vorne beginnen kann, sondern noch immer hier und jetzt lebe ...
... werde ich schon heute versuchen ...
... die Welt um mich herum bewusster wahrzunehmen
und über das Schöne zu staunen
... meinen Gefühlen Raum zu geben
und sie vor Gott auszubreiten
... offen zu sein für das, was kommt,
und für den, der mir begegnet
... meine Feinde zu lieben und auch mein Versagen
und meine Fehler anzunehmen
... das Gute zu sehen und es auch zu sagen
... gerne zu verzeihen
... mich von Gottes Liebe füllen zu lassen,
um sie weiterzuschenken
... fröhlich zu geben
... Gott zu fürchten anstatt Menschen
... mir Zeit zu lassen,
weil meine Zeit in Gottes Händen steht.

Sabine Herold

Verpasste Gelegenheiten
Schade ist auch, wenn im Leben immer etwas Kleineres oder Größeres vor sich hergeschoben wird und es dann eines Tages zu spät ist für diesen Anlass, dieses Ereignis, diese Klärung, diese Veränderung, dieses Geschenk ...

INNEHALTEN

Nie getragen
Nun ist sie tot.
Dabei hatte sie noch so viel vor,
wollte noch dies und das erleben,
hierhin und dorthin reisen,
diesen und jenen Ort besuchen.

Nun ist sie gegangen.
An einen anderen Ort,
der nicht auf ihrer Liste stand.
Zu früh, zu schnell, unvorbereitet, ohne Abschied.

Beim Räumen der Wohnung öffne ich einen Schrank
– ihren besonderen Schrank.
Sie hatte mir immer wieder davon erzählt.
Sie bewahrte dessen Inhalt
für ganz besondere Gelegenheiten auf.

Ich nehme ein Stück nach dem anderen in die Hand:
Ein Paar nagelneue, festliche Schuhe,
einen Seidenschal,
Spitzenwäsche,
ein Blankobuch mit Ledereinband und edlem Füllhalter
– ein Buch wollte sie schreiben – bei Gelegenheit.
Doch dazu kam es nie.
Schade.

Dann halte ich eine Schatulle in der Hand.
Wunderschön ist sie – ein Kunstwerk.
Darin eine goldene Kette mit einem Diamant,

passend dazu ein Ring und Ohrringe.
Nie getragen und doch gehütet wie einen Augapfel.
Schade.

Keine Gelegenheit war die richtige,
kein Anlass der passende.

Ich denke an meinen eigenen besonderen Schrank
mit Dingen für besondere Gelegenheiten.
Noch heute werde ich meine Kostbarkeiten herausnehmen
und sie tragen.

Sabine Herold

Die schönen und schweren Seiten des Alters

Auch wenn wir nicht noch einmal von vorne beginnen und unser Leben noch einmal leben können, so ist es durchaus möglich, das eigene Leben vor Gott zu betrachten, wahrzunehmen, was war und was ist, und dies mit Gott zu ordnen – das beginnt nicht äußerlich, sondern innen. Anstatt Dinge, Begegnungen oder Gespräche noch weiter hinauszuschieben, ist spätestens jetzt der Zeitpunkt gekommen, diese auch anzugehen, in Angriff zu nehmen und gute Vorsätze umzusetzen.

Alte Menschen haben Zeit – genau gleich viel wie jeder Mensch. Doch sie stehen nicht mehr in der Pflicht des Schul-, Ausbildungs- oder Berufslebens. Sie können und dürfen sich Zeit nehmen und die ihnen noch geschenkte Zeit sinnvoll nutzen und genießen.

Doch das Alter hat auch schwierige Seiten und Gefahren, die nicht unterschätzt werden dürfen – je nach körperlichem und gesundheitlichem Zustand, je nach Beziehungsnetz, Familienzusammenhalt oder sozialen Kontakten:

Die körperliche Kraft und meistens die Gedächtnisleistung lassen in der Regel im hohen Alter nach. Die Vereinsamung nimmt automatisch zu, da aus der eigenen Generation nach und nach Gleichaltrige sterben. Immer ist die Frage im Hintergrund: Wer kommt als Nächstes dran?

Möglicherweise breitet sich mit der nachlassenden Kraft und Leistungsfähigkeit ein Gefühl der Nutzlosigkeit aus. Manche erleben es, dass sie sogar überflüssig, ja lästig geworden sind. Dies ist vor allem dann der Fall, wenn sie zunehmend abhängig von anderen Menschen werden, da sie auf deren Hilfeleistungen und Unterstützung angewiesen sind.

Das immer schlechter werdende Gehör kann dazu führen, dass sich ältere Menschen ausgeschlossen fühlen, weil sie bei Gesprächen kaum mehr etwas verstehen oder nur Wortfetzen mitbekommen.

Die Vereinsamung und das innere Sterben ist wohl auf unsere Gesellschaft zurückzuführen, in der die Alten, Schwachen, Kranken und Sozialfälle an den Rand gedrängt werden, weil sie in einer Leistungsgesellschaft nichts mehr leisten können, sondern auf Hilfe anderer angewiesen sind.

Wer im Alter zunehmend vereinsamt, läuft Gefahr, schon lange vor dem physischen Tod einen inneren Tod zu sterben, da die gesundheitlichen und persönlichen Einschränkungen nicht die gleichen Freiheiten, Möglichkeiten und Abwechslungen bieten, wie es in früheren Jahren – als man noch mobil und gesund war – noch der Fall war. Darum ist es wichtig, auch im hohen Alter noch möglichst viele bzw. regelmäßige Kontakte zu anderen Menschen zu pflegen, an Anlässen teilzunehmen und sich geistig zu betätigen.

Tipps fürs Alter

Bei diesen Tipps orientiere ich mich an Vorschlägen, die Michael Dieterich in seinem „Handbuch für Psychologie und Seelsorge" zusammengestellt hat. Um diese Tipps im Blick auf das eigene Leben zu überprüfen, habe ich die Fragen zur Vertiefung ausnahmsweise gleich den entsprechenden Abschnitten zugeordnet und nicht erst am Kapitelende zusammengefasst.

Tipp 1: Körperliches Wohlbefinden
Neben einer guten, gesunden und ausgewogenen Ernährung und genügend Flüssigkeit – jedoch nicht in Form von Alkohol – brauchen Seniorinnen und Senioren auch körperliche Bewegung, frische Luft, Sonnenlicht und Körperpflege. Ebenso sind regelmäßige Ruhe- und Erholungszeiten sowie Schlaf wichtig.

Im Grund genommen ist alles, was unser Wohlbefinden betrifft, eine Frage des Maßhaltens. Zu viel Essen, zu viel Schlafen, zu viel Sonne, zu viel Sport, zu viele Reize … tun keinem Menschen gut, egal, wie jung oder alt er ist.

⇨ Wie gehe ich mit meinem Körper um?
⇨ Wie pflege ich ihn?
⇨ Was braucht mein Körper?
⇨ Wo lebe ich ein „Zuviel"?

Tipp 2: Gehirn-Jogging
Besonders im Alter ist es empfehlenswert, das Denken und die Gehirnfunktionen täglich zu trainieren – sprich „Gehirn-Jogging" zu betreiben. Hierbei hilft auch regelmäßiges Lesen oder Schreiben.

Sinnvolle Tätigkeiten und Veranstaltungen oder Anlässe, auf die man sich schon lange vorher freuen kann, bringen Abwechslung und Freude ins Leben – am besten zusammen mit anderen Menschen. Wer keine Beziehungen pflegt oder hat, der vereinsamt umso schneller. Es lohnt sich, schon in jungen Jahren gute Beziehungen aufzubauen und Zeit mit anderen Menschen zu verbringen. Gerade Menschen, die Lebensfreude ausstrahlen und deren Fröhlichkeit ansteckend wirkt, sind eine Wohltat. Menschen, denen man vertrauen kann, die auch Dinge für sich behalten und gut zuhören können, tun gut. Aber auch selbst ist jede und jeder eingeladen, für andere da zu sein, Zeit miteinander zu verbringen oder etwas zu unternehmen, zuzuhören und zum Leben zu ermutigen. Doch es empfiehlt sich, nicht nur über die eigenen Krankheiten und Gebrechen zu reden, zu jammern und zu klagen, sondern den Blick auch weg von sich auf den anderen zu richten. Es gibt noch viele andere Lebensthemen!

- ⇨ Was tue ich für mein Gehirn und Denken?
- ⇨ Welche Beziehungen pflege und genieße ich?
- ⇨ Welche Menschen tun mir gut? Wem tue ich wohl gut?

Tipp 3: Die persönliche Einstellung
Älterwerden ist keine Krankheit, sondern gehört zum normalen Lebensprozess dazu. Von klein auf werden wir von Jahr zu Jahr älter. Der Körper verändert sich, ebenso die Lebenskraft. Auch das Alter hat seine Merkmale. Die persönliche Einstellung zum eigenen Alter und Älterwerden ist entscheidend. Wie gehe ich persönlich mit dem Zunehmen von Falten und grauen Haaren, mit Gebrechlichkeit und Schwachheit um? Was, wenn ich meinen Körper nicht mehr Schritt für Schritt unter Kontrolle habe?

Ich entdecke in vielen Seniorinnen und Senioren eine innere Schönheit und wunderbare Ausstrahlung, obwohl ihre Gestalt gebeugt und schwach ist, obwohl ihr Gesicht voller Falten, jedoch weich und liebevoll ist, und das Leben leuchtet aus ihren Augen.

- ⇨ Wie stehe ich persönlich zu meinem Alter und zum Älterwerden?
- ⇨ Wie denke ich über meine Falten, über meine Körperform?
- ⇨ Was sagen mir meine Augen, meine grauen oder weißen Haare?
- ⇨ Was erzählen meine zitternden und abgearbeiteten Hände? Welche Geschichten und Zeiten haben sie durchgemacht?
- ⇨ Was hat mein Rücken alles getragen und ertragen? Inwiefern bin ich daran innerlich zerbrochen oder stark geworden?
- ⇨ Woran will mich mein Spazierstock, mein Rollator oder mein Rollstuhl erinnern?

Tipp 4: Offen bleiben für Veränderungen
Auch alte Menschen können noch jugendlich bzw. jung wirken. Es kommt nicht auf die Anzahl der Falten an, sondern ob jemand im Herzen und in seiner Einstellung jung geblieben ist. Ebenso gibt es genügend junge Menschen, die schon ziemlich festgefahren sind. Die Herausforderung besteht darin, weiterhin offen zu bleiben für Veränderung, vor allem für die Veränderungen, die Gott an einem Menschen bewirken will – und wenn wir in die Bibel schauen, hat Gott bei einigen erst recht spät angefangen! Denken wir an Abraham, Sara oder Mose, an Elisabeth und Zacharias …

⇨ Kann ich mich selbst als jung im Herzen bezeichnen? Warum (nicht)?
⇨ Wie offen bin ich für Neues? Was macht mir Angst?

Gottes Ja über unserem ganzen Leben

Am Anfang steht das große Ja Gottes zu uns. Er sagte Ja zu uns, als er uns erschuf, und Gott sagt auch im Alter noch Ja zu uns, egal, wie selbstständig oder hilfsbedürftig wir sind. Weil Gott Ja zu uns sagt, dürfen auch wir tagtäglich Ja zu uns und zum Leben sagen und offen sein für das, was das Leben noch alles bringt. Wir dürfen jeden neuen Tag aus Gottes Hand nehmen und ihn in Gottes Gegenwart, unter seinem liebenden Blick und mit seiner Hilfe beginnen.

Der letzte Lebensabschnitt stellt den Menschen vor die Aufgabe, auf sein Leben zurückzublicken, was er getan hat und geworden ist. (*Wobei das betrACHTEN des eigenen Lebens in jeder Lebensphase und regelmäßig hilfreich ist: Rückblick, Standortbestimmung, Ausblick, wie gehe ich weiter?*)

Die Auseinandersetzung mit dem eigenen Sterben und Tod als Ende auf dieser Erde fordert heraus. Wer sein Leben wahrnehmen und annehmen kann (mit dem Schönen und Schwierigen darin) und dem Tod ohne Furcht entgegensieht, der ist weise … (so Erik H. Erikson in „Identität und Lebenszyklus. Drei Aufsätze").

Alt und lebenssatt

Mich persönlich berührt in der Bibel immer wieder der Satz: „Und er starb alt und lebenssatt." Was verbirgt sich hinter dieser Formulierung? Was ist mit „lebenssatt" gemeint?

Von Abraham, Isaak und Hiob wird berichtet, dass sie „*alt und lebenssatt* (d. h. satt an Tagen)" starben (vgl. 1. Mose 25,8; 35,29; Hiob 42,17).

Über Mose steht in 5. Mose 34,7 sogar noch: *Bei seinem Tod war Mose 120 Jahre alt. Bis zuletzt waren seine Augen klar und seine Kraft ungebrochen.*

Und von Abraham, Gideon und David bezeugt die Bibel, dass sie „in einem guten Alter" den Tod fanden (1. Mose 25,8; Richter 8,32; 1. Chronik 29,28).

Ihr Leben ist vollendet. Sie können auf ein langes und segensreiches Dasein auf dieser Erde zurückblicken und kostbare Lebensweisheiten an ihre Nachkommen weitergeben.

Es geht bei einem guten Alter oder beim Begriff „lebenssatt" nicht nur um ein hohes Alter, also um eine Anzahl bestimmter Lebensjahre, obwohl letztendlich auch hier Gott derjenige ist, der die Lebenszeit und das Lebensende in seinen Händen hält (vgl. 2. Mose 23,26; Psalm 31,16). Nein, es geht um Lebensqualität. Es ist entscheidend, ob ein Mensch seine ihm zugemessene und begrenzte Lebenszeit sinnvoll und qualitativ gelebt und genutzt hat oder sein Leben sinnlos, gottlos oder gar böse verbracht hat.

 Schatztruhen-Zeit

Persönliche Fragen zum Nachdenken / Impulse zum Vertiefen
- ⇨ Was verbinde ich persönlich mit der Formulierung „alt und lebenssatt"?
- ⇨ Was bedeutet „alt und lebenssatt" in Bezug auf mein eigenes Leben?
- ⇨ Was fehlt mir noch, um „lebenssatt" zu sein?
- ⇨ Wie möchte ich einmal sterben?

INNEHALTEN

Gott,
mein Lebensrhythmus hat sich verändert.
Körper und Geist sind müde geworden,
vieles gelingt mir nicht mehr so wie früher.
In der Wurzel, im Keim meiner Seele
spüre ich ein starkes Verlangen nach dir,
nach deiner Hilfe.
Ich weiß, dass ich meinen Weg allein gehen muss,
doch die Gewissheit, in deiner Nähe zu sein,
gibt mir wieder Mut und Tatkraft.
So werde ich auf der Lebensleiter hinaufgehen,
meinen Geist aktivieren und meinen Körper fordern.
Ich wende mich ab von allen negativen Gedanken
und krank machenden Einflüssen.
An die Stelle von Sorge und Verzweiflung
tritt mein Vertrauen und dein Friede.
Danke, dass ich leben darf
(Verfasser unbekannt)[11]

 Drei Geschichten aus der Schatztruhe des Lebens

Waltraut berichtet von einer tief greifenden Erfahrung:

An einem Sonntagnachmittag legten sich mein Mann und ich zum Mittagsschlaf hin. Mein Mann schlief sofort. Ich konnte nicht schlafen und nahm mir die Zeit zum Beten. Ich habe in diesem Moment Gott gedankt und ihn angebetet. Da kam auf einmal eine unbeschreiblich tiefe Liebe über mich. Es war eindeutig, dass diese

---

11 Aus: www.Gebetbuch.com

Liebe von Gott kam. Ich konnte darin sein, darin baden und mich von ihr füllen lassen. Mir schien diese Zeit unendlich lange, obwohl sie vermutlich in Minuten gemessen nur sehr kurz dauerte.

Seit dieser Erfahrung ist mein Verlangen nach Gott und der Wunsch, ihm näherzukommen, noch viel größer geworden. Eine mir nahestehende Person sagte mir: „Gott gibt uns das, was wir brauchen. Du hast wohl ein besonders großes Liebesmanko in dir. Gott hat es nun gefüllt."

Jeder Mensch hat ein Lebens-Manko. Die Frage ist, wie und womit wir dieses Loch füllen. Gott will unseren Mangel ausfüllen und uns mit seiner Liebe füllen!

Das war ein wunderbares, prägendes Erlebnis, das ich nie mehr vergessen werde. Es war auch kein Traum, denn ich war hellwach! Diese Liebe von Gott hüllt uns ganz ein. Da ist kein Raum mehr für etwas anderes – nur noch Liebe. Diese Liebe ist aber nicht die Liebe, die wir „Liebe" nennen, sondern sie ist viel, viel tiefer. Was löst diese Liebe aus? Was ändert sich durch sie?

In dem Wissen, dass es diese Liebe gibt, ist die menschliche Liebe und der Wunsch, dass man selbst von anderen Menschen geliebt und wertgeschätzt wird, gar nicht mehr so wichtig. Auch die Verletzlichkeit und Empfindlichkeit werden geringer. Ich bin angenommen, wie ich bin, und ich fühle mich dabei aufgehoben und herrlich wohl!

* * *

M. H. erzählt aus ihrem Leben:

Als Zweitälteste von sechs Mädchen einer Bauernfamilie in einfachen Verhältnissen aufgewachsen, träumte ich heimlich von einem „besseren" Leben an der Seite eines reichen Mannes, von schönen Kleidern und wertvollem Schmuck. Aus einer gewissen Unzufriedenheit heraus gab ich Versuchungen zur Sünde nach, die für meine weitere Entwicklung verhängnisvoll hätten werden können. Da trat Jesus in mein Leben, und ich begann zu verstehen, dass sein Weg ans Kreuz etwas mit mir persönlich und mit meiner aus Kindheit und Jugendzeit angesammelten Schuld zu tun hatte. Ich erlebte eine große Entlastung und Befreiung, als ich in einer Art Lebensbeichte im Beisein eines seelsorgerlichen Menschen all den mir bewusst gewordenen Unrat vor Gott auspacken konnte.

Mein Leben bekam eine neue Richtung und einen neuen Inhalt. Eine tiefe Freude und Dankbarkeit erwachte in meinem Herzen. Das Lesen der Bibel, das Gespräch mit Jesus, die Gemeinschaft mit anderen jungen, an Jesus glaubenden Menschen stärkten mich auf dem Weg des Glaubens. In einem Gottesdienst traf mich eines Tages ein kurzer Satz aus 2. Thessalonicher 1,9: „... ihr habt euch bekehrt zu Gott von den Abgöttern, zu dienen dem lebendigen und wahren Gott."

Beinahe akustisch vernahm ich die werbende Stimme Jesu, der mir ins Herz flüsterte: „Ich liebe dich so sehr und wünsche mir, dass du mir dein Leben völlig anvertraust, dass du dich um meinetwillen hineingibst in eine Gemeinschaft von Frauen, die mir mit ihrem ganzen Sein dienen." Eine Mischung von Erschrecken und Glück durchfuhr mich.

Grundsätzlich wollte ich Ja sagen zu Gottes Weg mit mir. Aber dann regten sich meine Kinder- und Jungmädchenträume wieder mit aller Vehemenz: Ich wollte doch heiraten, möglichst einen reichen Mann, der mir ein angenehmes Leben in Wohlstand bieten würde. Es könnte ja, weil ich inzwischen gläubig geworden bin, auch ein Pfarrer oder ein Missionar sein, überlegte ich. Und dann das mit den Kleidern! Sollte ich denn wirklich mein Leben lang in den eher altmodischen Kleidern einer Diakonisse herumlaufen? Hin und her kämpfte es in mir, bis ich dann doch zu einem Ja fand. Da kehrte wieder Friede in mein Herz. Allmählich begann eine zarte Freude zu keimen und zu wachsen.

Mit knapp 20 Jahren vollzog ich den Schritt in die Schwesterngemeinschaft. Das Einleben war für mich nahezu unproblematisch, da es mir ja vertraut war, zu einer großen Familie zu gehören und mit wenig Geld auszukommen. Als es so weit war, dass ich die Schwesterntracht erhielt, war das nicht halb so schlimm, wie ich es mir vorgestellt hatte. Nicht immer, aber recht oft erwies sich in der Folge die äußere Erscheinung als Türöffner oder bewirkte in Begegnungen ein gewisses Vorschussvertrauen.

Die Gewissheit (und meist auch das Gefühl), auf dem richtigen Weg zu sein, beflügelte mich in den ersten Jahren. Ich schätzte das Leben in Gemeinschaft mit gleichgesinnten Schwestern und den von Andachten, persönlichem und gemeinsamem Gebet, Retraiten etc. durchwirkten Arbeitsalltag, auch die interessanten Schulstunden. Nach der Mutterhauszeit folgte eine Ausbildung zur Französischlehrerin. Das faszinierte mich. Ich wohnte in diesen zweieinhalb Jahren bei einer älteren Schwester, die ihre Aufgabe im Welschland hatte. Mit ihr zusammen erlebte ich in einer geistlichen Zweierschaft eine besondere Art von Gemeinschaft, durch die mein Glaube und meine Jesus-Beziehung bereichert und vertieft wurden.

Zur umfangreichen Pflichtlektüre gehörten im Studium natürlich auch einige Romane von französischen Autoren. In dieser Zeit erst wurde mir die Tragweite des eingeschlagenen Weges, zu dem ein eheloses Leben gehört, so recht bewusst. Ich erlebte in der Folge mehr oder weniger intensiv, dass ich mein Frausein mit allem, was dazugehört, beim Eintritt in die Schwesternschaft nicht einfach „abgestreift" hatte. Erschwerend kam dazu, dass ich in den Gegebenheiten an meinem Wirkungsort nicht sonderlich glücklich war und dass meine leiblichen Schwestern in diesen Jahren eine nach der anderen heirateten. Einerseits wusste ich nach wie vor um meine klare Berufung, andererseits spielte ich, je länger je mehr, mit dem Feuer und mit dem Gedanken, „auszusteigen" und einen Partner zu suchen.

In Zeiten besonders starker Anfechtung erlebte ich mehrmals, wie Jesus mich liebevoll bei der Hand nahm und mir nochmals zuflüsterte: „Ich liebe dich so sehr und möchte, dass dir meine Liebe genügt."

Nach heftigen Kämpfen konnte ich, wenn auch unter Tränen und mit klopfendem Herzen antworten: „Eigentlich will ich dir ja nicht davonlaufen. Aber wenn du mich schon so führst, dass mir ein Teil des Lebens vorenthalten bleibt, der doch schöpfungsmäßig in mir angelegt ist, dann aber bitte keine halbe Portion Leben. Ich will erfülltes Leben mit dir erfahren. So hast du es ja versprochen! Ich will auf keinen Fall eine saure, verbitterte alte Jungfer werden. Ich will nicht mit Scheuklappen und verklemmt herumlaufen."

Inzwischen sind viele Jahre ins Land gegangen. Jesus hat mich ernst genommen und seine Verheißung von Leben in Fülle gehalten. Rückblickend staune ich über die Tatsache, dass mir gerade der ehelose Stand dazu verholfen hat, die tiefste Sehnsucht in mir als Sehnsucht nach intensiver Gemeinschaft, nach Einssein mit Jesus, mit Gott, dem Vater, und mit dem Heiligen Geist zu erkennen und mich darauf einzulassen. Auf vielfältige Weise ließ er mich hineinwachsen in eine ungeahnt weite und tiefe Beziehung der Liebe von ihm zu mir und von mir zu ihm. Dabei waren mir Anregungen aus der reichen Palette von gelebter christlicher Spiritualität aller Zeiten eine große Hilfe.

Irgendwann habe ich es mir zur Gewohnheit gemacht, in unterschiedlichsten Gegebenheiten und Herausforderungen zu beten: „Herr, mit dieser Angelegenheit passiert bei mir nichts anderes (d. h. ich lasse nichts anderes zu!), als dass sie mich näher zu dir bringt, drängt, drückt, zieht."

Mit dieser Grundhaltung und Übung habe ich gute Erfahrungen gemacht. Voll Freude und Dankbarkeit kann ich bezeugen: „Gott nahe zu sein ist mein ganzes Glück." (Psalm 73,28)

* * *

Hedwig erzählt:

Gott hat mir in meinem Leben viel Gutes getan und mich reich beschenkt, auch mit Erfahrungen und Veränderungsprozessen.

Als Pflegekind war mein Selbstwert jahrelang im Keller. Ich traute mir nichts zu. Eine langjährige Freundin sprach mir immer wieder Mut zu: „Was andere können, kannst du auch." Dies betraf z. B., dass ich Autofahren lernte, eine Lehre absolvierte, eine berufliche Tätigkeit begann und vieles mehr.

Ich bin Gott dankbar für die Menschen, die mich förderten und mir Mut machten. Dass ich überhaupt die Lehre in Angriff nahm, dazu gebrauchte Gott die Oberin vom Pflegeheim, die mir sagte:

"Wenn Sie die Lehre nicht machen, sind Sie Ihr Leben lang das fünfte Rad am Wagen!"

Das schlug bei mir ein. Mit Gottes Hilfe wagte ich es und habe die Ausbildung erfolgreich abgeschlossen.

Ich heiratete, doch in meiner nicht ganz einfachen Ehe merkte ich mit den Jahren, dass mir noch etwas fehlte, obwohl ich Jesus nachfolgen wollte. Ich brauchte mehr Kraft – auch für das Eheleben. Als ich in einem Buch den Bibelvers las: „Wie viel mehr wird der Vater im Himmel den Heiligen Geist denen geben, die ihn bitten" (Lukas 11,13), ging ich auf meine Knie und bat Gott um seinen Heiligen Geist, und der himmlische Vater erhörte mich. Er schenkte mir seinen Geist in Fülle. Doch trotz der Freude darüber musste ich mein Leben noch einmal ordnen. Seitdem ging mir Gottes Wort auf wie noch nie, und obwohl ich seit meiner Jugend in der Bibel lese, sprach der Heilige Geist zum ersten Mal so stark zu mir. Ich bekam einen neuen Hunger nach Gottes Wort und ein tiefes Vertrauen zu Gott, das ich vorher nicht gehabt hatte.

Gottes Liebe erfüllte mich. Erst dann wurde ich auch bereit, in der Sonntagsschule der Gemeinde mitzuarbeiten. Jahrelang habe ich diesen Dienst mit Freuden getan. Der Heilige Geist schenkte mir immer wieder Weisheit und gute Ideen, um den Kindern die Geschichten der Bibel so zu erzählen, dass sie einen Bezug zu ihrem Leben erhielten.

Mein Alter bringt neue Herausforderungen mit, und so verliere ich hin und wieder etwas bzw. vergesse, wo ich etwas hingelegt habe. Wenn ich wieder einmal etwas suche, dann kommt mir in den Sinn, dass Gott ja weiß, wo die Sachen sind. Ich bete dann, dass er es mir zeigen soll. Er zeigt es mir immer, sodass ich das Verlorene oder Verlegte wiederfinde.

Gott bewahrt mich auch regelmäßig, wenn ich unterwegs bin, wenn ich aufstehe oder sitze, wenn ich Auto fahre oder laufe. Hin und wieder kommt es vor, dass ich stürze. Oft schon blieb ich vor einem Krankenhausaufenthalt verschont und wurde bei einem Sturz vor Schlimmerem bewahrt. Manchmal kam ich aber auch nicht drum herum ...

Im Alter sind für mich Freundschaften ganz besonders wichtig. Da ich innerlich noch jung bin, habe ich eher jüngere Freundinnen. Der Vorteil ist auch, dass diese in der Regel nicht so schnell wegsterben.

Eindrücklich waren für mich die Sterbebegleitung und der Tod meines Ehemannes. Als mein Mann im Pflegeheim war und es auf sein Sterben zuging, besuchte ich ihn häufig und verbrachte möglichst viel Zeit mit ihm. Mein Mann sagte schon die Monate vorher oft zu mir: „Komm, wir gehen heim (zu Jesus), kommst du mit?"

Wenn ich ihn besuchte, sang ich regelmäßig mit ihm. Die Lieder, die er von früher kannte, konnte er alle noch singen, obwohl er sonst aufgrund seiner Verschlüsse im Kopf nicht mehr klar denken konnte. Wir hatten eine entspannte Zeit miteinander, wenn wir sangen und beteten – dies kannte ich von vorher gar nicht. Als er gar nicht mehr ansprechbar war, konnte ich ihm noch Vergebung zusprechen, ihn loslassen und ihm sagen, dass er mich auch loslassen sollte. Er würde mir nun vorangehen und ich würde eines Tages auch kommen, aber wir könnten nicht miteinander gehen. Er ginge jetzt zu Gott und ich käme später nach. Immer wieder konnte ich mit ihm beten und vor Gott kommen.

In seiner letzten Nacht konnte ich bei meinem Mann sein, und als seine letzte Stunde geschlagen hatte, ging er ganz friedlich heim. Ich hatte die innere Gewissheit, dass Jesus ihn geholt hat. Das war auch die Sehnsucht von meinem Mann. Er wollte schon lange zu Jesus.

Ich bin dankbar, dass ich bis zu seinem letzten Atemzug bei ihm sein und ihm schließlich die Augen zudrücken konnte. Das ist für mich bis heute ein Trost.

8. A-Dieu – Abschiedlich leben

Vom Loslassen ... das eigene Leben ordnen
Unser Leben besteht von Anfang an aus Abschieden. Täglich nehmen wir voneinander Abschied in der Hoffnung, einander wieder zu begegnen. Jeder Abend ist ein Abschied vom vergangenen Tag, jedes Jahresende der Abschied vom vergangenen Jahr – und schließlich gibt es auch den endgültigen Abschied, wenn ein geliebter Mensch stirbt.

Wie gehen wir täglich mit dem Abschiednehmen um? Wie können wir schon früh lernen „abschiedlich" zu leben?

Unser Leben ist begrenzt. Alles im Leben hat einmal ein Ende: jede Begegnung, jedes Gespräch, jede Reise, jeder Lebensabschnitt, jedes Arbeitsverhältnis ... jedes menschliche Leben. Leben heißt Abschied nehmen, und jeder Abschied ist ein Stück Sterben, heißt loslassen: Eltern lassen ihre Kinder los für ihren eigenen Weg; viele Menschen müssen sich von ihrer Gesundheit, von ihrem Arbeitsplatz, von einem Projekt oder von Wünschen und Hoffnungen, von Kräften und Möglichkeiten verabschieden. Ehen zerbrechen, Familien gehen auseinander, Krisen und Konflikte trennen Menschen. Und immer wieder begegnet uns der endgültige Abschied: der Tod – sei dies, wenn uns nahestehende Menschen sterben oder wenn wir selbst unsere letzte Reise antreten.

Wie gehen wir mit dem Thema Abschied, Loslassen, Sterben in unserem Leben um? Beziehen wir das Thema Tod und Abschied in unser Leben ein, nehmen wir immer wieder bewusst Abschied? Oder verdrängen, ignorieren, überspielen wir es – womöglich bis zuletzt?

Als Pfarrerin ist für mich erschütternd zu erleben, wenn Angehörige hilflos am Sterbebett ihres Verwandten stehen. Der Tod ist unvermeidlich – er ist nur noch eine Frage der Zeit. Doch niemand getraut sich, dieses Wort auszusprechen, geschweige denn offen mit dem Sterbenden zu sprechen. Da werden Lügen ausgesprochen, z. B.: „Das wird schon wieder!" – „Kopf hoch!" Doch keiner findet den Mut, noch über die letzten und wichtigen Fragen zu sprechen, einander zu vergeben, sich zu versöhnen und bewusst Abschied zu nehmen.

Am Grab

Bestimmte Beerdigungen lassen mir einen kalten Schauer den Rücken herunterlaufen. So erlebe ich es von Zeit zu Zeit bei Bestattungen, dass die Atmosphäre angespannt, die Luft am Grab zum Schneiden ist und viel Ungeklärtes und Unausgesprochenes, Zerstrittenheit und Unversöhnlichkeit vorhanden ist. Als Pfarrerin versuche ich mich da jeweils zu distanzieren, als Angehörige fehlt mir diese Distanz. So schrieb ich vor vielen Jahren nach einer Beerdigung folgende Gedanken auf:

Dein Beerdigungstrauma

Da liegst du nun in deinem Sarg, deiner letzten Bleibe.
Der Deckel ist zu – verschlossen.
Wir durften dich nicht mehr anschauen,
denn manche wollen dem Tod nicht ins Gesicht blicken.
Da liegst du – bleich, zerbrechlich, kalt und steif.

Wo bist du jetzt?
Dein Körper ist hier – tot.
Und deine Seele – wo?
Die letzten Jahre waren eine Qual für dich.
Die Gesundheit hat sich verabschiedet
und die Einsamkeit dich erdrückt.
Deine Frau ging lange vor dir.
Du warst mitten in deiner Familie ein Eremit in der Wüste.
Sie haben dir alles genommen – nun auch dein letztes Hemd.
Gut, dass du nun das Drama nicht mehr siehst.

Habgier und Raffsucht gehen über Leichen.
Der Streit ums Erbe sieht den anderen nicht mehr.
Der wahre Charakter lässt sich nicht mehr unterdrücken,
wenn es um Geld und Haben geht.
Der Schwache muss nachgeben.
List und Überredungskunst triumphieren.
Krieg der Erben.
Wer wird gewinnen? Wer zieht den Kürzeren?
Gut, dass du bei diesem Theater nicht zuschauen kannst. Oder doch?
Du würdest dich im Grab rumdrehen.

Ich stehe an deinem Grab und sehe auf deinen Sarg,
sehe dich als alten Mann,
wie du am Fenster stehst,
dein sehnsüchtiger Blick schweift in die Ferne.

Zu deiner Beerdigung waren Tradition und Pflicht zu Gast.
Stille und Anstand haben sich zusammengerissen.
Nur wenig echte Trauer und Tränen waren zu finden.
Wer wird dich vermissen?
Ich sehe die kalten Gesichter und steinernen Blicke vor meinem inneren Auge.
Wer empfand wohl Schmerz?

Eines Tages bin ich selbst alt,
ist es Zeit für mich zu gehen.
Wo werde ich dann sein?
Wer wird an meinem Gab stehen?
Wer wird eine oder zwei Tränen vergießen?
Was werde ich ernten von der Saat, die ich gesät habe –
oder die Menschen nach mir?
Eines Tages wird sich erweisen, was bleibt.
Hilf mir, Herr, auf das Unvergängliche zu bauen und nicht auf Sand.

Sabine Herold

Was ist Abschied?

Wir Menschen tun gut daran, uns immer wieder mit dem Thema Abschied auseinanderzusetzen, darüber nachzudenken und selbst Möglichkeiten zu finden, Abschiede einzuüben – abschiedlich zu leben.

Beim Abschied trennt man sich von jemandem oder von etwas. Man verabschiedet sich, z. B. durch besondere Worte, Formeln oder Handlungen und Rituale. Man kann sich von Menschen oder Dingen, von Orten, von Tätigkeiten und Aufgaben, Projekten, Ideen, Wünschen, Täuschungen, Erwartungen, Vorstellungen trennen.

Abschied nehmen heißt loslassen – seien dies Dinge, Menschen, Erlebnisse, Situationen. Etwas ist dann nicht mehr so da, wie es vorher war – vielleicht nur noch im Herzen.

Abschiede im Leben

Wir verabschieden uns, wenn jemand aus dem Haus geht, nach einem Treffen, bei einer Reise, beim Auszug der Kinder, beim Übergang in einen neuen Lebensabschnitt. Wir sagen: *Auf Wiedersehen, Tschüss, Adieu, „Bhüet di Gott"*... Vielleicht ist damit auch ein Abschiedsritual verbunden: eine Umarmung, ein Zeichen mit den Händen, ein Kuss ...

Man kann den Tag, die Woche, einen Monat, eine Jahreszeit verabschieden – und eine(n) neue(n) begrüßen. Dazu gibt es z. B. Abendrituale (Gute-Nacht-Geschichte, Lied, Gebet).

Wir sind immer wieder aufgefordert, das Leben loszulassen – wenn ein geliebter Mensch (oder vielleicht auch ein Tier) stirbt. Das ist ein endgültiger Abschied. Hier werden Rituale rund um das Thema Sterben, Tod, Beerdigung wichtig; diese sind meist kulturell bedingt, doch auch sehr persönlich.

Sterben müssen wir alle, und wir tun etwas Gutes, wenn wir darüber sprechen und dieses Thema in unser Leben einbeziehen. Denn schließlich heißt es eines Tages bewusst oder unbewusst, das eigene Leben loszulassen – wenn ich selbst gehen muss. Die

Tatsache, dass wir alle sterben müssen, ist die Einladung an jeden von uns, sich mit dem eigenen Tod auseinanderzusetzen.

Nur auf der Durchreise

Die Geschichte der Welt und die Geschichte der Menschen sind nur vorübergehend. Wir Menschen sind unterwegs, solange wir leben – nur auf der Durchreise. Der Bibelvers, der vor einiger Zeit die Jahreslosung war, verdeutlicht dies: *„Wir haben hier keine bleibende Stadt, sondern die zukünftige suchen wir."* (Hebräer 13,14; Luther 1984)

Wir sind hier auf der Durchreise. Das illustriert eine Geschichte, die der bekannte Pfarrer und Autor Axel Kühner einmal erzählte: Ein Wanderer wurde unterwegs von einem Gewitter überrascht, sodass er Zuflucht in einem Kloster suchte. Interessiert schaute er sich um und bemerkte die karge Einrichtung der Räume. Er fragte einen der Mönche: „Wo haben Sie Ihre Möbel?"

Statt einer Antwort erhielt er von dem Mönch eine Gegenfrage: „Wo haben *Sie* denn Ihre Möbel?"

Lachend antwortete der Wanderer: „Natürlich nicht hier, ich bin doch auf der Durchreise!"

Darauf antwortete ihm der Mönch: „Das sind wir auch ..."

Abschiede in der Bibel

Auch in der Bibel geht es vom Anfang bis zum Ende ums Thema Abschied: Menschen begegnen einander, grüßen einander, gehen wieder auseinander. Aus der Bibel können wir lernen, „abschiedlich" zu leben, denn sie erzählt deutlich davon, dass diese Schöpfung endlich ist – alle Dinge, Menschen, Pläne und Beziehungen. Alles hat seine Zeit, so beschreibt es das dritte Kapitel im Predigerbuch (Verse 1-8): *Jedes Ereignis, alles auf der Welt hat seine Zeit: Geborenwerden und Sterben, Pflanzen und Ausreißen, Töten und Heilen, Niederreißen und Aufbauen, Weinen und Lachen, Kla-*

gen und Tanzen, Steinewerfen und Steinesammeln, Umarmen und Loslassen, Suchen und Finden, Aufbewahren und Wegwerfen, Zerreißen und Zusammennähen, Reden und Schweigen, Lieben und Hassen, Krieg und Frieden.

Diese Worte wollen uns erinnern: Alles ist begrenzt; alles geht einmal zu Ende. Das Schwierige geht vorüber, aber auch das Schöne kann nicht ewig dauern. Sie wollen uns helfen, abschiedlich zu leben und achtsam zu leben. Und doch ist in aller Begrenztheit und Vergänglichkeit etwas bleibend: Gottes Liebe und die Beziehung zu diesem liebenden Gott. Und diese Liebe Gottes zu den Menschen zieht sich wie ein roter Faden durch die Bibel.

Der erste Abschied, der in der Bibel erwähnt wird, ist der Abschied vom Paradies. Zurück bleibt in uns Menschen die Ursehnsucht nach Heimat, nach Geborgenheit, nach Sicherheit, nach dem Ort, an dem wir ganz und gar angenommen, geliebt, sicher, geborgen und daheim sind (1. Mose 3,23-24). Und der Prediger (Prediger 3,11) fügt hinzu, dass Gott die Ewigkeit ins Herz der Menschen gelegt hat: Mitten in aller Endlichkeit und mitten in allen Abschieden lebt in uns die Ahnung und Sehnsucht nach mehr, nach etwas, das einmal kein Ende mehr hat, nach einem Bleiben-dürfen – für immer!

Ein Aspekt des Abschieds: Loslassen

Der eine Schwerpunkt vom Abschiednehmen ist das Loslassen – Dinge, Gedanken, Vorstellungen, Menschen, sich selbst – und zwar nicht ins Nichts, sondern in Gottes Hände. Jesus selbst lädt die Menschen immer wieder dazu ein, sich von ihren Vorstellungen und Erwartungen zu verabschieden, auch von ungesunden Lebensstilen. Er fordert sie auf, loszulassen, wo sie klammern und festhalten. Er ermutigt dazu, sinnentleerte und festgefahrene Rituale und Gesetze loszulassen, z. B. bei den strenggläubigen Pharisäern und Schriftgelehrten, die den Sabbat zu einem Tag der Lasten und Vorschriften machten.

Der Apostel Petrus lädt uns ein, uns von unseren Sorgen zu

verabschieden, indem wir sie auf Jesus werfen bzw. loslassen und Gott überlassen. Er schreibt: *Ladet alle eure Sorgen bei Gott ab, denn er sorgt für euch.* (1. Petrus 5,7)

Vermutlich ist uns allen das Ritual des Abendgebetes oder Abendliedes vertraut. Und gewisse christliche Abendlieder wie z. B. „Nun ruhen alle Wälder ..." oder „Der Mond ist aufgegangen ..." verweisen in einigen Strophen auf den Abend des Lebens, auf das Sterben. Ein solches eher unbekanntes Abendgebet soll an dieser Stelle besonders erwähnt werden: Es ist ein jüdisches Gebet, das jedes jüdische Kind am Abend betete, und es ist das Gebet, das Jesus auch bei seinem Sterben am Kreuz sprach.

Es steht in Psalm 31,6: *In deine Hände befehle ich meinen Geist; du hast mich erlöst, HERR, du treuer Gott,* wie Luther übersetzt hat oder wie es in der Hoffnung-für-alle-Übersetzung heißt: *Mit Leib und Seele vertraue ich mich dir an, denn du erlöst mich, Herr, du treuer Gott!* – d. h. *dir* vertraue ich mich an, Gott, mit meinem Leben und Sterben; deinen Händen überlasse ich mich ... Du bist mein Erlöser, du erlöst mich; bei dir ist die Lösung von meinen Sorgen. Ich darf mich deinen Händen überlassen und bei dir ganz gelöst und geborgen sein.

Beim Abschiednehmen geht es also ums Loslassen / Anbefehlen / Überlassen / Anvertrauen, und zwar ganz konkret an Gott: *A-DIEU*.

Der zweite Aspekt des Abschieds: Segnen

Der andere Schwerpunkt vom Abschiednehmen ist das Segnen. Wir sollen nicht nur loslassen, sondern auch segnend voneinander Abschied nehmen und so einander beschenken. Doch was ist Segen?

Segen bedeutet: das Gute sagen, das Gute wünschen, Gutes von Gott zusprechen. Segnen heißt: Gutes mit auf den Weg geben, im Frieden und mit guten Worten auseinandergehen und jemanden unter den Schutz und die Obhut Gottes stellen: „Bhüet di Gott".

Ein Segen ist ein kostbares Geschenk, das an uns wirksam ist, eine gute Kraft, die umgibt. Segen ist ein kostbares Geschenk, das man nicht behüten muss, sondern das behütet. Einander zu segnen, einander Gottes Segen zuzusprechen gehört für mich zu einem der größten Geschenke, die wir einander machen können.

Abschiedssegen

Immer wieder wird in der Bibel erwähnt, wie Menschen gesegnet werden, sich segnen lassen, einander segnen und beschenken, wenn sie sich begegnen oder auseinandergehen: Der Priester **Melchisedek** und **Abram** begegnen einander. Es ist eindrücklich, wie sie auseinandergehen: mit Geschenken und mit Segen (1. Mose 14,17-20).

Eindrücklich ist auch, wie **Jakob** auf seinem Sterbebett alle seine Kinder und zwei Enkelsöhne segnet. Für jeden Einzelnen hat er einen persönlichen Segen, persönliche Worte zum Abschied und für ihr Leben. (1. Mose 48.49)

Der Prophet **Elia** muss sich von einer großen Lebensaufgabe verabschieden und sie in jüngere Hände legen – seinem Nachfolger Elisa übergeben. (1. Könige 19)

Jona soll sich von seiner Vorstellung von Gerechtigkeit verabschieden, denn Gottes Gerechtigkeit und Barmherzigkeit funktionieren anders als unsere Vorstellung davon. (Jona 4)

Manche Menschen in der Bibel mussten sich auch von ihrer Gesundheit verabschieden, wenn sie krank wurden. Und auch, wenn Heilung passierte, war diese jeweils begrenzt und das Leben blieb endlich (König **Hiskia** in 2. Könige 20,1-6).

Einige verabschiedeten sich auch vom Leben in dem Bewusstsein, dass ein bestimmtes Verhalten oder ihre Treue zu Gott sie den Tod kosten konnte: So waren sich die drei **Männer im Feuerofen** oder **Daniel** in der Löwengrube bewusst, dass sie sterben konnten, dass sie aber nicht tiefer fallen konnten als in Gottes Hand (Daniel 3,17-18; Daniel 6).

Wie nahm Jesus Abschied?

Als sich Jesus vor seiner Rückkehr zu seinem himmlischen Vater endgültig von seinen Jüngern verabschiedet, erhebt er die Hände und segnet sie. Dies ist ein Abschied mit einer Geste, die mehr bedeutet als Händeschütteln, Küsschen oder eine schnelle Umarmung. Die Hände stehen für das Tun und Wirken einer Person, und auf Gott bezogen sind die Hände ein Zeichen für Gottes Macht und Kraft, für Gottes liebevolle Fürsorge, für die Geborgenheit und den Schutz bei Gott.

Das Erheben der Hände von Jesus ist wie ein Zeichen, dass er seine Jünger mit Kraft und Mut für ihren weiteren Weg ausrüstet, dass er ihnen seine Gegenwart und Fürsorge zuspricht, seinen Schutz und seine Begleitung. Und so segnet Jesus seine Jünger. Segnen heißt, Gutes zu sagen und Gutes zu wünschen. Es heißt aber auch, jemanden mit Kraft auszurüsten, die zum Guten und zum Heil wirkt.

Jesus selbst geht weg, aber er segnet seine Freunde in die Hand eines Größeren hinein. Er vertraut sie Gottes Händen an.

Es gibt Redewendungen, die genau das ausdrücken, was Jesus gemacht hat: Sie überlassen den anderen Gottes Händen. Sie vertrauen die andere Person der Fürsorge und dem Schutz Gottes an: *„A-Dieu"* (an Gott) oder *„Bhüet di Gott"* sind solche Redewendungen, die wir heute noch hören und vielleicht sogar selbst gebrauchen.

Einübung ins Segnen

Einander zu segnen geht nicht von jetzt auf nachher und ist auch nicht unbedingt Teil unserer Kultur. In Israel begrüßen und verabschieden sich die Juden automatisch mit „Schalom" (d. h. Friede). Doch jede und jeder kann das Segnen lernen. Wir sind eingeladen, uns Tag für Tag ins Abschiednehmen und Segnen einzuüben und in unseren Alltag zu integrieren. Dies beginnt mit einem guten Wunsch, mit einer Ermutigung auf den Weg, mit einer Zusage, wenn zwei Menschen auseinandergehen. Ich habe es mir angewöhnt, mir nahestehenden Menschen zum Abschied den Zuspruch „Sei gesegnet und behütet!" mit auf den Weg zu geben. Mit diesen Worten überlasse ich die andere Person Gottes Händen und Herzen. Und wenn es uns schwerfällt, laut zu segnen, so können wir ja erst einmal leise damit beginnen!

Mir ist allerdings bewusst: Dieses abschiedliche Leben und Segnen ist keine Garantie dafür, dass nichts passiert oder dass wir bis ins Alter vor Krankheit, Leid und Tod bewahrt werden. Doch es ist die tiefste Sicherheit, in den Händen eines Größeren geborgen zu sein und geliebte Menschen – Angehörige, unseren Partner, unsere Kinder, Eltern, Freunde – in Gottes Händen zu wissen, sie an Gott zu übergeben: *A-Dieu*. Gott hat uns kein Leben verheißen, das verschont bleibt von Schmerz, Problemen, Leiden oder Sterben, aber er hat uns versprochen, mitten im Leid bei uns zu sein. Das ist die Garantie, die wir haben: das Aufgehobensein in Gottes Händen, an Gottes Herzen.

 Schatztruhen-Zeit

Persönliche Fragen zum Nachdenken / Impulse zum Vertiefen

Fragen zum Thema Abschied
Nimm dir doch einmal Zeit, dein Leben vom Ende her zu betrachten.

- ⇨ Welche Spuren möchte ich mit und in meinem Leben hinterlassen, welche Werte sollen mein Leben überdauern? Was gilt es heute dafür zu tun und wo ist es dran, schon heute konkrete Schritte zu gehen?
- ⇨ Wo bin ich eingeladen, eine Sache, einen Menschen, einen Gedanken, mich selbst und meine Situation Gottes Händen und Herzen zu überlassen?
- ⇨ Wo bin ich mir der Vorläufigkeit, der Vergänglichkeit, der Endlichkeit aller Dinge, vieler Beziehungen, Projekte, Situationen … bewusst? Wo noch nicht?

Eigene Abschieds-Erfahrungen

- Welche Abschiede (bzw. Verluste) habe ich schon erlebt?
- Wie habe ich in meiner Kindheit Abschied genommen?
- Wie war das in meiner Familie? Bei meinen Eltern?
- Habe ich gelernt, Abschied zu nehmen? (z. B. Abschiedskultur/Umgang mit Sterben)
- Wo fiel mir ein Abschied eher leicht?
- Wo fiel mir der Abschied schwer?
- Welche Gruß- und Abschiedsworte bzw. -formeln kenne ich?
- Welche Abschiedsgrüße/ -rituale verwende ich persönlich?

Der letzte Abschied: Umgang mit dem Tod

- Wie gehe ich persönlich mit dem Thema Abschied beim Sterben um?
- Habe ich den Mut, darüber zu sprechen, oder ist es ein Tabu?
- Nehme ich meine Kinder mit zu einer Beerdigung? Warum? Warum nicht?
- Habe ich als Kind eine Beerdigung miterlebt oder wurde ich ausgeschlossen?
- Wie war dies für mich?
- Wie bereite ich meinen eigenen Abschied vor (falls möglich)?
- Wie geht es mir, wenn ich an meinen eigenen Tod denke?
- Wie will ich einmal Abschied nehmen? Wie kann ich mich schon jetzt darin einüben?
- Hierbei kann folgende Übung helfen: Ich stelle mir vor, ich hätte nur noch ein halbes Jahr zu leben.
- Wie würde ich diese sechs Monate verbringen?
- Was hätte ich noch zu klären?
- Wo braucht es noch Treffen, Gespräche, Versöhnung?
- Was würde ich bedauern?
- Was hindert mich daran, diese Dinge schon jetzt zu tun?

Wie weiter ...?

⇨ Wo bin ich eingeladen, eine Sache, einen Menschen, einen Gedanken, mich selbst und meine Situation Gottes Händen und Herzen zu überlassen?
⇨ Wie möchte ich mich in Zukunft verabschieden? Wie kann ich Abschied nehmen?
⇨ Welche Zeichen möchte ich setzen?
⇨ Wie könnte ich einen abschiedlichen Lebensstil in meinem Alltag einüben und integrieren?
⇨ Wie möchte ich am Ende meines Lebens Abschied nehmen bzw. diese Welt verlassen?

INNEHALTEN

Der Segen meines Großvaters

Wenn ich an den Freitagnachmittagen nach der Schule zu meinem Großvater zu Besuch kam, dann war in der Küche seines Hauses bereits der Tisch zum Teetrinken gedeckt. Mein Großvater hatte seine eigene Art, Tee zu servieren. Es gab bei ihm keine Teetassen, Untertassen oder Schalen mit Zuckerstückchen oder Honig. Er füllte Teegläser direkt aus einem silbernen Samowar. Man musste zuerst einen Teelöffel in das Glas stellen, denn sonst hätte das dünne Glas zerspringen können.

Mein Großvater trank seinen Tee auch nicht so, wie es die Eltern meiner Freunde taten. Er nahm immer ein Stück Zucker zwischen die Zähne und trank dann den ungesüßten heißen Tee aus dem Glas. Und ich machte es wie er. Diese Art, Tee zu trinken, gefiel mir viel besser als die Art, auf die ich meinen Tee zu Hause trinken musste.

Wenn wir unseren Tee ausgetrunken hatten, stellte mein Großvater stets zwei Kerzen auf den Tisch und zündete sie an. Dann wechselte er auf Hebräisch einige Worte mit Gott. Manchmal sprach er diese Worte laut aus, aber meist schloss er einfach die Augen und schwieg. Dann wusste ich, dass er in seinem Herzen mit Gott sprach. Ich saß da und wartete geduldig, denn ich wusste, jetzt würde gleich der beste Teil der Woche kommen.

Wenn Großvater damit fertig war, mit Gott zu sprechen, wandte er sich mir zu und sagte: „Komm her, Neshume-le." Ich stellte mich dann vor ihn hin und er legte mir sanft die Hände auf den Scheitel. Dann begann er stets, Gott dafür zu danken, dass es mich gab und dass Er ihn zum Großvater gemacht hatte. Er sprach dann immer irgendwelche Dinge an, mit denen ich mich im Verlauf der Woche herumgeschlagen hatte, und erzählte Gott etwas Echtes über mich. Jede Woche wartete ich bereits darauf zu erfahren, was es diesmal sein würde. Wenn ich während der Woche irgendetwas angestellt hatte, dann lobte er meine Ehrlichkeit, darüber die Wahrheit gesagt zu haben. Wenn mir etwas misslungen war, dann brachte er seine Anerkennung dafür zum Ausdruck, wie sehr ich mich bemüht hatte. Wenn ich auch nur kurze Zeit ohne das Licht meiner Nachttischlampe geschlafen hatte, dann pries er meine Tapferkeit, im Dunkeln zu schlafen. Und dann gab er mir seinen Segen und bat die Frauen aus ferner Vergangenheit, die ich aus seinen Geschichten kannte – Sara, Rahel, Rebekka und Lea –, auf mich aufzupassen.

Diese kurzen Momente waren die einzige Zeit während meiner ganzen Woche, in der ich mich völlig sicher und in Frieden fühlte. In meiner Familie der Ärzte und Krankenschwestern rang man unablässig darum, noch mehr zu lernen und noch mehr zu sein. Da gab es offenbar immer noch etwas mehr, das man wissen musste. Es war nie genug. Wenn ich nach einer Klassenarbeit mit einem Ergebnis von 98 von 100 Pluspunkten nach Hause kam, dann fragte mein Vater: „Und was ist mit den restlichen zwei Punkten?" Während meiner gesamten Kindheit rannte ich unablässig diesen zwei Punkten hinterher. Aber mein Großvater scherte sich nicht um solche Dinge. Für ihn war mein Dasein allein schon genug. Und wenn ich bei ihm war, dann wusste ich irgendwie mit absoluter Sicherheit, dass er recht hatte.

Mein Großvater starb, als ich sieben Jahre alt war. Ich hatte bis dahin nie in einer Welt gelebt, in der es ihn nicht gab, und es war schwer für mich, ohne ihn zu leben. Er hatte mich auf eine Weise angesehen, wie es sonst niemand tat, und er hatte mich bei einem ganz besonderen Namen genannt – „Neshume-le", was „geliebte kleine Seele" bedeutet. Jetzt war niemand mehr da, der mich so nannte. Zuerst hatte ich Angst, dass ich, wenn er mich nicht mehr sehen und Gott erzählen würde, wer ich war, einfach verschwinden würde. Aber mit der Zeit begann ich zu begreifen, dass ich auf irgendeine geheimnisvolle Weise gelernt hatte, mich durch seine Augen zu sehen. Und dass einmal gesegnet worden zu sein heißt, für immer gesegnet zu sein.

Viele Jahre später, als meine Mutter in hohem Alter überraschenderweise begann, selbst Kerzen anzuzünden und mit Gott zu sprechen, erzählte ich ihr von diesen Segnungen und was sie mir bedeutet hatten. Da lächelte sie traurig und sagte zu mir: „Ich habe dich an jedem Tag deines Lebens gesegnet, Rahel. Ich habe nur nicht die Weisheit besessen, es laut auszusprechen."

Rachel Naomi Remen[12]

---

12 © Remen, Rachel Naomi: Aus Liebe zum Leben – Geschichten, die der Seele guttun. Arbor Verlag, Freiburg; 5. durchgesehene Auflage 2013. www.arbor-verlag.de. Abdruck mit freundlicher Genehmigung.

Schluss

Die Truhe schließen
Der Spiegel in meiner Truhe hat nichts mehr zu erzählen. Im Moment ist alles erinnert, was es zu erinnern gibt, und alles gespiegelt, was noch zu bedenken und zu betrACHTEN ist. Mein Leben ist reich, voll von Erlebnissen und Erfahrungen, reich an Gutem, das mich dankbar zurückblicken lässt; reich an Schwierigem, das ich zwar nicht so wollte und noch immer nicht toll finde, an dem ich jedoch reifen und wachsen konnte. Ich schließe die Truhe wieder und verschließe sie gut. Den Schlüssel behalte ich bei mir. Ich entscheide selbst, wann ich die Truhe wieder öffne und darin Einblick nehme, und ebenso, wem ich darin Einblick gebe.

 Schatztruhen-Zeit

Persönliche Fragen zum Nachdenken / Impulse zum Vertiefen

Einladung zur Standortbestimmung

⇨ Wo stehe ich persönlich in meinem Leben?
⇨ In welcher Lebensphase befinde ich mich?
⇨ Was konnte ich schon anschauen, wahrnehmen, annehmen, in mein Leben integrieren?
⇨ Wozu kann ich inzwischen Ja sagen?
⇨ Was hat mich gestärkt?
⇨ Was hat mich reifen lassen?
⇨ Womit habe ich noch Mühe? Worunter leide ich noch?
⇨ Wo ist noch ein Nein in mir?
⇨ Was halte ich noch immer fest? Was fällt mir schwer zu akzeptieren und anzunehmen?
⇨ Welche Schritte will ich als Nächstes gehen?
⇨ Wie gehe ich weiter?

- Wo sehe ich Gottes Hand in den Kapiteln meines Lebens?
- Welche Fragen sind noch offen? Welche Fragen will ich Gott stellen?
- Was habe ich bis jetzt an Lebenserfahrungen gesammelt?
- Welche Lebensweisheiten durfte ich mir durch persönliche Erfahrungen aneignen?
- Was würde ich in „mein Buch der Weisheit" schreiben?

DANKE!

All denen danken,
   die mich im Leben begleiteten,
   die ein Stück Weg mit mir gingen,
   die mir freundlich begegneten,
   die mich ehrlich behandelten,
   die mit mir lachten,
   die mit mir weinten,
   die mir verständnisvoll zuhörten,
   die mir liebevoll beistanden,
   die geduldig zu mir hielten.

All denen danken,
   die mich im Leben förderten,
   die mich ermutigten, Schritte zu wagen,
   die mir Zeit ließen, mich zu entfalten,
   die mir Raum gaben,
     meine Gedanken in Worte zu fassen und zu äußern,
     auch wenn sie nicht ihrer Meinung entsprachen.

All denen danken,
   die mir im Leben halfen,
   die mich beschenkten – ohne Grund,
   die für mich da waren – einfach so,
   die Zeit hatten – für mich.

GOTT danken,
der vom ersten Augenblick meines Lebens an *für mich* und *für mich* da war,
der immer noch *mit mir* ist, von Atemzug zu Atemzug,
der bis an das Ende meiner Tage hier *bei mir sein und bleiben* wird –
und der mich dort und einst bei sich erwartet.

DANKE!

                                              Sabine Herold

Ein weiteres Buch von Sabine Herold

Vom Sandkorn zur Perle
*Wie aus Verletzungen Segen
erwachsen kann*
978-3-86827-342-7
112 Seiten, gebunden

Sandkörner gibt es genügend in unserem Leben – Schmerzpunkte, die uns lähmen, quälen und manchmal sogar zerstören. Die Perlmuschel gibt uns ein wunderbares Beispiel, wie aus einem schmerzenden Sandkorn eine kostbare Perle entstehen kann. Mit den ihr geschenkten Ressourcen – ihrem eigenen Perlmutt – legt sie eine Schicht nach der anderen um den zerstörerischen Fremdkörper und lässt Neues werden – eine einzigartige Perle.
Pfarrerin Sabine Herold zeigt auf, wie auch wir mit unseren Erfahrungen so umgehen können, dass aus den schmerzenden „Sandkörnern" in unserem Leben Perlen werden. Dabei nimmt sie sowohl Bezug auf das teils schwere Schicksal biblischer Personen als auch auf Erlebnisse von Frauen aus ihrem Umfeld. Sie erzählt offen und ehrlich von ihren eigenen Sandkörnern und gibt Einblicke, wie Gottes Perlmutt sie letztlich hat heil werden lassen.

Mit vertiefenden Fragen und Gebeten zum Nachsprechen.